비판적 교수법과 영어교육

비판적 교수법과 영어교육

정숙경·허선민·서영미·이지영·
신현필·김혜경·안성호

한국문화사

■ 서문

『비판적 교수법과 영어교육』은 그동안 비판적 교수법(critical pedagogy)에 관심을 둔 영어교육학자들이 지난 3년 동안 한 달에 한 번씩 모여 공부한 내용 중에서 비판적 교수법을 실제로 영어 교육에 활용한 사례를 중심으로 소개한 책이다. 비판적 교수법에 대한 국내 서적이 많지 않고 이 교수법을 영어교육에 어떻게 접목시킬 수 있는지에 대한 인식이 많이 부족한 한국의 현실에서, 이 교수법에 관심을 둔 교사와 영어교육 전문가들, 그리고 대학원생들이 비판적 교수법에 대해 더욱 폭넓게 이해하고 실천할 수 있도록 도와주고자 한 것이 이 책을 집필하게 된 동기이다. 이러한 목적으로 그동안 함께 공부했던 7명의 멤버가 아래의 내용을 가지고 저자로서 이 책에 참여하게 되었다.

1장 '비판적 교수법의 이해'에서는 이 책이 중점적으로 다루는 비판적 교수법의 정의와 역사, 그리고 특징을 알아봄으로써 비판적 교수법에 대한 정확한 이해의 초석을 다진다. 또한 비판적 이론을 언어학에 접목시킨 비판적 언어학(critical linguistics)을 조명해 봄으로써 비판적 교수법을 언어교육에 적용해 볼 수 있는 다양한 방법을 살펴본다. 궁극적으로 1장은 비판적 교수법의 기원과 이론, 그리고 영어교육과의 관계성을 포괄적으로 보여줌으로써 나머지 장을 이해하는 기초이론을 제시한다.

2장 '비판적 리터러시와 영어교육'은 전통적인 리터러시 개념이 비판적인 리터러시의 개념으로 확장되는 데 기여한 주요 연구를 정리하고, 이 연구들을 종합하여 비판적 리터러시의 개념을 정의한다. 이러한 개념 정리 후에 영어교육에 비판적 리터러시를 적용한 외국과 한국의 연구 사례를 소개한다. 이를 통해서 외국과 한국의 비판적 리터러시 개념과 모델의 차이점을 분석하고 영어교육에서의 확장된 리터러시와 비판적 리터러시의 통합적인 적용을 제안한다.

3장 '비판적 교수법을 활용한 영어 읽기와 쓰기 능력 개발'에서는 아시아권의 EFL 환경에서 비판적 교수법을 응용한 영어 읽기와 쓰기 교육에 연관된 최근 연구 사례를 소개한다. 이를 위해 먼저 비판적 읽기와 쓰기의 의미를 고찰하고, EFL환경(특히 대만, 이란, 타지키스탄, 터키)에서 행해진 비판적 교수법을 활용한 영어 읽기와 쓰기 교육 사례를 소개한다. 그 다음 한국에서 행해진 미국 문화에 대한 비판적 읽기, 문학 작품과 만화 소설을 활용한 비판적 읽기, 그리고 질문하기와 토론 중심의 학생 주도적 비판적 읽기 수업 사례를 소개한다. 또한 비판적 사고력을 증진하려는 목적으로서의 비판적 쓰기 수업 사례를 소개한다.

4장 '비판적 교수법을 활용한 영어 듣기와 말하기 능력 개발'에서는 비판적 듣기와 말하기를 정의하고 영어 듣기와 말하기의 기술적인 측면과 함께 비판적 교수법을 활용한 영어 듣기와 말하기 개발 사례를 중점적으로 살펴본다. 연구 사례는 홍콩, 미국, 대만, 이란 지역에서 비판적 교수법을 기반으로 한 영어 듣기·말하기 사례와 한국 사례 두 가지를 소개한다. 이 장에서는 비판적 교육의 관점에서 단순히 기술적인 영어 듣기, 말하기 교육이 아니라 학생들이 비판적으로 문제의식을 가지고 영어 듣기와 말하기 교육에 참여할 수 있도록 실제로 수업에서 어떻게 비판적 교수법이 적용될 수 있는지 제시한다.

5장 '비판적 교수법을 이용한 학습자 중심 교육'에서는 학습자 중심 교육과 비판적 교수법 간의 연계성을 살펴보고, 영어교육에 있어 학습자 중심 교육방법을 통해 구현한 비판적 교수법 사례를 살펴본다. 연구사례는 미국에서 비판적 교수법을 활용하여 이민자 여성들과 그 밖의 다른 마이너리티 그룹을 대상으로 한 사례와 읽기 수업 및 대학원 교육과정 개발 관련 비판적 교수법을 사용한 국내 사례를 소개한다. 이러한 사례들을 통해 이 장에서는 학생 중심 교육의 패러다임에 비판적 교수법을 적용했을 때 어떠한 장단점이 있으며, 이를 학교현장에서 어떻게 응용할 수 있는지에 대해 생각해 보도록 한다.

6장 '비판적 교수법을 이용한 교사 교육'에서는 교사 정체성의 정의를 살펴보고 비판적 교수법이 교사 정체성과 어떤 관계가 있는지 논의한다. 최근에 학교와 사회를 이해하는 방법으로 교사 정체성을 활용하는 연구가 늘어나는 추세이다. 본 장에서는 비원어민 영어 교사 정체성과 관련된 교사 교육의 외국 사례 다섯 가지와 한국 사례 두 가지를 최근 논문 위주로 살펴보면서, 이러한 연구들이 한국의 영어교사 교육 프로그램에 시사하는 점과 앞으로 영어교사 교육 프로그램이 비판적 교수법을 활용해 나갈 방향을 제시한다.

7장 '비판적 교수법을 통한 비판적 사고 함양'에서는 우선 비판적 교수법의 필수 목표 중 하나인 비판적 사고 함양에 대하여 폭넓게 성찰한다. 역사적으로 제시된 비판적 사고의 정의를 다시 검토하고, 관련된 상위인지적 발달을 살펴보며, 비판적 사고와 관련된 쟁점을 정리한다. 그리고 비판적 사고와 비판적 교수법이 어떻게 관련되는지 검토한다. 특히 영어교육과 관련하여서는 (비판적) 언어 의식을 통하여 이 양자가 구조적인 관련을 맺을 수 있음을 보인다. 이를 바탕으로 하여 외국에서 제안된 비판적 사고 함양 방안을 검토하는데, 대표적으로 자기주도적 학습 방안, 학문적으로 사고하기의 명확화 방안, 비판적 사고 공동체에서 사고 촉진 질문을 주고받는 방안, 사고 가시화를 통한 방안, 그리고 문제기반 학습을 통한 방안 등을 논의한다. 마지막으로 국내에서 영어 관련 학과의 교육과정에 대한 비판적 접근을 시도한 사례와 영어학 강좌를 통하여 비판적 사고 함양을 촉진하려 한 사례 등 두 방안을 논의한다. 결론적으로 비판적 교수법은 영어에 대한 가장 폭넓고 심도 있는 이해를 지향하며 그를 통하여 영어가 학습되고 사용되는 사회에서 중요한 역할을 할 수 있음을 제안한다.

본 책에서 제시한 비판적 교수법, 비판적 리터러시의 개념, 비판적 교수법을 활용한 영어 읽기, 쓰기, 듣기와 말하기 능력 개발 방안, 학습자 중심교육, 교사 교육과 더불어서 비판적 사고 함양이라는 방대한 부분을 본 저자들은 알기 쉽게 설명하고자 사례를 중심으로 살펴보았다. 본 책이 비판적 교수법을 수업에서 활용하고자 하는 영어 교사뿐만이 아니라, 영어교육에 관심이 있는 모든 이에게 민주적·자율적·창의적·비판적으로 영어를 학생들에게 가르치는 데 도움이 되기를 희망한다.

차례

■ 서문 ─────────────────────── 5

제1장 비판적 교수법의 이해_정숙경 ─────── 13
1. 비판적 교수법의 정의 ──────────── 13
2. 비판적 교수법의 역사 ──────────── 16
3. 비판적 교수법의 신념 ──────────── 23
4. 비판적 교수법과 언어학 ─────────── 25
5. 비판적 교수법과 언어교육 ────────── 28

제2장 비판적 리터러시와 영어교육_허선민 ───── 37
1. 비판적 리터러시란 무엇인가? ────────── 37
   1.1 외국 연구에서의 비판적 리터러시의 정의 ───── 38
   1.2 한국 연구에서의 비판적 리터러시의 정의 ───── 51
2. 비판적 리터러시 영어교육 모델 ────────── 53
   2.1 외국 연구의 비판적 리터러시 영어교육 모델 ──── 53
   2.2 한국 연구의 비판적 리터러시 영어교육 모델 ──── 58
3. 저자 제언 ───────────────── 59

제3장 비판적 교수법을 활용한 영어 읽기와 쓰기 능력 개발_서영미 · 69
1. 비판적 읽기 · 쓰기란 무엇인가? ────────── 69
   1.1 비판적 읽기란 무엇인가? ───────── 69
   1.2 비판적 쓰기란 무엇인가? ───────── 72
2. 외국 교육 현장에서의 사례 ──────────── 74
   2.1 비판적 교수법을 활용한 영어 읽기 교육 사례 ──── 75

    2.2 비판적 교수법을 활용한 영어 쓰기 교육 사례 ─ 86
3. 한국 영어교육 현장에서의 사례 ─ 94
    3.1 미국 문화에 대한 비판적 읽기 수업 사례 ─ 94
    3.2 문학 작품을 활용한 비판적 읽기 수업 사례 ─ 98
    3.3 질문하기와 토론을 통한 학생 주도적 비판적 읽기 수업 사례 – 101
    3.4 만화 소설을 활용한 비판적 읽기 수업 사례 ─ 104
    3.5 비판적 사고력 증진을 위한 쓰기 수업 사례 ─ 106
4. 저자 제언 ─ 110

제4장 비판적 교수법을 활용한 영어 듣기와 말하기 능력 개발__이지영 ─ 117

1. 비판적 듣기, 말하기란 무엇인가? ─ 117
2. 외국 교육 현장에서의 사례 ─ 122
    2.1 영어로 비판적 말하기: 홍콩 사례 ─ 122
    2.2 비판적 대화 교육을 통한 대중연설 가르치기: 미국 사례 ─ 128
    2.3 비판적 교수법을 활용한 말하기 가르치기: 이란 사례 ─ 135
    2.4 비판적 교수법을 활용한 듣기 가르치기: 이란 사례 ─ 141
    2.5 비판적 교수법을 활용한 듣기와 말하기 가르치기: 대만 사례 – 144
3. 한국 영어 교육 현장에서의 사례 ─ 151
    3.1 어린이 영어 학습자들의 사례 ─ 151
    3.2 대학생 영어 학습자들의 사례 ─ 154
4. 저자제언 ─ 157

제5장 비판적 교수법을 이용한 학습자 중심 교육__신현필 ─ 171

1. 학습자 중심 교육이란 무엇인가? ─ 171
2. 학습자 중심 접근법 관련 이론 ─ 174
    2.1 학습자의 인지영역과 정서영역 ─ 174
    2.2 자기 효용 ─ 178
    2.3 다중지능이론 ─ 180
    2.4 비판적 교수법과 학습자 중심 접근법 ─ 181

3. 외국어 교육에 있어 학습자 중심 교육의 외국 사례 ──────── 183
   3.1 거꾸로 교실 ──────────────────────── 183
   3.2 참여연구를 통한 문제해결식 교수법 ─────────── 185
   3.3 이주민 여성의 ESL 수업에서의 비판적 교수법 ────── 187
   3.4 프레이리 관점에서 본 학습자 자율성 ──────────── 189
   3.5 비판적 리터러시를 바탕으로 실시한 EFL 읽기 수업의 역동성 - 192
4. 외국어 교육에 있어 학습자 중심 교육의 한국 사례 ──────── 195
   4.1 비판적 리터러시를 활용한 '백설공주' 읽기교육 ─────── 195
   4.2 영어과 예비교사를 위한 '거꾸로 교실' 수업 모형과 적용 ──── 197
   4.3 거꾸로 교실 (영어과-중학생 대상) ─────────────── 200
   4.4 비판적 이론/비판적 교수법을 기반으로 한
      대학원 EFL 프로그램 개발 ─────────────── 201
5. 저자제언 ──────────────────────────── 204

제6장 비판적 교수법을 이용한 교사 교육:
교사 정체성을 중심으로 _ 김혜경 ──────────── 209

1. 교사 정체성이란 무엇인가? ──────────────── 209
2. 비판적 교수법과 교사 정체성의 관계 ──────────── 215
3. 교사 정체성과 관련된 교사 교육 외국 사례 ─────────── 220
   3.1 중국 대학의 사례 ─────────────────── 221
   3.2 홍콩 영어교육 프로그램(학부 과정)의 사례 ──────── 224
   3.3 미국 TESOL 프로그램(석사 과정)의 사례 ────────── 227
   3.4 미국 ESL교실(중등 과정)의 사례 ──────────── 230
   3.5 미국 영어교육 프로그램(석·박사 과정)의 사례 ──────── 233
4. 교사 정체성과 관련된 교사 교육 한국 사례 ─────────── 237
   4.1 한국 초등학교의 사례 ─────────────────── 237
   4.2 한국 대학의 사례 ─────────────────── 240
5. 저자 제언 ─────────────────────── 243

제7장 비판적 교수법을 통한 비판적 사고 함양 _ 안성호 ──────── 251

1. 비판적 사고란? —————————————————— 251
   1.1 비판적 사고: 정의 ————————————— 252
   1.2 상위인지적 앎의 발달 ————————— 258
   1.3 비판적 사고 관련 쟁점들 ———————— 263
2. 비판적 사고와 비판적 교수법 ———————— 265
   2.1 비판적 사고와 (비판적) 언어 의식 ———— 266
   2.2 비판적 언어 의식과 비판적 교수법 ——— 271
3. 비판적 사고 함양 방안들: 외국 사례들 ——— 274
   3.1 자기주도적 학습 방안 ————————— 275
   3.2 '학문적으로 사고하기'를 명확히 하기 —— 279
   3.3 '비판적 사고 공동체'와 '사고촉진 질문'의 방안 — 285
   3.4 '사고 가시화'를 통한 비판적 사고의 신장 — 291
   3.5 문제기반 학습을 통한 비판적 사고의 신장 — 297
4. 비판적 사고 함양 방안들: 한국 사례 ———— 301
   4.1 영어교육과정에 대한 비판적 접근 ——— 303
   4.2 영어학 강좌를 통한 비판적 사고 함양 —— 307
5. 저자 제언 ————————————————— 309

   ■ 찾아보기 ———————————————— 321

제1장
비판적 교수법의 이해

정숙경(대전대학교)

1. 비판적 교수법의 정의

비판적 교수법(critical pedagogy)은 기본적으로 힘과 지식의 관계를 이해하는 데 중점을 둔 교수법이다. 비판적 교수법은 모든 지식(혹은 진리)은 진공 속에서 만들어진 것이 아니라 사회적으로 구성되어지고, 문화적으로 중재되어지며, 역사적인 맥락에서 만들어지는 것이라고 주장한다(McLaren, 1989, 2009). '비판적'(critical)이라는 의미는 사회에서 어떻게 지배적인 이데올로기가 특권층에 이익이 되는 방향으로 이해와 의미를 만들어 자신들에게 편리한 지식을 생성해 가는지 중점적으로 본다는 의미이다(Hawkins & Norton, 2009, p. 31). 따라서 비판적 교수법은 이러한 힘의 논리로 만들어진 개념을 재생산하는 데 교육의 목표가 있는 것이 아니라 학생들에게 이러한 상황을 인지시키고 비판적 의식을 가지고 스스로 변화할 수 있도록 이끌어 내는 것을 목표로 한다(McLaren, 1989).

비판적 교수법의 뿌리는 1920년대 독일 프랑크푸르트학파에서 연구되었던 비판이론(critical theory)에서 시작되었다고 할 수 있다. 그 후 브라질의 민중 교육학자 Paulo Freire(1970)가 이 개념을 교육에 도입시켜 *Pedagogy of the Oppressed*에서 비판적 교수법의 개념을 설명하기 시작했고 이후 미국의 교육학자 Henry Giroux(1983)가 자신의 저서인 *Theory and Resistance in Education*에서 처음으로 비판적 교수법이라는 용어를 사용하기 시작했다.

비판적 교수법의 근간이 되는 비판이론은 1923년에 프랑크푸르트 대학의 사회연구소(The institute of social research)에서 발전하였는데 궁극적으로 프랑크푸르트 학파의 철학 목표는 사람들을 억압하는 사회구조를 이해하고 인간이 해방될 수 있도록 도와줘야 한다는 것이다. 따라서 이들은 사람의 양심과 행동을 억압하는 모든 도구적 이성(instrumental rationality)을 반대하고 사람을 자유롭게 하고 인간을 억압시키는 사회구조를 변화시킬 수 있는 비판적 이성(critical rationality)만이 올바른 이성이라고 주장하였다.

비판적 이성은 어떤 사실을 절대화하는 것을 거부하며 Arato와 Gebhardt(1978)가 주장한 것처럼 '진실로 위대한 진리는 숭배되어지는 것이 아니라 비판되어지기를 원하는 것'이라고 하면서 이성에 대한 절대적인 신봉을 거부한다. 비판이론은 계몽시대 이후 근대 산업혁명을 거치면서 만연했던 이성주의를 비판해서 나온 이론인데, 즉 사람의 이성을 통해서 인간을 계몽한다는 이성 만능주의가 만들어 낸 산업혁명, 제1차 세계대전, 자본주의, 관료주의, 공산주의가 결코 인간을 자유롭게 하지 못했던 상황에 대한 반성이라고 할 수 있다(Guess, 1981).

Erich Seligmann Fromm, Horkheimer Max, Marcuse Herbert, Jürgen Habermas 등의 학자들로 이어지면서 아직까지도 건재하게 철학 분야에서 주장되는 비판이론을 교육에 적용하면서 비판적 교수법이라는 새로운 교수이론이 등장하게 된 것이다.

비판적 교수법이란 억압적인 사회조건에 대해서 학습자들의 비판적인 의식을 불러일으키려고 고안된 교수와 학습 방법을 말한다. 마르크스주의(marxist theory)을 기초로 하여 급진적 민주주의(radical democracy), 무정부주의(anarchism), 여성운동(feminism), 그리고 사회적 정의를 위한 다른 사회운동을 근간으로 한다. 이 교수법의 기본 생각은 학생들이 학교에서 배우는 모든 지식은 중립적인 지식이 아니라 사회적으로 역사적으로 힘의 논리에 의해 만들어진, 의도된 지식이라는 것이다. 즉, 지식은 참이냐 거짓이냐가 아니라 얼마나 억압적이냐 탄압적이냐는 기준에서 분석되어 져야 한다는 것이다(McLaren, 2009).

이렇게 힘과 지식 간의 관계에 초점을 둔 비판적 교수법은 학교 교육 자체를 힘에 의한 사회적 관계를 재생산하는 교육체제로 인식한다(Giroux, 1983). 따라서 이런 교육상황에서의 참다운 교육은 학생들에게 자신들이 배우는 지식에 대한 비판적인 눈을 키워 지식을 스스로의 힘을 기르기 위한 도구로 창조적으로 사용할 수 있도록 해야 한다는 것이다. 즉, 학생들이 습득한 지식을 가지고 자신의 존재를 파악하고 사회적인 힘의 역학 관계에 위치되어진 자신의 실체를 인지하여, 그 인식과 지식으로 자신을 억압하는 힘의 구조에서 해방시킬 수 있는 운동가가 되도록 교육되어야 한다는 것이다(Freire, 1970).

결국 비판적 교수법의 목적은 교육이 이미 사회적으로 형성된 지식을 재생산시키는 것이 아니라 학생들을 교육을 통해 힘을 갖게 하는 것(empowerment), 즉 자기 스스로 힘을 가지고 스스로를 새로운 존재로 변화시키는 자기 변화(self transformation)가 가능하도록 이끄는 것이라고 할 수 있다. 이러한 사상은 다시 말하면 프랑크푸르트 학파의 후기 철학자인 Habermas(1972)의 해방 지식(emancipatory knowledge), Giroux(1983)의 지시적 지식(directive knowledge)을 학생들에게 주지하자는 것이다. 이러한 지식들이야말로 우리가 힘과 특권에 의해 왜곡되어지고 조정되어진 사회적 관계를 바로 보고 올바로 잡을 수 있도록 도와 줄 수 있다(McLaren, 2009). 결국 비판적 교수법의 목표는 사회 정의와 비판적이고 민주주의적인 삶(critical democratic life)을 위해 정치적이고 교수적인 개입을 하자는 것이다.

2. 비판적 교수법의 역사

비판적 교수법을 발달시킨 주요 학자들을 살펴보면 먼저 이 교수법에 철학적 기초를 제공한 존 듀이를 들 수 있다. 존 듀이(1938)는 그의 저서 *Experience and Education*에서 교육은 반드시 경험과 동반되어야 한다고 주장하고 창조적인 지적 능력(creative intelligence)을 배양하기 위해서는 사고(thinking)와 성찰(reflection)이 교육의 가장 중요한 요소가 되어야 한다고 주장했다.

두 번째로 비판적 교수법의 이론적 토대를 만든 사람은 브라질 교육학자 Paulo Freire이다. 그는 1970년도에 발표된 *Pedagogy of the Oppressed*

라는 저서를 통해서 브라질 빈민가 학생들을 위한 교육법을 말하기 시작했다. 마르크시즘(maxism)과 프랑크푸르트 학파의 비판이론에 영향을 받은 Freire는 교수와 학습활동은 학생들이 자기 주변의 억압적인 사회적 조건과 힘의 관계에 관해서 인식하도록 하여 학생들의 비판적 의식(critical consciousness)을 고양시키는 것을 목적으로 해야 한다고 주장하였다. Freire는 근대 이후의 사회 체제에서도 계급(class)이 여전히 억압의 여러 형태를 이해하는 데 중요한 요소라는 점을 강조하였다. 그는 교육 과정에서 중립적인 것이란 없으며 교육은 젊은 세대를 기존체계 논리에 통합시키고 따르도록 만드는 도구로 기능하거나 아니면 자유의 실천으로서 현실에 대해 비판적이고 창조적으로 대응하고 세계의 변혁에 참여하는 방법을 발견하기 위한 수단으로 존재할 뿐이라고 하였다. Freire는 자유란 정복으로 쟁취하는 것이지 선물로 받는 게 아니며 항구적으로 책임감을 가지고, 인간의 완성을 이루는 과정에서 필수적인 조건이라고 하였다. 피억압자는 해방을 우연히 얻는 것이 아니라 해방을 추구하는 프락시스로써 해방을 위해 싸워야 한다는 필요성을 인식함으로써 쟁취하는 것이다(프레이리, 2014, p. 53).

결국 민중은 프락시스(praxis)를 통해 비판적으로 현실에 개입해야 하는데 이때 유일한 도구가 비판적 인식을 통해 학습자 자신의 정체성과 위치를 인식시키는 인간화 교육(humanization)이라는 것이다.

프락시스란 이론을 배우고 적용한 후에 성찰해보고 그리고 다시 이론으로 돌아가는 과정이다. Freire(1970)는 지식이 지식으로만 존재하는 것이 아니라 실천되어지고 다시 생각되어지는 과정을 통해서만 진정으로 학습자의 인간화와 해방화를 가져오는 교육의 기능을 하게 되고 궁극적으로 사회 변화(social transformation)를 가져 올 수 있다고 주장하였다.

이러한 프락시스의 첫 단계가 자기 상황과 정체성에 대한 인식, 자기 주변 사회와 배우고 있는 지식과의 관계에 대한 인식인데 현실의 교육은 학생들이 설명된 내용을 수동적으로 기계적으로 암기하도록 만들 뿐 이러한 인식과 성찰과 문제 해결적 사고를 할 수 있도록 이끌지 못하고 있다고 Freire는 비판했다. 교사는 학생들을 내용물을 주입하는 그릇이나 용기로 만들고 있으며 내용물을 고분고분 잘 받아 채울수록 더 나은 학생들로 평가하고 이렇게 해서 교육은 예금 행위처럼 되는 은행저금식 교육(banking education)이 이루어진다는 것이다.

은행저금식 교육체제의 문제는 학생들은 자신에게 부과된 수동적 역할을 완벽하게 수행할수록 점점 더 세계를 있는 그대로 받아들이게 되고 자신에게 저금된 단편적인 현실관에 순응하게 된다는 것이다. Freire는 지식을 가지고 있다고 자처하는 사람들이 아는 것이 없다고 여기는 사람들에게 일방적으로 전달하는 이런 은행저금식 교육체제가 바로 억압 이데올로기이며 이렇게 학생들에게 허용된 행동의 범위가 교사에게서 받고 채우고 보관하는 정도에 국한되는 현실에서는 학생들의 의식화와 해방화를 가져 올 수 있는 탐구와 사색과 실천의 과정이 생략될 수밖에 없다는 것이다.

이런 은행저금식 교육관에 대한 대안으로 Freire는 학생들 자신을 위한 문제 제기식 교육(problem-posing education)을 주장한다. 문제 제기식 교육에서는 교사와 학생이 더 이상 대립 관계가 아닌 함께 대화하는 관계가 된다. 교사는 이제 단순히 가르치는 사람이 아니며 그 자신도 학생들과의 대화 속에서 배우는 사람이 되며 교사는 지식을 자신의 소유물로 여기지 않고 자신과 학생들이 함께 구성할 대상으로 여긴다.

은행저금식 교육은 창조성을 마비시키고 금지하지만 문제 제기식 교육은 현실을 드러내고 의식의 출현과 비판적 현실 개입을 위해 노력한다. 문제 제기식 교육을 통해 학생들은 자신들을 성찰하는 동시에 세계를 성찰하는 인간으로서 점차 인식의 범위를 넓혀 간다. 그리고 자신들이 세계 속에 존재하는 방식을 비판적으로 인식하게 되며 세계와 더불어 살아가는 자신의 참 모습을 발견하게 된다는 것이다.

Freire(1970)에 의하면 비판적 사고란 세계와 인간의 보이지 않는 연대감을 분명히 인식하고 이분법을 버리는 사고이며 현실을 정태적인 실체가 아니라 변화의 과정으로 파악하는 사고, 행동과 유리 되지 않은 채 두려움 없이 과감하게 현실에 참여하는 사고를 의미한다. 비판적 사고는 현실의 지속적인 변화를 중요하게 생각하며 지속적인 인간화를 지향한다.

그런데 Freire는 이런 비판적 사고의 출발점이 '대화'라고 주장하였다. 사랑과 겸손, 신념에 뿌리를 둔 대화가 만들어내는 수평적 관계에서 상호 신뢰가 싹 트게 되며 논리적 필연성이라고 하며 겸손한 태도와 상대방에 대한 신뢰의 바탕 위에서 일어나는 대화 행위가 바로 비판적 사고의 출발점이라고 주장하였으며 이것이 문제 제기식 교육의 핵심 도구라고 하였다.

> 내가 세계를 사랑하지 않는다면 내가 삶을 사랑하지 않는다면
> 내가 민중을 사랑하지 않는다면 나는 대화 속으로 들어갈 수 없다.
> (프레이리, 2014, p. 108)

비판적 사고는 교사의 강의가 아니라 오직 교사와 학생 간의 대화, 학생과 학생 간의 대화를 통해서만 길러질 수 있는 자질이며, 오직 비판적 사고를 필요로 하는 대화만이 또 다른 비판적 사고를 낳을 수 있다고 주장한다.

> 대화가 없으면 의사소통이 없고 의사소통이 없으면 진정한 교육이 불가능하다. (프레이리, 2014, p. 112)

그는 참된 교육은 a가 b를 위해 또는 a가 b에 관해 행하는 것이 아니라 a와 b가 함께 행하는 것이라고 하면서 부당한 사회적 관습에 관해 학생들의 의식을 고양하여 학생들이 사회변화를 위한 능동적인 활동가가 되도록 도와주는 과정에서 사회 정의를 이루어 가는 것을 소명으로 해야 한다고 주장하였다.

> 민중은 문제 제기식 교육을 통해 자신들이 세계 속에서 존재하는 방식을 비판적으로 인식하게 되며 세계와 더불어 세계 속에서 살아가는 자신의 참 모습을 발견하게 된다. (프레이리, 2014, p. 100)

결국 진정한 지식은 교사와 학생간의 의사소통과 대화, 학생 간의 상호작용을 통해서 끈기 있게 지속적으로 추구하는 과정에서 나온다는 것이다. 따라서 무엇보다도 교육은 다양한 시각을 가지고 봐야 하며 교육이란 특정한 도그마를 가지고 억압하는 교육(practice of domination)이 아니라 학생들을 자유롭게 하는 자유를 위한 교육(practice of freedom)이 되며 이런 교육을 통해 학생들의 인간화(humanization)와 억압으로부터의 해방을 이루게 하는 것이 교육의 궁극적인 목적이라고 하였다(Freire, 1978).

Freire 이후 본격적으로 비판이론을 교육에 적용시키기 시작하면서 비판적 교수법의 계보를 이어온 미국의 일련의 현대 교육학자들은(Giroux, hooks, McLaren, Shor, Simon 등) Freire가 주장해온 계급이론과 마르크시즘을 약화시키고 포스트 모더니즘(post-modernism) 사상을 가미시켜 정체성이나 매스미디어, 인종관계, 여성운동, 세계화 등을 포함한 여러 이슈들과 기관, 사회 구조의 영향에 대해서 비판적인 시각으로 접근하기 시작했다.

비판적 교수법이라는 용어를 처음 사용한 Henry Giroux도 그는 비판이론의 근간이 된 마르크스주의부터 Paulo Freire, Zygmust Bauman의 이론을 이용하여 급진적 민주주의(radical democracy)와 공교육 교수법(public pedagogy)을 지지하며 반 민주주의적 사고인 신자유주의(neoliberalism), 군국주의(militarism), 제국주의(imperialism), 종교적 원리주의(religious fundamentalism) 등 모든 억압적 교육방법에 반대하는(anti-oppressive education) 입장을 취해왔다. 그는 교육의 목적을 거시적 목적과 미시적 목적으로 나누고 교육의 궁극적 목표는 거시적 목적을 취득하는 것이라고 하였는데 미시적 목적이 수업 내용이라고 한다면 거시적 목적이란 학생들이 자신들이 배우는 수업내용과 구성, 그리고 방법들이 자신들이 속한 사회에서 갖는 의미를 인식하고 연관시킬 수 있도록 교육시키는 것이다.

그는 지식을 크게 생산적인 지식(productive knowledge)과 지시적인 지식(directive knowledge)으로 나누어 생산적인 지식이란 학교에서 배운 지식이 실제 사회에서 재화와 서비스를 만들어 내는 데 사용되는 지식을 의미하고 지시적인 지식이란 학생들에게 배움의 목적에 의문을 던지게 하고 생산적인 지식이 어떻게 헤게모니를 가지고 있는 사회적 관습(hegemonic practice)을 재생산시키는 데 사용되는지 점검하게 하는 철학적인 탐구방법이라고 설명하였다.

결국 교과과정은 어떤 특정한 문제에 대한 질문과 간과해야 할 질문으로 구성되어지는 것이고 학생들은 교과과정에서 다뤄져야 할 질문, 즉 교과 내용을 정하는 데 발언권이 있어야 한다고 주장하였다. Groux는 학생들의 지평을 넓히고 생산적인 지식에 도전하고 지시적인 지식들을 확장시키기 위해서 교사들의 역할과 책임이 무엇보다 중요하다고 주장하였다. 그는 또한 Freire와 마찬가지로 이러한 교육의 목적을 성취하기 위해서는 지식에 대한 변증법적인 접근이 매우 중요하다고 하였는데, 즉 하나의 지식에 대하여 정반합의 검증 과정을 걸쳤을 때 비로소 그 지식의 유용성과 중요성이 인식되어진다는 것이다. 이렇게 인식된 지식은 결국 학습자가 스스로에게 적용해서 사회 안에 속한 자신의 위치를 파악하고 자신을 변화시키는 데 적용되어진다(Giroux, 2009).

John Dewey, Paulo Freire, Henry Giroux를 이어서 Ichael Apple, bell hooks, Peter McLaren, Ira Shor, Patti Lather, Maxine Greene, Donaldo Macedo 등 현대의 비판적 교육자들은 마르크스주의 대신에 세계화, 매스미디어, 인종문제, 여성문제 등과 관련된 포스트 모더니즘 주제를 다루고 있으며 다양한 주제와 기관과 사회구조에 관하여 비판적 접근을 하고 있다.

그러나 이들 비판적 교육학자들은 모두 공통적으로 교육이란 1) 학생들이 주도하는 학습 2) 비판적 사고 3) 자기 변화 4) 능동적인 학습자를 키우는 방향으로 진행되어야 한다고 주장한다.

3. 비판적 교수법의 신념

비판적 교수법의 목적은 힘이 지배하는 지식을 재생산하는 것이 아니라, 교육을 통하여 학생들이 자신들의 힘을 키우고 스스로 변화하는 것을 목적으로 한다(McLaren, 1989). 이러한 교육과정이야말로 인간화를 이루는 과정이고 모든 지식은 결국 해방 지식(emancipatory knowledge)(Habermas, 1968)이 되어야 한다는 것이다. 비판적 교수법의 목표는 사회와 교실에서의 억압적인 힘의 관계를 깨뜨리는 데 있다. 따라서 예전에 존재하던 교사와 학생이 억압적인 관계에서 벗어나고 교수가 지식을 주는 사람, 학생들은 결국 지식을 무비판적으로 수용하는 수동적인 존재에 불과한 전통적인 관계에서 벗어나 교실에서 교사와 학생이 의미 있는 대화를 통해 자신들의 경험을 근거로 새로운 지식을 창출하는 장으로 만든다는 것이다.

이러한 비판적 교수법의 신념을 요약해보면 아래와 같이 정리할 수 있다.

1) 모든 지식은 진공상태에 존재하는 것이 아니라 역사적인 맥락에서 힘의 논리에 의해 생성된다. 지식은 사회적으로 구성되어진 것이고, 문화적으로 중재되어진 것이고, 역사적으로 위치해 있는 것이다.
2) 지식과 사회적 규범이나 가치, 문화와의 관계를 드러내기 위해서는 지식에 대한 변증법적인 시각이 필요하다. 즉, 끊임없는 탐구를 위해서는 반박과 도전을 통해 지식의 실체를 해부하는 작업이 필요하다.
3) 이데올로기에 대한 비판이 필요하다. 이데올로기는 우리가 살고 있는 세계에 질서와 의미를 부여하기 위해 사용되어지는 렌즈라고 볼

수 있다. 이런 사회적 렌즈를 그냥 받아들이는 것이 아니라 비판적 시각으로 바라보는 시각이 필요하다. 그래서 학습이란 가장 지배적인 이데올로기에 대해서 도전하고 존재하는 편견과 고정관념을 부서뜨리는 과정이다. 지배적 이데올로기에 대한 저항적(oppositional) 이데올로기가 중요하다.

4) 이런 비판적 사고와 변증법적인 사고를 위해서는 문제 제기식 교육이 중요하다.
5) 교육에 있어서 프락시스가 매우 중요하다. 프락시스란 이론과 실천이 함께 이행된다는 말로 우리가 세계에 대한 이해와 행동이 같이 병행되어야 지식이 참지식이 된다는 의미이다. 모든 인간 행동은 성찰과 대화와 실천의 계속되는 상호작용에서 나오는 것이다.
6) 학습방법에 있어서 대화와 의식화(concentization)가 매우 중요하다. 대화와 분석은 모든 성찰과 실천의 기본이 되는 요소이고 의식화는 학생들이 사회의 현실에 대한 깊은 인식을 통해 스스로 사회를 창조할 힘을 기른다는 것이다. 즉, 모든 이론과 진실은 비판을 받아야 하며 이 비판은 민주적인 힘의 관계에서의 상호작용을 통해 이루어지는 분석과 질문에 의해서 이루어진다.
7) 피지배층에 대한 지배층의 헤게모니(hegemony)에 대한 저항과 반박이 필요하다.

학습자가 헤게모니에 대한 저항과 반대적인 시각을 키워나가 도전하고 개혁하는 행동가로 학습자를 키워나가야 한다.

4. 비판적 교수법과 언어학

비판적 언어학의 시작은 1973년 밥 호지(Bob Hodge)와 건서 크레스(Gunther Kress)(1973)가 East Anglia 대학에서 촘스키와 할리데이의 언어학을 마르크스주의 프레임과 통합한 책인 *Transformations, Models, and Processes*에서 처음 언급되었다. 비판적 언어학은 촘스키에게서는 변형이론을, 할리데이에게서는 언어 기능 이론을, 마르크스주의에서는 사회와 정치적 투쟁에 항상 암시된 언어와 의식의 기본 모델을 가지고 왔다. 이 언어학과 막스의 계급 투쟁 이론을 합친 이론이 호지와 크레스(1979)의 *Language as Ideology*이다. 이후 이 책은 Norman Fairclough(1985)의 *Critical Discourse Analysis*의 기초가 되면서 비판적 언어학의 시작을 가져온다.

비판적 언어학자들은 교육현장에서 언어가 불평등한 힘의 관계를 재생산하고 저항하는 데 어떤 역할을 하는지 연구한다. 비판적 언어학자들은 비록 이데올로기가 드러나거나 인식되지는 않아도 모든 언어정책은 이데올로기의 영향을 받는다고 주장한다. 비판적 언어학자들은(Candlin, 1990; Fairclough, 1985; Forester, 1985; Pennycook, 1989) 언어교육은 항상 그 언어가 가지고 있는 사회적, 문화적, 정치적 갈등 요소에 영향을 받는 사회적 행위라고 주장한다. 즉, 언어는 사회 지배계급들이 힘을 위한 투쟁에서 이점을 얻고자 사회적으로 조종하는 데 사용되는 매개체이다(Ricento & Hornberger, 1996).

지난 수십 년간 비판적 언어학자들은 언어 정책이나 영어의 세계어로서의 확대, 교사와 학생들의 정체성과 학습과의 관계 등의 주제에 대하여 그들의 비판적 시각으로 해석해왔다. 우선 언어 정책에 있어서 비판적 언어학자들은 사회적 정치적 경제적 요소가 언어 정책에 어떻게 영향을 끼쳐 왔는지 연구해왔다. 그들은 언어정책의 설립이나 실행은 결코 진공 상태에서 발생하는 것이 아니라 이면에서는 언제나 복잡한 사회적 정치적 요소에 의해 영향을 받는다고 주장한다.(Pennycook, 1989; Phillipson, 1988; Tollefson, 1989)

언어가 힘이 지배하는 사회관계의 도구로 쓰인다는 비판적 언어학자들의 이론은 최근 21세기에 세계어로서의 영어 시대의 도래 현상을 가장 잘 설명하는 이론으로 각광 받았다. 비판적 언어학 학자들은 영어의 세계어로서의 전파 현상을 결코 사회적, 정치적인 힘과 분리된 중립적인 현상이라고 보지 않는다. 그들은 이것을 자본주의 이익을 위해서 영어권 나라들이 의도적으로 부추긴 현상이라고 주장한다.(Phillipson & Skutnabb-Kangas, 1996) 많은 비판적 언어학자는 영어 사용의 확대 현상은 결코 비영어권 지역에 이익이 되는 것이 아니라, 영어 사용과 함께 영어권 문화의 가치와 문화 전수가 확대되면서 각 지역의 문화와 언어에 위협적이 될 것이라고 경고해 왔다. 영어가 영어권 나라의 경제적 문화적 지배를 위한 잠재적인 도구가 될 수 있다고 경고하면서 Phillipson(1988)은 영어의 세계어 현상을 언어적 제국주의(linguistic imperialism)라고 강도 있게 비판했다.

영어의 세계화 현상에 대한 이러한 관점에서 비판적 언어학자들은 어떤 사회적, 문화적, 정치적인 요인이 영어의 전파현상을 부추기는지, 그리고 이러한 영어의 세계화 현상이 각 나라의 언어정책과 학습자의 언어습득에 어떤 영향을 미치는지 연구해왔다(예를 들어, Ndebele, 1987;

Pennycook, 1989; Phillipson, 1988; Phillipson & Skutnabb-Kangas, 1996; Tollefson, 1989).

비판적 언어학자들은 또한 언어교육과 관련하여 언어습득에 영향을 미치는 심리적인 요인에도 관심이 많았는데(예를 들어, Mckay & Wong, 1996; Norton-Pierce, 1995, 1997; Norton, 2000), 비판적 교수법이 학습자들의 자기 인식에 초점을 두는 것과 같은 맥락으로 학습자와 교사들이 자신들의 상황과 정체성을 인식하는 것이 어떻게 학습자의 언어습득에 영향을 미치는지 연구하였다(Norton-Pierce, 1995; Norton, 2000; Canagarajah, 2004). 예를 들어 Norton-Pierce(1995)는 캐나다에서 ESL 코스를 듣는 이민자 여성이 영어 습득을 위해 어떻게 개인적으로 사회적으로 자기투자(self-investment)를 하는가를 연구한 것을 토대로 제2 언어습득 이론이 언어 학습자들의 학습동기만 다룰 뿐 언어학습을 대하는 학습자들의 사회관계 안에서의 통합적인 정체성(identity)에 대한 연구가 잘 이루어지지 않아 왔다고 비판하였다. 그녀(1995)는 정체성이란 정해져 있는, 변하지 않는 심성이 아니라 학습자 자신의 언어를 잘하고자 하는 욕망과 투자 사이에서 갈등하는, 복잡하고 모순적으로 변하는 실체로 보았다. 그녀는 언어는 우리가 누구인지, 그리고 그 언어가 사용되어지는 세계에 어떻게 관여하는지 조정하는 매개체이기 때문에 언어와 정체성의 문제는 긍정적이고 생산적인 언어 학습과 교수에 중요한 영향을 미치는 요소라고 하였다.

비판적 언어학자들은 학습자뿐 아니라 교사들의 정체성에 대한 연구도 많이 진행해 왔다. 언어 교사들은 교사로서, 개인으로서, 여성으로서, 남성으로서, 원어민 화자로서, 비원어민 화자로서 다양한 역할과 정체성을 보이고 있는데 이들의 다양한 정체성이 그들의 언어 교수 활동에 어떠한 영향을 미치고 있는지, 어떻게 언어로 인해 타협되고 형성되는지 분석하였다(Duff & Uchida, 1997).

비판적 언어학자들은 이외에 다문화주의(Kubota, 2004), 성(Pavlenko, 2004; Sunderland, 2004; Weiler, 2009), 인종문제(Darder & Torres, 2009; hooks, 2009; Ladson-Billings & Tate, 2009) 등 다양한 사회주제에 대해 비판적 시각으로 연구를 이어 오고 있다.

5. 비판적 교수법과 언어교육

비판적 교수법과 비판적 언어학은 실제 언어교육 현장에도 많은 영향을 미치며 교실 수업의 개혁을 이끌어 왔다. 예를 들어 Auerbach(1992)는 언어 때문에 현실에서 항상 불이익을 받고 불평등한 대접을 받고 있는 ESL 학생들을 위해 진정한 영어 교육에서는 영어로 스스로를 방어하는 법(how to defend in English)을 가르쳐야 한다고 주장했다. 그녀는 언어 상황을 중립적으로 묘사하는 ESL 수업 교재들은 학습자들의 사회적 정치적 입지를 간과한 채 이상적인 언어상황만 제공하고 있으므로 언어능력의 부족 때문에 실제 벌어지는 불공평한 상황을 교실 안으로 가져와 적절히 대응하는 법을 가르치는 것이 진정으로 ESL 학생들에 필요한 교육방식이라고 주장했다.

무엇보다도 비판적 교수법을 가장 많이 적용한 영역은 비판적 리터러시(critical literacy) 분야로 비판적 교육학자들은 오랫동안 참다운 리터러시가 무엇인지 고민해왔다(Janks, 2010; Luke & Freebody, 1998; McLauglin & DeVoogd, 2004). 비판적 언어학자들은 언어는 이론과 경험이 의미와 목적을 위해서 만나는 사회적 행위라고 규정하고(Dewey, 1916) 리터러시 교육에서 이미 주어진 해석이 아니라 개인적 사회적 발달을 위해 끊임없이 다른 해석을 추구하는 것이 매우 중요하다고 주장했다(Shor, 2009).

비판적 리터러시란 좁은 의미에서는 텍스트에 비판적인 시각을 가져오자는 것이다. 비판적 리터러시는 비판적으로 교재의 이면의 내용에 대해 질문하게 함으로써 지식을 수동적으로 받아들이는 것을 규제하는 한편(Stevens & Bean, 2007), 교사와 학습자들이 텍스트를 대안적으로 바라보게 해주고 학습자가 텍스트를 더 잘 이해하도록 도와주는 활동이다. 넓은 의미의 비판적 리터러시는 텍스트가 생산되고 읽혀지는 사회적 맥락에서 텍스트가 어떻게 작용하고 해석되어지는지 파악하자는 것이다.

> 텍스트의 의미는 작가의 의도나 작품으로뿐만 아니라 사회적, 역사적, 그리고 힘의 관계에서 이해되어야 한다(Clark, 1995, p. 71).

Freire(1970)는 비판적 리터러시란 힘없는 사람들에게 힘을 줄 수 있는 수단이라고 말하면서 읽기란 단어뿐 아니라 세계를 아는 것이라고 주장했다. 학습자들은 비판적 리터러시를 통해 주어진 문장을 암기하고 해석하는데 그치는 것이 아니라, 읽기와 쓰기를 통해 끊임없이 성찰하고 언어의 이면을 찾아서 사고하며 텍스트가 어떤 사회적, 문화적, 역사적인 배경을 기반으로 읽혀지는지 봐야 한다는 것이다(McLauglin & DeVoogd,

2004). 이런 과정을 경험한 학습자일수록 언어를 창조적으로 만들고 비판적으로 사실을 이해하는 능력이 생긴다고 보았다(Robinson & Robinson, 2003, p. 27).

이외에도 실제 언어 수업에 비판적 교수법을 응용된 예는 많이 연구되어져 왔다. 예를 들어 Shohamy(2004)는 다문화 사회에서 어떻게 평가가 인종 배경이 다른 학습자들에게 공평하게 적용될 수 있도록 만들어질 수 있는지에 대해 연구하였다. Starfield(2004)는 코퍼스 언어학을 비판적 교수법 시각에서 다루면서 아카데믹 글쓰기에 나타난 힘과 정체성에 관련된 주제를 다루었다. 이외에 Morgan(2004)는 문법교육을 비판적 교수법 입장에서 분석했으며 Pavelenko(2004)도 외국어 교실에서 교재나 교수법 측면에서 어떤 성차별적인 요소가 있는지 포스트 모더니즘과 페미니즘 입장에서 정리하였다. 이밖에 비판적 교수법 견지에서 본 교사교육(Crooks & Lehner, 1998; Giroux, 2009; Goldstein, 2004), 미디어 리터러시(media literacy)(Leistyna & Alper, 2009) 등 교육을 통해서 학습자의 힘을 길러주는(empowerment) 교육을 지향하는 비판적 교수법의 항로는 여전히 진행 중이다.

정숙경

대전대학교 정숙경 교수는 서강대학교 영문학과 학사 석사, 미국 콜롬비아 대학 응용언어학 석사. 캐나다 브리티시컬럼비아 대학 영어 교육 박사를 취득하고, 이후 서강대학교, 건국대학교, 서울 디지털 대학교에서 재직하였으며 현재 대전대학교 국제 언어학과에 재직 중이다. 한국 펜코리아 영어교육학회 부회장을 역임했고, 현재 한국 응용언어학회 부회장으로 활동 중이다. 비판적 언어학, 비판적 교수법, 온라인 언어학습, 다독을 통한 영어학습 주제에 관심을 가지고 연구 중이다.

■ 참고문헌

프레이리 파울로. (2014). 『페다고지』. 서울: 그린비.

Arato, A. & Gephardt. E. (1978). *Essential Frankfurt School Reader*. Urizen Books.

Auerbach, E. R. (1992). *Making Meaning, Making Change: Participatory Curriculum Development for ESL Literacy.* Washington, DC: National Clearinghouse on Literacy Education, Center for Applied Linguistics. (ED 356 688)

Candlin, C. (1990). What happens when applied linguistics goes critical? In M. A. K. Halliday, J. Gibbons & H. Nicholas (Eds.), *Learning, Keeping, and Using Language*. Amsterdam: John Benjamins.

Clark, R. (1995). Developing critical reading practices. *Prospect 10(2),* 65-80.

Crookes, G. & Lehner, A. (1998). Aspects of process in an ESL critical pedagogy teacher education course. *TESOL Quarterly 32*(2), 319-328.

Darder, A. & Torres, R. D. (2009). After race: An introduction. In. A. Darder, M. Baltodano, & R. D. Torres (Eds.), *The Critical Pedagogy Reader.* (pp. 167-182). New York: Routledge.

Dewey, J. (1916). *Democracy and Education.* New York: The Free Press.

Dewey, J. (1938). *Experience and Education.* New York: Kappa Delta Pi.

Duff. P. & Uchida, Y. (1997). The negotiation of teachers' sociocultural identities and practices in post-secondary EFL classrooms. *TESOL Quarterly 31(3)*, 451-486.

Fairclough, N. (1985). Critical and descriptive goals in discourse analysis. *Journal of Pragmatics 9*, 739-63.

Forester, J. (1985). *Critical Theory and Public Life.* Cambridge, MA: MIT Press.

Freire, P. (1970). *Pedagogy of the Oppressed*. London: Continuum.

_____ (1976). *Education: The Practice of Freedom*, London: Writers and Readers.

Giroux, H. A. (1983). *Theory and Resistance in Education.* South Hadley, MA: Bergin & Garvey.

_____ (2009). Critical theory and educational practice. In. A. Darder, M. Baltodano, & R. D. Torres (Eds.), *The Critical Pedagogy Reader* (pp. 27-51). New York: Routledge.

Goldstein, T. (2004). Performed ethnography for critical language teacher education. In B. Norton & K. Toohey (Eds.), *Critical Pedgagoies and Language Learning* (pp. 30-52). New York: Cambridge University Press.

Guess, R. (1981). *The Idea of a Critical Theory: Habermas and the Frankfurt School.* Cambridge: Cambridge University Press.

Hawkins, M., & Norton, B. (2009). Critical language teacher education. In A. Burns & J. Richards (Eds.), *Cambridge Guide to Second Language Teacher Education* (pp. 33-39). Cambridge: Cambridge University Press.

Harbermas, J. (1968). *Knowledge & Human Interests.* Beacon Press.

Hodge, R., & Kress, G. (1996). *Language as Ideology.* London: Routledge.

hooks, b. (2009). Confronting class in the classroom. In. A. Darder, M. Baltodano, & R. D. Torres (Eds.), *The Critical Pedagogy Reader* (pp. 135-141). New York: Routledge.

Janks, H. (2010) *Literacy and Power.* New York: Routledge.

Kubota, R. (1998). Ideologies of English in Japan. *World Englishes 17*(3), 295-306.

Kubota, R. (2004). Critical multiculuralsim and second language education. In B. Norton & K. Toohey (Eds.), *Critical Pedgagoies and Language*

*Learni*ng (pp. 30-52). New York: Cambridge University Press.

Ladson-Billings, G. & Tate, W. F. (2009). Toward a critical race theory of education. In. A. Darder, M. Baltodano, & R. D. Torres (Eds.), *The Critical Pedagogy Reader* (pp. 167-182). New York: Routledge.

Leistyna, P. & Alper, L. (2009). Critical media literacy for the twenty-first century: Taking our entertainment seriously, In. A. Darder, M. Baltodano, & R. D. Torres (Eds.), *The Critical Pedagogy Reader* (pp. 501-521). New York: Routledge.

Luke, M. & Freebody, P. (Eds.). (1998). *Constructing Critical Literacies: Teaching and Learning Textual Practice.* New York: Routledge.

McLaren, P. (1989). *Life in Schools: An Introduction to Critical Pedagogy and the Foundations of Education.* New York: Longman.

_____ (2009). Critical pedagogy: A look at the major concepts. In A. Darder, M. P. Baltodano, & R.D. Torres (Eds.), *The Critical Pedagogy Reader* (pp. 61-83). New York: Routledge.

McLaughlin, M. & DeVoogd, G. (2004). *Critical Literacy: Enhancing Students' Comprehension of Text.* New York: Scholastic.

Mckay, S. L. & Wong, S. C. (1996). Multiple discourse, multiple identities: Investment and agency in second language learning among Chinese adolescent immigrant students. *Harvard Review 3,* 577-608.

Morgan, B. (2004). Modals and memories: A grammar lesson on the Quebec referendum on sovereignty. In B. Norton & K. Toohey (Eds.), *Critical Pedagogics and Language Learning* (pp. 158-178). New York: Cambridge University Press.

Ndebele, N. S. (1987). The English language and social change in South Africa. *The English Academy Review 4*, 1-6.

Norton-Pierce, B. (1995). Social identity, investment, and language learning.

TESOL Quarterly 29, 9-31.

_____ (1997). Language, identity, and the ownership of English. *TESOL Quarterly* 31, 409-429.

Norton, B. (2000). *Identity and Language Learning: Gender, Ethnicity, and Educational Change.* New York: Longman.

Pavlenko, A. (2004). Gender and sexuality in foreign and second language education: Critical and feminist approaches. In B. Norton & K. Toohey (Eds.), *Critical Pedagogies and Language Learning* (pp. 53-71). New York: Cambridge University Press.

Pennycook. A. (1989). The concept of method, interested knowledge, and the politics of language teaching. *TESOL Quarterly 23*(4), 589-618.

Phillpson, R. (1988). Linguicism: Structures and ideologies in linguistic imperialism. In J. Cummins & T. Skuttnab-Kangas (Eds.), *Minority Education: From Shame to Struggle* (pp. 339-358). Avon: Multilingual Matters.

Phillipson, R. & Skutnabb-Kangas T. (1996). English only world wide or Language Ecology. *TESOL Quarterly 30*(3), 429-451.

Ricento, T. K. & Hornberger, N. H. (1996). Unpeeling the onion: Language planning and policy and the ELT professional. *TESOL Quarterly 30*(3), 401-427.

Robinson, E. & Robinson, S. (2003). *What Does It Mean?: Discourse, Text, Culture - an Introduction.* Sydney: McGraw-Hill.

Shohamy, E. (2004). Assessment in multicultural societies: Applying democratic principles and practices to language testing. In B. Norton & K. Toohey (Eds.), *Critical Pedagogics and Language Learning* (pp. 72-92). New York: Cambridge University Press.

Shor, I. (2009). What is critical literacy? In. A. Darder, M. Baltodano, & R. D.

Torres (Eds.), *The Critical Pedagogy Reader* (pp. 282-304). New York: Routledge.

Starfield, S. (2004). "Why does this feel empowering?": Thesis writing, concordancing, and the corporatizing university. In B. Norton & K. Toohey (Eds.), *Critical Pedagogics and Language Learning* (pp. 72-92). New York: Cambridge University Press.

Stevens, L. & Bean, W. (2007). *Critical Literacy.* California: Sage Publication.

Sunderland, J. (2004). Classroom interaction, gender, and foreign language learning. In B. Norton & K. Toohey (Eds.), *Critical Pedagogics and Language Learning* (pp. 222-241). New York: Cambridge University Press.

Tollefson, J. W. (1989). The role of language planning in second language acquisition. In C. Kennedy (Ed.), *Language Planning and English Language Teaching* (pp. 23-41). Cambridge: Cambridge University Press.

Weiler, K. (2009). Feminist analysis of gender and schooling. In A. Darder, M. Baltodano, & R. D. Torres (Eds.), *The Critical Pedagogy Reader* (pp. 217-239). New York: Routledge.

제2장
비판적 리터러시와 영어교육

허선민 (우송대학교)

1. 비판적 리터러시란 무엇인가?

비판적 리터러시(critical literacy)의 개념은 다양한 이론적 배경만큼이나 그 개념도 다양하다(Comber, 2001). 본 장에서 제시하는 비판적 리터러시의 개념은 우리가 흔히 생각하는 논리적인 비판적 사고(critical thinking)의 개념을 확장시켜서, 읽기 쓰기 능력을 통해서 글 속에 담겨있는 이데올로기적 메시지를 비판하여, 문화적 사회적으로 소외되고 억압된 관점을 고려하여 좀 더 민주적인 의미로 글을 재해석하는 읽기 쓰기 능력을 총체적으로 지칭하도록 정의한다. 이는 비판적 교수법(critical pedagogy)에 그 근간을 두고 있다. 비판적 사고의 개념에서 읽기 쓰기는 논리적으로 글을 분석하여 작가의 의도된 의미와 작가의 생각을 그대로 받아들이는 교육적 효과가 있는 반면에, 비판적 리터러시는 이러한 읽기 쓰기를 사회 문화적 배경의 맥락 속에서 해석하여, 작가의 의도된 의미를 정확히 파악하고 다양한 관점에서 재해석하는 읽기 쓰기 방법을 추구한다.

외국 연구들과 한국 연구들을 종합해 보았을 때, 비판적 리터러시의 개념이 다소 상이하게 사용되고 있음을 알 수 있다. 이에 먼저, 외국과 한국 연구들에서 나타난 비판적 리터러시의 개념을 정리하고자 한다. 이런 다양한 개념 정의를 바탕으로 제시된 영어 교육 모델들을 살펴보고, 마지막으로 한국 영어 교육 연구에서 비판적 리터러시의 개념과 영어 교육 모델에서의 시사점 및 추구해 나아가야 할 점들을 제시하는 것으로 본 장을 구성하겠다.

1.1 외국 연구에서의 비판적 리터러시의 정의

1.1.1 비판적 리터러시의 배경

외국 학계에서 비판적 리터러시의 개념은 읽기 쓰기 능력이 객관적인 언어지식이라는 개념을 비판하고, 읽기 쓰기 능력도 사회 문맥과, 가치관, 문화적 요소에 의해서 인식되는 하나의 언어적 능력이라고 보았다. 이는 우리가 가치 있다고 여기는 언어의 사용을 읽기 쓰기 능력이 있다고 한정하게 된다. 여기서 누구의 읽기 쓰기 방식을 모든 사람들이 배워야 하는 언어 사용 능력으로 간주 할 수 있느냐에 대한 문제가 생기게 된다. 즉, 문제시 될 수 있는 점은 특정 문화적 집단의 사회적 지식, 가치관, 문화적 요소만이 학습할 의미가 있고 특히 소그룹이나 사회에서 소외된 그룹의 읽기 쓰기에 참여하는 방식은 가치가 없는 것으로 인지하도록 하는 결과가 생길 수 있는 것이다. 예를 들어서, 음성언어보다 리터러시의 개념의 우수성을 주장하는 초기 연구들은(Cole & Scribner, 1981; Goody, 1968; 1977) 리터러시를 객관적인 언어적 지식의 습득 과정으로 보고 여러 언어권의 리터러시의 개념을 살펴본 결과 리터러시, 즉 알파벳을 사용하는 리터러시 그룹이 지능이 더 높은 것이고 더 현대화됐으며 우수하다고 판단하는 극단적인 예로, 리터러시를 객관적인 "지식인 집단의 기술"(the technology of the intellect)(Goody, 1977)라고까지 지칭하였다. 반면에, 다른 언어적 사용의 관습을 지닌 문화권들은 마치 리터러시가 존재하지 않는 것으로 간주할 뿐만 아니라, 야만적이라고까지 하는 연구 결과를 발표하여 학계에 충격을 던졌다. 이러한 리터러시의 개념은 특정 학계에서 힘 있는 학자 그룹의 이익만을 대변했다. 그리고 그들의 리터러시의 사용만을 가치 있는 것으로 여기는 문화적으로 편향된 연구 결과의 발표였다. Street(1984)는 이러한 리터러시의 개념을 리터러시의 외부의 영향을 고려하지 않은 '자율적 모델(autonomous model)'이라고 지칭하였다. 이 자율적 리터러시 모델에서는 특정 계층과 문화그룹의 지식을 보편적 지식이며, 리터러시 자체가 객관적인 지식을 표현하는 수단으로 간주함으로서 그들의 리터러시에 대한 개념에 내포된 자신들의 문화적, 사회적 가치관에 힘을 실었다.

이런 리터러시 기능을 연구한 결과, 리터러시를 객관적인 언어적 능력이라고 보는 견해들도 궁극적으로는 사회, 문화, 정치적 가치에 의하여 구성된 문화 그룹의 이익을 대변하고 권위를 키우는 하나의 이데올로기적인 요소라는 인식이 점점 높아져갔다(Street, 1984). Street(1984)은 이러한 리터러시의 관점을 이데올로기 모델(ideological model)이라고 명칭 하었다. 리터러시 자체가 보편적인 의미를 주는 것이 아니라, 문맥상에서 그 의미가 결정되는 것을 생각하면 이데올로기 모델은 설득력을 갖는다. 초기 자율적 모델을 비판하는 학자의 움직임의 하나로 객관적인 리터러시란 존재하지 않고, 만약에 리터러시가 객관적인 언어적 능력만을 지칭한다면 리터러시의 교육의 효과는 인종, 성별, 사회 계급에 관계없이 모두에게 동등한 효과, 즉, 사회의 유동성(social mobility)에 큰 기능을 하여야 한다고 주장하였다. 그러나 많은 학자들이 밝힌 것은 사회 유동성에 리터러시가 객관적인 잣대로서 기능을 전혀 하지 않고, 특정 우월 계층의 성공만을 조력하는 수단으로서 리터러시가 작용함을 보고하였다(Graff, 1979; Heath, 1983; Street, 1984; Stubbs, 1980).

미국 학계에서 주로 이러한 편향된 리터러시의 개념은 인종 그룹의 학교에서의 성취도 분석에 사용되어서, 백인 상위층의 리터러시를 사용하지 않은 문화 그룹의 리터러시의 학습 능력이 부족한 것으로 간주하는 학계의 발표는 더욱 충격적이다. 이는 리터러시의 개념이 객관적인 학습, 언어 능력이라고 잘 못 간주한 데에서 오는 오류일 것이다. 하나의 대표적인 연구 중에, Heath(1983)의 연구는 미국의 동남부 지역의 백인 노동자 계층(Roadville)의 가족과 흑인 노동자 계층(Trackton)의 자녀들이 리터러시의 개념을 어떻게 다르게 가정에서 배우며 자라는지 민족지학적 관점에서 연구하였다. 그녀가 밝힌 부분은 이 각각 다른 의미의 리터러시의 개념을 배운 아이들이 학교에서 백인 상류층의 리터러시 개념을 접했을 때의 문화적 충격, 사회적 가치관의 대립 내지는 리터러시의 개념의 차이에서 오는 이해 부족 등을 보고하여, 리터러시의 개념이 사회, 문화적 관점으로 특정 그룹의 가치관과 이익을 담고 있는 지극히 이데올로기적 개념임을 입증하였다.

1.1.2 비판적 리터러시의 이론적 정의

이와 같이, 리터러시의 개념은 사회 문화적 가치관, 이데올로기를 표현하는 일련의 읽기 쓰기 능력이다. 이런 리터러시의 개념에서 글자를 읽고 쓸 수 있는 능력으로만 정의한다면 리터러시의 개념에 한계가 있다고 볼 수 있다. Luke(2000)은 이러한 한계점을 사람들이 실제로 글에서 사용하는 사회적, 문화적 그리고 경제적 힘의 관계에 대해서 조직적으로 분석하지 않는 경향이 있다는 것과 연결하였다. 힘과 리터러시의 관계를 조직적으로 분석하지 않는 것은 리터러시의 정의를 개개인의 기술로 한정하게 하고, 이는 공동체 속에서의 특정 의미를 지닌 사회 활동으로 보지 않게 되는 배경을 마련한다고 지적하였다(p. 451).

즉 우리에게 요구되는 리터러시란, 글자를 읽고 쓰는 것을 통하여 그 행위에 내재된 사회, 문화, 정치적 문맥을 파악하고, 글자에 내재된 가치관과 이데올로기가 어떤 특정 계층의 이익과 지식을 대변하고 있는지 파악하는 능력까지 요구되는 것이다. 이를 Freire(1970)와 Freire와 Macedo(1987)은 "문자 읽기"(reading the words)를 넘어서는 "세상 읽기"(reading the world)의 개념으로 비판적 리터러시의 의미를 설명하였다. 이는 단순한 글자를 읽고 쓸 줄 아는 언어적인 기술에서 그 글에 나타나 있는 세계관이나 가치관이 누구의 의견을 대표하는 지까지 분석하여, 이를 바탕으로 모든 그룹의 이익과 가치를 모두 포함하고 존중할 수 있는 평등과 민주주의의 개념을 통하여 읽은 글을 분석해 낼 수 있는 능력을 포함한다고 볼 수 있다(Edelsky, 1999; Lankshear & McLaren, 1993).

이러한 비판적 리터러시의 개념은 글, 리터러시 자체, 그리고 언어사용이 모두 가치적으로 중립적일 수 없다는 주장을 내포한다. 모든 글들은 주어진 사회의 담론적 조직 내에서 특정 이데올로기적 견해로 구성된 것이라 보고(Gee, 1999), 리터러시를 항상 사회 정치적 입장을 내재한 의미가 있음을 강조하였다. 그렇다면, 비판적 리터러시의 개념은 더욱 중요하게 된다. 이는 특정 이데올로기적인 견해를 비판적으로 받아들이고, 좀 더 다양한 이데올로기적 입장을 도출해 내는 해석 능력으로서의 비판적 리터러시의 개념이 중요해지기 때문이다. 이런 비판적 리터러시의 개념을 Shor(2009)는 시민의식의 한 구현이며, 시민으로서의 자질은 활발히 질문을 제기하여 내재되어 있는 이데올로기에서의 사회적 불평등에 도전하는 것이 바로 비판적 리터러시라고 말하였다. Shor(2009)는 비판적 리터러시는 항상 지식과 직접적인 경험 조차에도 의문을 제기하며, 이는 불평등에 도전하며 적극적인 시민의식의 발전에 그 목표가 있다고 주장하였다.

　요약하면 비판적 리터러시의 개념은 자연스럽고 의심할 여지가 없어 보이는 현상에 대하여 의문을 제기하는 읽기 쓰기의 과정과 존재하고 있는 지식이나 사회 구조에 대하여 좀 더 민주적인 요소를 고려하는 방식으로 대항할 수 있는 읽고 쓰기의 능력이라고 할 수 있다(Gee, 1999). 이는 리터러시를 글이나 담화의 이해는 하나의 객관적인 의미만을 지니는 것이 아니라, 항상 다른 관점, 특히 전통적으로 고려되지 못했던 소수 그룹들의 관점을 통해서 재해석되고, 비판할 수 있는 열린 가능성과 그러한 비판적 사고의 과정을 통해서 사회의 불공평함을 폭로하고, 논의하며, 변화시킬 수 있다는 가정을 늘 전제로 하여야 한다(Exley & Dooley,

2011).

　Lankshear(1994)의 비판적 리터러시 개념은 실제 교육적 상황이나 연구에 도입할 때 유용하다. 그의 분류에는 (1) 리터러시에 대한 일반적인 태도, (2) 글이나 문서를 읽고 쓰는 특정한 방식, (3) 언어와 리터러시를 통하여 세상에 참여하는 하나의 방식으로 비판적 리터러시의 개념을 살펴 볼 수 있다고 설명한다. 지금까지 논의한 비판적 리터러시의 개념을 Lankshear의 분류에 적용하면, 첫 번째로 읽고 쓰는 행위에 대한 사회문화적 관점과 특정 이데올로기적 관점으로 접근하는 광의적 개념이고, 둘째는 읽고 쓰는 행위에 있어서 의문을 제기하여 민주적인 요소를 부각시키는 분석 방식이다. 마지막으로는 세상의 부조리나 사회 문제에 대해서 모든 그룹의 이익과 이데올로기를 대변할 수 있도록 세상에 목소리를 내는 수단으로서의 리터러시의 개념이 바로 그것이다. Lanshear의 이런 비판적 리터러시의 개념을 본 장에서는 (1) 사회적 부조리를 조명하는 수단으로서의 리터러시, (2) 내재된 이데올로기의 질문 수단으로서의 리터러시, (3) 사회적 참여의 수단으로서의 리터러시로 의미를 구체화하여서 선행연구들을 살펴보고자 한다.

1.1.3 외국 선행연구에서의 비판적 리터러시의 정의

　외국 연구들에서 비판적 리터러시의 연구는 한국에 비하여 더욱 활발히 진행되고 있는 편이다. 위의 1.1.2에서 정리한 비판적 리터러시의 개념을 근거로 하여 다양한 실증적 연구가 보고 되고 있다. 이 연구들 중 다양한 비판적 리터러시의 개념을 나타내는 주요 연구들을 간추려 소개하여, 비판적 리터러시의 구체적인 정의의 사례를 살펴보고자 한다. 본

장은 위에서 제시한 Lankshear의 세 가지 분류를 기준으로 각각에 맞는 선행연구의 예를 자세히 정리해 보도록 하겠다.

첫 번째로, Lankshear가 주장한 비판적 리터러시에서 리터러시에 대한 일반적인 태도는 일반 인지적인 언어적 기능으로서의 읽기 쓰기 교육에서와 그 개념을 달리한다. 즉, 리터러시란 사회 불평등이나 힘의 불균형이 있는 사회를 조명하는 하나의 수단으로서 리터러시는 그 사회를 분석하는 중요한 도구로서의 개념이 된다. The New London Group(1996, 2000)은 리터러시가 객관적인 언어를 뛰어넘어서 현재와 미래의 사회 활동에 반드시 필요한 사회인으로서의 비전으로 비판적 리터러시의 개념도 포함하였다. 포스트포디즘(postFordism)의 대량 생산과 빠른 캐피탈리즘(fast capitalism)의 시대에는 객관화된 언어적 지식과 오랫동안 존재해 왔던 사회의 계급을 유지하는 것이 상당히 의미 있다고 하였다. 그리하여, 리터러시의 개념도 상류층의 지도력을 요구하는 것이었고, 생각하거나 비판하는 식의 리터러시의 개념은 의미가 없었다고 주장하였다. 그러나 현재와 같이 급변하고 전문화되었으며 상호간의 관계가 수평화 되는 것이 의미 있는 사회에서는 비판적 리터러시 개념이 중요하게 된다는 것이다. 즉, 개개인이 생각할 수 있는 능력, 좀 더 많은 사람의 목소리를 동등하게 들을 수 있는 능력, 남들과 다른 창의적이고 특별한 생각도 존중받는 사회가 되어가기 때문에, '다중리터러시'(multiliteracies)의 개념 중에서도 비판적인 리터러시의 개념이 강조되었던 것이다. 이러한 리터러시의 개념은 일반적인 리터러시의 개념이 어떻게 비판적인 면을 수용하는 방향으로 진화되었는지 알 수 있는 한 예이다.

The New London Group은 또한 개인 생활에서도 정보의 소통과 실제 많은 문화적 콘텐츠들의 교류를 통해서 개인이 속해 있는 공동체의 경계가 모호해지면서, 나와 근접한 사회 조직에 직접적으로 속해 있지 않더라도 다른 나라나 다른 공동체의 일원들과도 소통하고 교류하는 진정한 의미의 소통의 시대에 살고 있다고 하였다. 그리하여, 나와 다른 의견이나 상반된 의견을 가지고 있더라도 이를 동등하고 민주적으로 해석하고 의미를 도출 해 낼 수 있는 행위가 바로 시대에 발맞춘 리터러시의 개념이라고 주장하였다. 이러한 다양성의 추구나 서로 상반될 수도 있는 의미의 해석의 장을 여는 것이 바로 비판적 리터러시의 개념이다. 이는 한 그룹의 이데올로기만을 담는 것을 부정하고, 여러 사람들의 목소리와 이익이 동등하게 대변될 수 있도록 하는 개념이라는 점에서 중요하다. 즉, 비판적 리터러시의 개념은 이런 변화된 리터러시에 대한 일반적인 태도, 즉 사회적 부조리를 조명하는 수단으로서의 리터러시로 해석할 수 있겠다. 이렇듯 The New London Group의 연구는 비판적 리터러시를 정의하는 데 있어서 일반적인 리터러시에 대한 새로운 해석을 보여주는 대표적인 사례라고 할 수 있다.

둘째, Lankshear(1994)가 분류한 두 번째 비판적 리터러시의 개념은 글이나 문서를 읽고 쓰는 특정한 방법으로서 글 안에 내재된 이데올로기에 의문을 던지고 다른 관점에서 글을 재해석하는 비판적 리터러시의 능력을 지칭한다. 이러한 관점에서의 연구들은 실질적이고 구체적인 교수학습법으로 소개되어 학계의 주목을 받았다. 주로 미국권의 연구들에서 Ciardiello(2004), Creighton(1997), Jewett(2007), Laman(2006), Martínez-Roldán(2005) 그리고 McLaughlin과 DeVoogd(2004)가 대표적인 연구들이다. 이 연구들은 동화책이나 사회문제에 대한 글을 읽고 학생들이 단순히 정보를 요약하고 이해하는 수준에 그치지 않고, 그 특정 책 속의 인물의 입장에서 이야기를 다시 생각하고 다른 문화적, 사회적, 정치적 배경을 가진 사람의 입장에서 그 글을 재해석한다. 이를 Lewison, Leland과 Harste(2007)는 '대항내러티브(counternarratives)'라고 명명하였다. 보통 일반적 리터러시에서는 작가의 의도된 의미만을 요약하고 이해하려 하는 내러티브에 집중한 반면, 비판적 리터러시에서는 대항내러티브에 초점을 두었다. 이 분야의 연구들은 주로 상세한 교수법을 제시하는 경향이 있다. 예를 들어서, Laman(2006)은 연구에서 인종차별과 갈등을 그린 소설을 읽은 뒤에 학생들은 등장인물들을 인종갈등에 있어서 누가 목표 대상(targets)이며, 가해자(perpetrators)인가, 그리고 목표 대상을 도와주는 협력자(allies)는 어떤 행동을 취하며, 구경꾼(bystanders)의 입장은 또 무엇인지를 분석한다. 이를 통하여 학생들은 자신이 백인으로서 경험한 인종의 문제가 다른 사람들에게는 사회적으로 불평등하다는 것을 인지하기 시작하고, 구경꾼 또한 아무런 행동을 하지 않음으로써 인종 갈등의 상황을 악화시킬 수 있다는 비판적 사고에 이르게 된다. 비판적 리터러시는 이와 같이 실제 등장인물 분석의 역할을 의도적이고 명확하게 제시하여 학생들이 글을 해석할 때 그 속에 담고 있는 사회 갈등과 힘의 불균형에 대해서 깊이 사고하여 비판적으로 분석하도록 이끄는 교수법이다.

같은 맥락에서 Jewett(2007)은 Smith(2001)의 "Whose Voices"와 "Conversations with Characters"라는 비판적 리터러시 활동을 소개하였다. Whose Voices는 글 속에 등장하는 사건들을 자세히 분석하여 누구의 목소리가 강하게 들려지는지, 누구의 의견은 소외되었는지 그리고 좀 더 상황이 정의롭기 위해서 누구의 목소리가 포함되어야 하는지 분석하여 민주적인 글의 해석으로 이끄는 비판적 리터러시의 방법이다. Conversations with Characters는 글을 읽는 학생이 직접 등장인물과 가상의 대화를 꾸며내어서 본인들과 다른 문화적, 사회적, 정치적 배경을 지닌 인물들의 경험을 이해하고 그 경험의 차이에 따라서 존재하는 사회적 불평등에 대해서 비판적 사고를 키울 수 있는 교수법이다. 이러한 리터러시 교수법은 Bomer와 Bomer(2001)이나 Martínez-Roldán(2005) 등의 여러 연구에서도 보고되고 있다. 이러한 교수법은 학습자가 작가가 의도한 의미를 그대로 수용하는 입장이 아니라, 의도된 의미가 어떻게 독자에게 영향을 주고, 사회의 부조리를 타파하는 방식으로 재조명될 수 있는지의 적극적인 비판적 리터러시의 개념을 추구한다고 볼 수 있다.

마지막으로 Lankshear(1994)가 정리한 마지막 비판적 리터러시의 개념은 언어와 리터러시를 통하여 세상에 참여하는 하나의 방식이다. 이러한 의미의 비판적 리터러시의 개념은 외국 연구에서 활발히 추구되고 있다. 호주의 연구 중에서, Comber, Thomson과 Wells(2015)와 Lyman(2015)의 연구를 대표적으로 보면, 첫 번째 연구는 학생들이 가난한 지역 출신으로 자신들의 공동체에 나무가 부족하고 생활 여건이 열악한 것에 대해서 시민으로서의 책임감을 느끼고 자신들의 공동체에 작지만 의미 있는 변화를 일으키기 위해서 노력하는 사회 참여의 한 예를 보여주고 있다. 이때 리터러시는 더 이상 단순히 읽고 쓰는 능력을 뛰어넘어서 사회에 참여하는 수단으로서의 방식이 된다. Lyman(2015)도 역시 아동 노동이라는 다소 무거운 주제에 대해서 학생들이 리터러시라는 수단을 통하여 자신들의 목소리를 내는 하나의 사회 참여의 예를 제시하고 있다. 미국의 학자인 Vasquez(2004)의 연구도 리터러시 활동을 통하여 유치부 학생들이 자신들의 학교생활에서 부조리한 일상 생활 속에서 쉽게 관습적인 것이라고 여길 수 있는 문제에 대하여 다른 학생들은 어떻게 생각하는지 조사하고 이를 학교에 알리는 수단으로서 리터러시를 사용하게 한다. 이러한 방법으로 모든 학생에게 공평한 학교 문화를 제시하는 수단으로 리터러시가 사용된다. 이러한 리터러시의 개념에서 가장 중요한 것은 학습자가 자신의 목소리를 내어 사회에 참여하는 수단이 된다는 것이다. 좀 더 최근에, *TESOL Quarterly*에 출판된 Iddings, McCafferty와 de Silva(2015)의 논문인, "Conscientização through graffiti literacies in the streest of a Sao Paulo Neighborhood: An ecosocial semisotic perspective"은 벽화를 상파울루 사람들이 내는 목소리를 나타내는 리터러시로 해석하고 이런 것들이 비판적 리터러시 측면에서 바라보았을 때 상당히 사회비판적이고 힘의 불평등에 대한 민주화의 시각을 내포하고 있다고 보았다. 이런 개념의 비판적 리터러시는 기존의 리터러시의 개념을 확장시켜서 리터러시를 읽고 쓰는 능력을 기초로 사회에 참여할 수 있는 하나의 수단이자 방식으로 재해석한다.

요약하면, 외국 연구 동향을 대표 논문들에서 살펴 본 결과 비판적 리터러시의 개념은 사회문화적 관점을 고려하여 글을 읽고 쓰는 구체적인 능력부터, 리터러시에 대한 이데올로기 분석 질문의 수단, 그리고 리터러시의 사회 참여의 수단과 방식으로 보고 있음이 관찰되었다.

한편 아시아 연구들에서는 비판적 리터러시 개념에 대해 주로 Lankshear의 두 번째 분류인 비판적 리터러시의 개념으로 접근하였는데 교실 안팎의 다양한 교육적 상황에서 내재된 이데올로기에 질문을 던지는 수단으로서의 리터러시에 집중했다(Huang, 2011; Izadinia & Abednia,

2010; Ko, 2013; Ko & Wang, 2009). 아시아 연구들에서는 주로 일반적으로 생각하고 있는 영어 읽기 쓰기 교육에 비판적 리터러시의 개념을 어떻게 적용할 수 있을지 그리고 일반 리터러시 교육과 조화를 이룰 수 있을지가 관심사이다. 예를 들어서 Huang(2011)과 Ko(2013)는 대만의 대학교 교육에서 주로 이루어지는 영어 읽기 쓰기 교육은 어휘, 문장 구성 교육을 통한 디코딩과 글의 중심내용을 파악하는 이해력 연습이 대부분이라고 보고하고 있다. 이러한 상황에서 Huang(2011)과 Ko(2013)는 비판적 리터러시의 개념을 통해, 영어 읽기 쓰기를 작가의 의도와 중심내용의 파악에 그치지 않고, 작가가 독자로 하여금 믿도록 하는 가치관, 특정 관점을 파악하고 이에 반하는 이데올로기적인 접근법을 토론하는 방식을 소개하였다. Huang(2011)은 본인이 직접 학생들에게 쓰기 교육을 시키는 과정에서 하나의 주제에 대해서 상반된 관점을 제시하는 글을 읽고, 학생들이 두 가지의 관점을 모두 고려하여 각각의 글에 대해서 본인의 견해를 정리하도록 하였다. 학생들은 하나의 주제에도 내재되어 있는 견해와 이데올로기적인 관점이 다름을 인지하기 시작하였고 여러 관점에서 주제에 대한 자신의 분석을 글쓰기로 이행하였다. 이를 통해서 기존의 제2 외국어로서의 영어 읽기 쓰기 교육에 비판적 리터러시의 개념을 도입하여 학생들이 이해력 연습을 넘어서서 작가의 의도된 의미에 질문을 제기하고 특정 가치관이 절대적인 것이 아니라 여러 관점에서 재해석될 수 있음을 학습할 수 있었다. 이 과정에서 학생들이 영어 글쓰기의 기존의 교육 내용인 단락 구성하기, 단락 쓰기, 주제문장 배치하기, 문법 등과 함께 글이나 문서를 내재된 이데올로기 분석 측면에서 읽고 쓰는 비판적 리터러시의 개념도 구현하였다.

좀 더 최근에, Ko(2013)의 연구는 대학교 읽기 교육 현장에서 실제 교수자와 연구자가 협의하여 비판적 리터러시의 수업을 교수하였다. 이 연구에서는 교수자의 강의식 본문 설명, 학습자의 어휘와 본문 요약 발표 활동, 그리고 학습자 스스로 논의하는 소그룹 토의 활동, 그리고 교수자가 진행하는 전체 토론으로 수업이 이루어졌다. 여기에서, 교수자의 강의식 본문 설명과 학습자의 어휘와 요약의 발표 활동은 주로 제2 외국어 교육에서 흔하게 사용되는 읽기 교육으로 작가의 의미 파악과 디코딩에 주로 관련된 읽기 활동이다. 반면에 소그룹 토의 활동과 교수자가 진행하는 전체 토론 수업 방식은 작가의 내재된 이데올로기 분석하고, 다른 관점에서 작가의 의미를 재해석하며, 글을 해석해 내는 관점 중에 작가가 배재시킨 가치관과 문화적 지식은 무엇인지, 그리고 독자에게 영향을 주는 방식과 좀 더 민주적인 글의 해석은 무엇인지에 대한 논의가 주를 이룬다. 이러한 비판적 리터러시의 관점은 내재된 이데올로기 분석을 위하여 질문의 수단으로서 글을 읽는 행위에 관한 것으로 리터러시를 정의함을 알 수 있다.

이와 같이 아시아의 연구들에서는 리터러시 교육에 비판적 리터러시의 개념을 주로 어떻게 조화시킬 것인가와 비판적 리터러시의 실현 가능성 여부에 주목한다. 그렇기 때문에, 비판적 리터러시의 개념은 항상 일반 제2 외국어 읽기 쓰기 교육의 연장선 상에서 글이나 문서를 읽고 쓰는 특정 방식으로 정의하는 경향을 보인다. 즉, Lankshear(1994)의 세 가지 비판적 리터러시의 분류 중에서 두 번째인 글이나 문서를 읽고 이데올로기 분석을 위한 질문의 수단으로 제한하고 있는 경향이 분석되었다. 그렇다면 국내의 비판적 리터러시 연구들은 리터러시의 어떤 개념에 기초하고 있는지 살펴볼 필요가 있겠다.

1.2 한국 연구에서의 비판적 리터러시의 정의

국내 연구에서도 Lankshear(1994)의 세 가지 비판적 리터러시의 분류 중에서 두 번째인 글이나 문서를 읽고 쓰는 특정한 방식, 즉 내재된 이데올로기의 질문 수단으로서의 리터러시로 제한하고 있는 경향이 분석되었다. 최근 연구들을 중심으로 살펴보면, Kim과 Na(2015)는 짧은 이야기를 이용하여 한국 대학생들이 비판적 리터러시 기술을 발전시키는 과정을 보고하였다. 연구자들은 이야기를 먼저 소개하고, 학생들이 스스로 읽은 후에, 전체 그룹 토론, 두 번의 독후감, 그리고 학생이 주도하는 토론으로 수업이 이루어졌다. 이런 방식은 학생들로 하여금, 상식적인 (status-quo) 개념에 대해서 이데올로기적인 의문을 던지고, 사건과 등장인물들의 행동들을 사회 문화적 관점을 고려하게 하였으며, 글 속에서 고려되지 않은 소수그룹의 관점을 고려하여 재해석하는 읽기 쓰기 능력을 익히도록 하였다. 이러한 연구는 리터러시를 비판적 관점을 포함하여 사용하는 내재된 이데올로기의 질문 수단으로서의 리터러시를 그 기본 개념으로 하고 있다고 볼 수 있다.

이와 유사하게, 성기완(2006)의 연구는 영화를 통해 학생들이 'Tell Me' 기법을 활용하여 어떻게 특정 읽기 쓰기 방식을 구현해 내는지 발표하였고, Lee(2012)나 변정현(2013) 의 연구도 미디어 리터러시 교육 상황에서 학생들이 어떻게 비판적 리터러시의 관점으로 특정 자료를 읽고 쓸 수 있는지와 그것에 대한 효과를 보고하였다.

Shin과 Crookes(2005)의 연구는 28명의 고등학생과 12명의 중학생을 대상으로 비판적 교수법을 실시하였다. 두 그룹 모두 영어회화 수업이었고, 교수자는 학생들의 비판적 리터러시를 조장하는 질문의 제기를 시도하였다. 그러면 학생들은 해당 주제에 대하여 사회 문화적 관점에서 분석해보는 비판적 리터러시를 경험하였다. 이와 비슷하게, Cho(2014)는 읽기 수업에서 고등학생들로 하여금 작가의 의도를 분석하게 하고, 작가가 우리로 하여금 받아들이게 제시하는 이데올로기가 어떤 것들이 있는지 분석하도록 하였다. 그는 이러한 방법이 학생들의 언어적 측면의 리터러시의 발전 뿐 만 아니라, 그들의 비판적 리터러시 기술까지도 발전시켰다고 보고하고 있다. 이와 같은 개념으로, Suh와 Huh(2014)도 대학생들에게 실제 비판적 리터러시 수업을 진행하여 이데올로기적인 메시지를 찾아내게 하고, 고려되지 않은 관점과 고려된 관점을 분리하여 학생들이 비판적 리터러시의 개념을 구축하도록 유도하였다. Huh와 Suh(2015)도 초등학생들이 만화를 읽는 과정에서 비판적으로 성별, 인종, 사회계급의 문제에 대해서 다양한 시각을 고려하는 방식, 즉 좀 더 많은 사람의 목소리가 반영된 글 읽기를 리터러시를 통하여 구현하는 과정을 자세히 보고하였다.

　　이러한 한국의 연구들은 모두 리터러시의 개념을 내재된 이데올로기의 질문 수단으로서의 리터러시라는 정의에 국한하여 비판적 리터러시의 정의를 나타내고 있다고 할 수 있다. 외국 연구 동향에서 나타났던 리터러시에 대한 일반적인 태도인 사회적 부조리를 조명하는 수단으로서의 리터러시 연구나 사회 참여의 의미를 지닌 비판적 리터러시와 관련된 연구는 찾아볼 수 없었다. 따라서 외국과 한국에서 비판적 리터러시의 개념을 상이하게 정의하고 있음을 알 수 있고, 국내 학자들과 교수자들은 좀 더 다양하고 거시적이고 확장된 의미의 비판적 리터러시의 정의를 탐구하는 노력이 필요하다.

2. 비판적 리터러시 영어교육 모델

본 장에서는 비판적 리터러시가 영어 교육 분야에 적용되었을 때 선행 연구들에서 제시한 교육 모델을 정리해 보고자 한다. 많은 실증연구들에서 영어 교육 모델을 다양하게 제시하고 있지만, 이론적 논의에서 좀 더 구체적이면서도 통합적인 리터러시 교육 모델을 찾아 볼 필요가 있다. 이에, 영어교육 모델에서는 이론적으로 제시된 선행연구만을 집중적으로 살펴볼 것이다.

2.1 외국 연구의 비판적 리터러시 영어교육 모델

먼저, 외국 연구들에서 제시된 비판적 리터러시의 모델은 다양한 반면, 주로 비판적 리터러시의 고양이 목적인 측면이 있어서, 언어교육과 비판적 리터러시의 관계가 모호한 면이 있다(Bushing & Slesinger, 2002; Janks, 2000; Lewison, Leland, & Harste, 2007). 이 모델들은 미국과 호주의 제1 언어 습득자를 대상으로 하여, 그들의 리터러시 능력과 비판적 리터러시의 상호 발전 관계에 관심을 두지 않고, 비판적 리터러시의 발전 과정을 교육 모델로 제시한 점이 있다. 그 중에 영어교육 모델로 일반 리터러시와의 연계에서 개발된 영어교육 모델은, Luke와 Freebody(1995,

1997, 1999)의 "네 가지 영역 모델(The Four Resources Model)" The New London Group(1996, 2000)의 "다중리터러시의 교수법(Pedagogy of Multiliteracies)"가 대표적이다.

첫째, Luke와 Freebody(1995, 1997, 1999)의 네 가지 영역 모델은 리터러시가 한 쪽으로 편중되지 않는 방식으로 언어코드 풀기(code-breaking), 텍스트 참여하기(text-participating), 텍스트 사용하기(text-using), 그리고 텍스트 비판하기(text-critiquing)의 네 가지 영역이 모두 포함되어야 한다고 주장하였다. Code-breaking은 코딩 능력(coding competence)으로 기본적으로 읽고 쓸 수 있는 능력의 기초지식을 말한다. Text-participating은 글의 의미를 파악하는 의미적 능력(semantic competence)으로 의미를 해석하는, 주로 전통적인 읽기 수업에서 주제나 주제문장을 요약하는 읽기 능력을 일컫는다. 다음으로 화용적 능력(pragmatic competence)으로 대표되는 text-using은 글을 읽는데 그치지 않고 그것이 어떻게 쓰일 것인지, 글을 읽는 과정에서 교사나 다른 학생들과의 상호작용 속에서 이 글을 읽는 데 적합한 문화적 사회적 지식이나 읽기 쓰기에 대한 적합한 행위를 습득하는 것이다. 비판적 리터러시의 개념을 담고 있는 text-critiquing은 비판적 능력(critical competence)으로 이데올로기적인 메시지를 끌어내어서 글 속에 내재된 의미를 분석하여, 그것이 우리에게 어떤 세계관을 지지하도록 하는지, 고려되지 않은 관점은 무엇인지, 다른 세계관을 포함한다면 글이 어떻게 다르게 쓰여질지 등의 적극적인 독자로서의 역할을 요구하는 비판적 리터러시의 개념과 관련된다. Luke와 Freebody(1995, 1999)는 이 네 가지 영역이 모두 영어교육 모델에 포함되어야 함은 강조하지만 이 네 가지 영역이 순차적으로 제시되어야 함은 강력히 부정한다. 이들은 교육적 상황에 따라서 언어코드 풀기가 먼저 제시될 수도 있고, 텍스트 비판하기는 맨 마지막으로 교육될 수도 있지만, 사회적인 심각한 정의 문제에서부터 질문을 시작하여 학생들로 하여금, 언어코드 풀기, 텍스트 사용하기, 그리고 텍스트 참여하기로 진행되는 교육 모델도 적절하다고 하였다. 이들은 이 네 가지 리터러시의 개념이 상호 작용하는 영어교육의 모델이 이상적이라고 제시하였고, 이 네 가지가 조화롭게 균형을 이룬 교육이 읽기 쓰기 교육에서 필요하다고 주장하였다. 그러나 이 네 영역이 어떻게 구성되는지는 교육적인 상황, 교육 목표, 주제, 글의 어려움 정도, 학생들의 능력 정도에 따라서 유연하게 배열되어야 한다고 하였다. 즉, 특정한 과정으로 네 영역이 진행하거나 제시할 필요 없이, 복합적으로 제시하는 것이 오히려 본 모델을 구현하는 적합한 방식이라고 본다.

Luke와 Freebody(1995, 1997, 1999)의 네 가지 영역 모델은 리터러시의 네 가지 구성요소를 밝힌 반면, The New London Group(1996, 2000)의 다중리터러시 교수법은 좀 더 교수 학습의 방식을 정리한 면이 있다. 이들 모델의 핵심은 의미 디자인(designs of meanings)에 있다. 읽고 쓰는 행위를 글을 읽고 쓰는 행위에 국한하지 않고, 우리가 생활 속에서 의도적 또는 무의식중에 만들어 내는 의미들을 취합하고 내면화하고 행동으로 옮기는 모든 일련의 과정을 리터러시의 개념으로 보고, 의미를 디자인해 내는 과정이라 총칭했다. 이는 리터러시 교육이 Lankshear(1994)가 말하는 (1) 사회적 부조리를 조명하는 수단으로서의 리터러시, (2) 내재된 이데올로기의 질문 수단으로서의 리터러시, (3) 언어와 리터러시를 통하여 세상에 참여하는 하나의 방식으로 비판적 리터러시의 개념을 모두 통합하였다. 이 의미의 디자인 과정 속에서, 교육적으로 필요한 요소들은 상황화 된 실천(situated practice), 명시적 지도(overt instruction), 비판적 시각화(critical framing), 그리고 변형된 실천(transformed practice)이다. 이들도 Luke와 Freebody와 마찬가지로, 리터러시를 사회문화적 특정 문맥 안에서 정해지는 의미의 구성 요소로 보기 때문에, 먼저 학습자가 상황화 된 실천을 하여, 그 공동체에서 가치 있다고 믿는 러터러시의 개념과 가치관의 구현을 할 수 있도록 그 사회에 완전히 몰입되어야 한다고 하였다. 이 교육과정은 학습자로 하여금 그 공동체에서 존중하는 리터러시 실천의 기회를 가져, 그 집단의 리터러시를 습득할 수 있게 하는 것이다. 그러나 비판적 리터러시의 개념에서 상황화된 실천은 그 러터러시를 통해 발현된 의미들을 다른 시각으로나 좀 더 비판적으로 분석하는 학습법을 제공하지는 못한다. 따라서 다중리터러시 교수 모델에서 중요한 개념은 명시적 지도인 것이다. 이는 학습자들이 자신과 타인의 의미 디자인 과정을 비판적 리터러시의 관점에서 분석할 수 있는 틀을 제공한다. 여기서는 학습자가 의미 디자인의 과정을 자연스럽게 받아들이는 것이 아니라, 그 일련의 과정이 어떤 것인지를 의식하고, 통제하며, 궁극적으로 본인이 조절할 수 있는 상위언어(metalanguages)를 학습한다. 그리하여, 학습자는 상위언어를 배우게 되고, 몰입을 통해서 무비판적으로 의미를 디자인하는 것이 아니라, 그 의미 디자인 과정을 상위인지적으로 분석하여 조직적이고, 분석적이며, 의식적인 의미 디자인 과정을 이해할 수 있게 되는 것이다. 상위인지 언어를 통한 학습은 비판적 시각화를 도와주는 교육 접근법이다. 비판적 시각화는 의미 디자인의 사회 문화적 맥락을 파악하고, 그에 따라 자신이 디자인한 의미들을 재해석하여 그것이 맥락에서 어떤 의미를 가질 수 있는지 파악하는 비판적 리터러시가 구현되는 교육법이다.

이를 통하여 학습자들은 의미 디자인이 결코 객관적인 언어적 지식이 아니라, 특정 사회와 문화의 맥락에서 구현된 세계관을 지니고 있음을 파악하고, 하나의 이데올로기적 가치를 반영하는 일련의 과정을 상위인지 언어뿐만 아니라 비판적 시각화를 통하여 알게 되는 것이다. 비판적 시각화를 통해 학습된 비판적 리터러시의 개념의 교육적 함의는 다음의 변형된 실천을 통하여 더욱 강력한 힘을 가지게 된다. 변형된 실천 과정은 다른 리터러시의 사용을 통한 의미 디자인에 대한 상위인지적 분석과 비판적 리터러시 관점에서 특정 가치를 반영하고 있음을 인지했다면, 다른 상황이나 다른 의미의 디자인 과정을 경험할 때 이와 같은 과정을 모두 고려할 수 있다. 그리고 어떤 의미 디자인 과정을 거치더라도 특정 관점만을 옹호하는 것이 아니라, 다양한 가치관과 문화적 지식을 존중하고 고려하여 좀 더 민주적이고 유연한 의미 디자인을 실제로 실행 할 수 있는 능력을 기를 수 있다. 이러한 변형된 실천은 비판적 리터러시의 개념을 좀 더 균형 잡히고 한쪽으로 치우치지 않은 의미의 디자인을 통하여 현대의 다양한 가치와 지식을 존중해야 하는 비판적인 시민의식으로까지 연결시킨다고 해석된다. 이는 변형된 실천이 실제로 이루어진다는 의미에서 더욱 그러하다.

외국 연구들에서 제시한 비판적 리터러시의 교육 모델에서 주목할 점은 의미의 이해만을 강조하지 않고, 비판적으로 접근하여 그 의미를 독자도 같이 창출해 내며, 학습자를 적극적인 도전자와 의미의 재해석자로 강조하는 데 있다. 이와 더불어, 리터러시 개발에 있어서 The New London Group(1996, 2000)의 공헌은 리터러시를 문자에만 국한 하지 않고 사회적 부조리를 조명하는 수단으로서의 리터러시, 내재된 이데올로기의 질문 수단으로서의 리터러시, 그리고 사회 참여로서의 비판적 리터러시 모두 총체적으로 제시한다는 점이다. 이러한 리터러시 교육 모델은 특정 단계나 교수법을 제시하기보다는 유연하고 혼합적으로 교육 활동을 제시하여, 학습자가 수동적인 역할에 국한되지 않고 비판적 분석을 통하여 활발히 참여하는 것을 강조한다는 공통점이 있다.

2.2 한국 연구의 비판적 리터러시 영어교육 모델

서양과 아시아의 연구 동향과 비슷한 맥락에서, 한국 연구에서도 비판적 리터러시의 영어교육 모델을 제시하였다. 그러나 한국에서는 비판적 리터러시의 개념이 교육적 실현 가능성을 타진하는 데 집중되어서, 전반적인 영어교육 모델 제시보다는 주로, 학교 교과과정 외의 상황에서 비판적 리터러시 교육을 실행하는 실증연구나 소그룹 과외활동으로 비판적 리터러시 교육을 한 사례분석이 주를 이룬다. 따라서 한국 상황에서 비판적 리터러시 연구들은 통합적인 리터러시 교육 모델 제시보다는 활동 사례 소개가 대부분이다. 위에서 언급된, 한국 연구인 Kim과 Na(2015), 성기완(2006), Shin과 Crookes(2005), Cho(2014), Suh와 Huh(2014) 그리고 Huh과 Suh(2015)의 연구는 실제 소그룹이나 특정 교수 활동에 초점을 두어서 비판적 질문을 제기하는 방식, 글쓰기를 통해서 실제 다양한 관점에서 글을 재해석하는 방식, 그리고 사회 문제에 대해서 다양한 관점을 고려하여 비판적 리터러시를 행하는 방식을 교수법적 접근법으로 제시한 사례들이다. 이들은 비판적 리터러시 교육의 사례들의 학습에의 효과와 학생들의 새로운 리터러시 교육에의 반응을 조사하여 보고하였다. 학생들이 비판적 리터러시 교육의 활동을 통하여 다양한 관점이 있을 수 있음과, 좀 더 적극적인 입장에서의 읽기와 쓰기의 가능성을 인식하였고, 폭넓은 사고과정의 효과를 보였음을 보고하였다. 또한, 작가의 의미에 질문을 제기하고 이를 무비판적으로 받아들이지 않고, 좀 더 다른 문화그룹, 특히 소외된 집단의 가치관과 지식도 반영하여 재해석하는 방법을 배우는 효과가 있었다. 이 연구들은 이러한 교육적 효과를 통해서 비판적 리터러시의 한국 상황에의 적용 가능성과 교육적 성과를 시사했다.

이러한 한국의 연구 동향을 통하여 우리는 비판적 리터러시 교육의 중요성과 구체적인 활동 사례를 배우게 된다. 또한 외국의 연구들에서 제시하고 있는 디코딩과 이해력 연습과 비판적 리터러시 교육의 조화를 이룬 통합 모델의 연구가 필요함을 보여준다. 한국 교육 상황에서의 비판적 리터러시의 통합 영어교육 모델은 무엇이며 어떤 요소들과 일련의 과정이 필요한지에 대한 후속 연구가 중요하다고 할 수 있다.

3. 저자 제언

본 장에서는 비판적 리터러시의 개념, 외국 연구들과 국내 연구에서 나타난 비판적 리터러시의 정의, 이를 영어교육에 적용시킨 실제 교육 모델의 요약을 통하여, 외국 연구와 국내 연구의 비판적 리터러시의 상이한 개념을 정리하였다. 영어교육 모델의 정리를 통하여 우리는 비판적 리터러시의 개념이 균형 잡힌 읽기 쓰기 교육에 공헌했으며, 전통적인 언어적 기술로서의 읽기 쓰기 교육과의 공존 가능성이 충분히 있고 리터러시 교육의 모델의 발전에도 큰 역할을 하고 있음을 알게 되었다. 한국에서의 비판적 리터러시 개념의 확장과 영어교육 모델의 제시를 위한 후속 연구의 방향을 다음과 같이 제안하고자 한다.

첫째, 선행연구들의 정리에서 배운 점은 Lankshear(1994)가 말하는 (1) 사회적 부조리를 조명하는 수단으로서의 리터러시, (2) 내재된 이데올로기의 질문 수단으로서의 리터러시, (3) 사회적 참여의 수단으로서의 리터러시 모두 통합한 비판적 리터러시의 개념이 연구되어야 한다는 점이다. 한국에서의 비판적 리터러시 연구는 내재된 이데올로기의 질문 수단으로서의 리터러시에 국한되어 있는 경향을 보이고 있다. 이는 아시아의 다른 선행연구들에서도 비슷한 경향을 볼 수 있었다. 리터러시의 개념을 외국어 읽기 쓰기 능력의 향상에 의미를 두어, 아시아권이나 한국 학생들의 사회적 부조리를 조명하는 수단으로서의 리터러시에 대한 개념연구와 세상에 참여하는 하나의 방식으로서의 언어와 리터러시의 개념에 대한 연구가 부족한 실정이다. 즉, 리터러시는 의미의 창출과 사회 변화를 일으킬 수 있는 큰 힘을 지닌 것으로 개념화하고 이를 탐구한 연구들은 아시아권과 한국에서의 리터러시의 의미를 새롭게 조명할 학문적 장을 조성할 것이다. 특히 세상에 참여하는 하나의 방식으로서의 비판적 리터러시나 리터러시에 대한 영어 학습자의 사회 부조리 조명으로서의 리터러시에 대한 연구는 장기간에 걸친 인문학적 탐구가 요구되는 연구 주제이다. 이에 대한 학자들의 확장된 의미의 리터러시의 정의와 사회 문화적 문맥상에서의 리터러시의 의미를 장기간에 걸친 연구(longitudinal study)를 제시하는 바이다.

둘째, 영어교육 모델의 정립 연구는 한국의 리터러시 교육에 도전과 통합성을 제시할 수 있을 것이다. 실증 연구들과 사례분석 연구들은 점점 많이 발표되고 있는 실정이지만, 제2 외국어 상황에서 영어 읽기 쓰기 교육의 디코딩과 이해력과 비판적 리터러시의 교육이 어떻게 조화를 이룰 수 있는지, 정규 교육과정에서 어떤 형태로 제시될 수 있는지에 대한 연구가 필요하다. 이는 한국 특유의 교육적 상황 속에서 비판적 리터러시 교육의 모델이 외국에서 제시된 모델들과 어떤 공통점과 차이점이 있을지 와 우리에게 중요한 교육적 구성요소와 교육과정의 단계는 무엇인지를 탐구할 수 있는 기회가 될 것이다. 한국뿐만 아니라, 아시아권의 연구들은 모두 비판적 리터러시의 개념과 교육적 시도의 부재를 보고하고 있는 실정이다. 따라서 다양한 교육상황에서도 이용 가능하며, 여러 대상과 교재로도 고려해 볼 수 있는 비판적 리터러시 영어교육 모델의 제시가 중요할 것이다.

셋째, 비판적 리터러시의 개념과 비판적 리터러시 영어교육 모델의 정리를 통하여, 우리는 리터러시의 개념의 확장된 의미와 교육방법으로서의 구현을 살펴보았다. 이는 우리가 영어로 읽고 쓰기의 능력이 있다는 의미의 확장을 반영한다고 볼 수 있다. 현대 사회에서 필요한 영어로 읽고 쓰는 능력은 글자를 디코딩하고, 중심내용을 이해하는 것에서 그치는 것이 아니라, 그 글에 내재되어 있는 가치관, 사회 문화적 관념, 그리고 이데올로기적인 메시지를 밝혀내는 것도 포함한다. 또한, 읽고 쓰기의 일련의 활동을 통하여, 자신의 목소리를 내고, 고려되지 않은 관점이나 가치관을 반영하여 읽기 쓰기의 활동을 하는 것은 진정한 의미에서의 비판적 시민의식과 참여의식의 구현이다. 이런 의미에서, 비판적 리터러시는 한국의 영어 읽기 쓰기 교육의 규모와 구성요소에 대하여 재고하도록 하며, 교육현장에서 읽기 쓰기 교육 목표의 재정비를 촉구한다. 따라서 여러 다양한 교육 현장에서 넓은 의미의 리터러시와 좀 더 확장된 의미의 영어 읽기 쓰기 교육의 시도를 제안하는 바이다.

허선민
우송대학교 허선민 교수는 듀얼디그리학과 영어전공 초빙교수로 재직 중이다. Indiana University Bloomington의 Language, Culture, and Literacy Education 학과에서 비판적 읽기 쓰기교육으로 박사학위를 취득하였으며, 현재는 비판적 교육법, 비판적 읽기쓰기 교육의 외국어로서의 영어교육에의 적용, 질적 연구 방법론과 액션리서치 연구 방법론 및 다양한 한국 상황에서의 영어교육에 관련된 연구를 진행하고 있다.

참고문헌

변정현 (2013). 「미디어 리터러시 활동이 학습자의 비판적 사고력에 미치는 영향에 관한 연구: 남녀 학생의 변화 양상을 중심으로」. 『교육정보미디어연구』, 19 (3), 419-446.

성기완 (2006). *Using "Tell Me" for critical literacy in teaching English through movies.* 『영상영어교육』, 7 (2), 25-50.

Bomer, R., & Bomer, K. (2001) *For a Better World: Reading and Writing for Social Action.* Portsmouth, NH: Heinemann.

Bushing, B. A., & Slesinger, B. A. (2002). *"It's our world too": socially responsive learners in middle school language arts.* Urbana: National Council of Teachers of English.

Cho, A. R. (2014). *The effects of extensive reading class of language learner literature from a critical literacy stance on Korean high school students' reading ability.* Unpublished M. A. thesis. Korean National University of Education.

Ciardiello, A. V. (2004). Democracy's young heroes: An instructional model of critical literacy practices. *The Reading Teacher, 58*(2), 138-147.

Comber, B. (2001). Negotiating critical literacies. *School Talk, 6*(3), 1-3.

Comber, B., Thomson, P., & Wells, M. (2015). Critical literacy finds a 'place': Writing and social action in a low-income Australian grade 2/3 classroom. In L. Winograd (Ed.). *Critical Literacies and Young Learners: Connecting Classroom Practice to the Common Core.* NY: Routledge.

Cole, M., & Scribner, S, (1981). The psychology of literacy. Harvard University Press.

Creighton, (1997). Critical literacy in the elementary classroom. *Language Arts, 74*(6), 438.

Edelsky, C. (1999). *Making justice our project: Teachers working toward critical whole language practice.* Urbana, IL: National Council of Teachers of English.

Exley, B., & Dooley, K. (2015). Critical linguistics in the early years: Exploring language functions through sophisticated picture books and process drama strategies. In K. Winograd (Ed.), Critical literacies and young learners: Connecting Classroom Practice to the Common Core (pp. 128-144). New York: Routledge.

Freire, P. (1970). *Pedagogy of the oppressed.* New York, Continuum.

Freire, P., & Macedo, D. P. (1987). *Literacy: Reading the word and the world.* Westport, CT: Bergin & Garvey.

Gee, J. P. (1999). *An introduction to discourse analysis: Theory and method.* NY: Routledge.

Goody, J. (1968). *Literacy in traditional societies.* Cambridge University Press.

Goody, J. (1977). *The domestication of the savage mind.* Cambridge University Press.

Graff, H. J. (1979). *The literacy myth: Literacy and social structure in the 19th century city.* Academic Press.

Heath, S. B. (1983). *Ways with words.* Cambridge: Cambridge University Press.

Huang, S. (2011). Reading "further and beyond the text": Student perspectives of critical literacy in EFL reading and writing. *Journal of Adolescent & Adult Literacy, 55*(2), 145-154.

Huh, S. & Suh, Y. (2015). Becoming critical readers of graphic novels: Bringing graphic novels into Korean elementary literacy lessons. *English Teaching, 70*(1), 123-149.

Iddings, A. C. D., McCafferty, S. G., & de Silva, M L. T. (2015). Conscientização through graffiti literacies in the streest of a Sao Paulo Neighborhood: An ecosocial semisotic perspective. *TESOL Quarterly, 46*(1), 5-21.

Izadinia, M., & Abednia, A. (2010). Dynamics of an EFL reading course with a critical literacy orientation. *Journal of Language and Literacy Education, 6*(2), 51-67.

Janks, H. (2000). Domination, access, diversity and design: A synthesis for critical literacy education. *Educational Review, 52*(2), 175-186.

Jewett, P. (2007). Reading Knee-deep. *Reading Psychology, 28*, 149-162.

Ko, M. (2013). A case study of an EFL teacher's critical literacy teaching in a reading class in Taiwan. *Language Teaching Research, 17*(1), 91-108.

Ko, M. Y., & Wang, T. F. (2009). Introducing critical literacy to EFL teaching: Three Taiwan college teachers' conceptualization. *Asian EFL Journal, 11*(1), 174-191.

Kim, M., & Na, Y. (2015). Enhancing critical literacy through short stories in the Korean EFL classroom. *Studies in English Education, 20*(1), 55-86.

Laman, T. (2006) Changing our Minds/Changing the World: the Power of a Question. *Language Arts, 83*(3), 203-214.

Lankshear, C. (1994). Critical literacy (Occasional Paper No. 3). Canberra, ACT, Australia: Australian Curriculum Studies Association.

Lankshear. C., & McLaren, P. L. (1993). Preface. In C. Lankshear & P. L. McLaren (Eds.). *Critical Literacy, Politics, Praxis, and the Postmodernism* (pp. xii-xx). Albany: State University of New York

Press.

Lee, J. H. (2012). EFL instructional procedures for critical media literacy, *Languaeg Studies, 28* (2), 305-328.

Lewison, Leland, & Harste, (2007). *Creating critical classrooms: K-8 reading and writing with an edge*. New York: Lawrence Erlbaum.

Luke, A. (2000). Critical literacy in Australia: A matter of context and standpoint. *Journal of Adolescent & Adult Literacy, 43* (5), 448-461.

Luke, P. (1995), When basic skills and information processing just aren't enough: rethinking reading in new times. A. J. A. Nelson address at Australian Council for Adult Literacy 1992 National Conference, October 9th, 1992.

Luke, A., & Freebody, P. (1997), Shaping the social practices of reading. In S. Muspratt, A. Luke, & P. Freebody (Eds.), *Constructing Critical Literacies* (pp. 185-225). Cresskill, NJ: Hampton Press.

Luke, A., & Freebody, P. (1999, August 19). Further notes on the four resources model. Retrieved February 14, 2003, from www.readingonline.org/research/lukefreebody.html.

Lyman, K. (2015). Exploring child labor with young students. In L. Winograd (Ed.). *Critical Literacies and Young Learners: Connecting Classroom Practice to the Common Core*. NY: Routledge.

Martínez-Roldán, C. M. (2005). The inquiry acts of bilingual children in literature discussions. *Language Arts, 83*(1), 22-32.

McLaughlin, M., & DeVoogd, G. (2004). Critical Literacy as Comprehension: Expanding Reader Response. *International reading association, 48*(1), 52-62.

New London Group (1996). A pedagogy of multiliteracies: designing social futures. In B. Cope & M. Kalantzis (Eds.). Multiliteracies. London: Rouledge.

Shor, I. (2009). What is critical literacy? In A. Darder, M. P. Baltodano, & R. D. Torres (Eds.), *The Critical Pedagogy Reader* (pp. 282-304). NY: Routledge.

Shin, H., & Crookes, G. (2005). Exploring the possibilities for EFL critical pedagogy in Korea: A two-part case study. *Critical Inquiry in Language Studies: An International Journal, 2*(2), 113-138.

Smith, K. (2001). Critical conversations in difficult times. *English Education, 33*(2), 153-165.

Street, B. (1984). *Literacy in theory and practice*. Cambridge: Cambridge University Press.

Stubbs, M. (1980). *Language and literacy*. Rouledge and Kegan Paul.

Suh, Y. & Huh, S. (2014). Possibilities and challenges of a critical approach to reading instruction with Korean university students. *English Language Teaching, 26*(3), 39-62.

Vasquez, V. (2004). Our way: Using the Everyday to Create a Critical Literacy Curriculum. *Primary Voices K-6, 9*(2), 8-13.

제3장
비판적 교수법을 활용한 영어 읽기와 쓰기 능력 개발

서영미 (인천대학교)

1. 비판적 읽기 · 쓰기란 무엇인가?

1.1 비판적 읽기란 무엇인가?

일반적으로 읽기란 독자가 의미를 적극적으로 구축해 나가는 과정으로 특히 1960년대부터 연구자들과 교육자들은 읽기의 사회적, 문화적 측면에 관심을 가졌으며 비판적 사고력을 함양하는 읽기 교육에 대한 관심도 높아졌다. Freire(1987)는 읽기를 통해 학생들은 자신이 살아가고 있는 세상을 다시 볼 수 있어야 하고 읽기를 통해 세상을 비판적으로 보는 시각을 갖추어야 한다고 하였다. Wallace(1992)도 역시 읽기를 할 때 비판적인 시각으로 명제적인 메시지뿐만이 아니라 사상적인 의미까지 전달하는 언어의 역할을 깨달아야 한다고 하였다. 비슷한 맥락에서 Park(2012)은 글을 읽는다는 것의 의미는 단순히 해석하는 것이 아니라 사람들로 하여금 당연시 되는 세계관에 대하여 질문할 수 있도록 하고, 자신과 남, 그리고 현실에 대하여 좀 더 다르고 더 깊은 이해를 이끌어내는 행위로 보아야만 한다고 하였다. Huang(2011)이 독자는 텍스트 비평가가 되어야 한다는 것도 이러한 관점을 나타낸다. 즉, 텍스트 비평가로서의 독자는 텍스트가 사상적으로 중립적이지 않으며 다른 관점들은 침묵시키고 특정 관점만을 나타내고 있음을 인지하고 텍스트를 비판적으로 분석하고 변형할 수 있어야 한다. 또한 텍스트 비평가로서의 독자는 텍스트 내에 힘의 논리가 펼쳐지는 방법들과 독자들이 텍스트와 저자들에 의해 자리매김(positioning)되는 방식을 알고 있어야 한다. 즉, 독자는 텍스트 상에서 드러나는 목소리와 드러나지 않는 목소리에 대해 의구심을 가지고 있어야 하고 텍스트에서 전제되는 자리매김들(positions)에 대해 의문을 던져야 한다. 이런 과정을 통해서만이 독자는 특정 텍스트의 선호되는 읽기에 대해 저항하고 도전할 수 있게 된다.

읽기에 대한 비판적 접근법은 비판적 문자(critical word) 리터러시와 비판적 세상(critical world) 리터러시로 구분되어 설명되기도 한다. Park(2012)과 Huang(2011)에 의하면 비판적 읽기는 문자(word)뿐만이 아니라 세상(world)에 대한 더 깊고 다른 이해를 발전시키는 것이다. Behrman(2006)은 비판적 문자 리터러시와 비판적 세상 리터러시 구분을 바탕으로 한 읽기 수업의 모습을 제시한다. 비판적 문자 리터러시가 반영된 수업의 모습은 사회적 이슈를 다루는 다양한 모드(mode)의 텍스트 읽기, 동일한 주제에 대해 다른 관점으로 쓰인 글 읽기, 선호되는 입장보다는 선호되지 않는 입장으로 읽기, 다른 관점으로 텍스트에 권위 부여하기와 같은 활동으로 나타날 수 있으며, 읽기에 대한 비판적 세상 리터러시 수업의 모습은 사회적 이슈를 연구하고 사회적 행동하기로 나타날 수 있다. 특히 비판적 문자 리터러시를 강조하는 읽기 수업에서는 저자의 정보 선택과 표현 방법을 탐색하고 그 결과 생기게 되는 텍스트와 독자 사이의 힘의 관계를 찾아내고자 하는 모습들이 나타난다. 한편 Freire(1970)는 비판적 교육을 바탕으로 하는 읽기는 읽기 행위 도중과 후에 대화(dialogue) 과정을 통해 이루어질 수 있다고 한다. 이러한 대화를 통한 비판적 읽기 교육은 사회적 교류를 통해 학습이 일어난다는 사회적 구성주의자들(social constructivists)의 관점을 바탕으로 한다.

비판적 읽기에 관한 국내 연구에 선구적 역할을 한 Kim(2004)에 의하면 비판적 읽기란 독자로 하여금 텍스트 내에 깔려 있는 문화적, 사상적인 전제들에 의문을 가지도록 하고, 또한 당연시 여겨지는 사고방식, 세계관, 의미와 진실에 의문을 가지도록 격려하는 읽기의 실천(practice)이다. 비판적 읽기에서 독자의 역할은 텍스트의 의미는 중립적일 수 없다는 전제 하에, 텍스트 내의 불평등한 힘의 관계에 대해서 인식하면서 텍스트를 분석하는 것을 배워야 하고, 텍스트의 의미 속에 담겨진 정치성에 대하여 의구심을 가져야 하며, 글을 읽음으로써 그 담화 내에서 놓이게 되는 자신의 모습을 인식하는 것이다. 더 나아가 Kim(2004)에 의하면 비판적 읽기의 실천은 다음의 세 가지의 원리를 포함하고 있어야 한다. 사회적 맥락 내에서의 읽기 활동을 포함하여야 하고, 독자 자신의 삶 속에서 의미를 창조해 내기 위한 텍스트 사용이 들어가야 하며, 사상적인 가정과 전제되어 있는 의미를 짚어내고 재해석할 수 있어야 한다. 이러한 비판적 읽기의 실천을 통해 독자는 언어, 정체성 그리고 힘의 관계와 관련된 이슈들에 대해 좀 더 인지하게 되고, 지배적인 관점에 반대되는 관점으로 읽는 방법을 인지하게 되며, 패권주의적인 힘의 관계에 도전할 수 있게 된다.

1.2 비판적 쓰기란 무엇인가?

쓰기 교육의 모델은 일반적으로 결과(product) 접근법과 과정(process) 접근법으로 나뉜다. 결과 접근법에서 중시하는 것은 종이에 나타난 쓰기 결과물이고 따라서 언어학적인 정확성과 글 구조의 짜임새를 바탕으로 학습자의 쓰기 능력을 판단한다. 이러한 접근법에서 교사의 중요한 역할은 학습자의 글에서 나타나는 오류를 교정해주는 것이다. 한편 글쓰기에 대한 과정 접근법에서는 글을 쓰기 전의 활동을 통한 아이디어 구축과 생각을 글로 옮기는 과정 및 여러 번의 수정을 중시한다. 이러한 전통적인 결과와 과정 쓰기 접근법은 사회적 이슈들을 탐색하고 사회에 영향을 줄 수 있는 행위로서의 글쓰기의 관점이 등장함에 따라 일반적인 글쓰기 수업의 목표인 글쓰기 능숙도의 향상 그 이상의 것을 포함하는 것으로 확대되었다.

사회적 행위로서의 글쓰기는 비판적 사고력의 고양을 중시하는 비판적 리터러시와 일맥상통한다. Barnawi(2011)에 의하면 제2언어로 글쓰기에서 비판적 사고력이란 "글을 쓸 때 기존의 정보, 지식, 경험 등을 사용하여 사실을 분석하고, 아이디어를 생산·조직화하며, 의견을 유지하고, 비교하며, 논쟁을 판단하고 문제를 해결할 수 있는 능력이다"(p. 191). 기존 지식이나 경험은 글을 쓸 때 아이디어나 논쟁을 활성화시키는 데 유용하게 쓰이는데 교사와 학생들 간의 사회적 교류를 통해 이러한 기존 지식이나 경험이 축적되는 것이다. 이렇게 쌓이는 기존 지식이나 경험이 학생들이 글을 쓰는데 있어서 중재 역할을 하며 더 나아가 학생들의 비판적 사고력의 증진을 이끌어 낼 수 있다. 이러한 맥락에서 비판적 사고력을 증진시키는 글쓰기란 사회인지적 과정 속에서 이루어져야 하고, 이는 학생들 자신이 글을 쓰는 일이 특정 문맥에서 독자와 교류하는 것임을 인지하고, 다른 어떠한 것에도 영향을 받지 않고 자신의 경험과 기존 지식을 바탕으로 자신의 목소리를 낼 수 있는 자유를 글쓰기 과정에서 가질 수 있어야 함을 의미한다.

한편 Stapleton(2001), Sert(2006), Liu(2005) 등은 사우디아라비아, 중국, 터키와 같은 아시아 문화권이 권위, 사회적 조화, 어른 공경과 같은 사회적 가치관을 중시하기 때문에 전통적 교실에서 교사는 권위적이고 지배적이며 학생들의 비판적 사고 증진에 별 관심을 두지 않았고, 교실 분위기도 질문하기나 반대의견 말하기 등이 장려되지 못하는 분위기인 경우가 많음을 지적한다. Barnawi(2011)도 동양권에서는 학생들이 자신의 의견을 진술하거나 신념을 분명하게 표현하는 것에 소극적인 반면 서양의 학생들은 글 주제가 논쟁의 소지가 있더라도 자신의 의견과 결론을 분명하게 진술하는 것을 중시하는 경향이 있음을 지적한다. 또한 Barnawi(2011)는 외국어로서 영어를 배우는 환경에서 상당히 많은 대학생들은 글쓰기에 있어서 자신의 생각을 표현하는 것을 어려워하고 자신의 판단에 의거하여 읽은 글의 내용을 파악하기보다는 읽은 글을 다시 복사하듯이 쓰는 경향이 있다고 지적하면서 비판적 사고력 증진을 목표로 하는 글쓰기 수업이 이루어져야 한다고 주장한다.

이와 같이 비판적 교수법을 읽기·쓰기 수업에 적용한 연구들은 영어를 모국어로 사용하는 환경이나 영어를 제2언어로 사용하는 환경에 비하여 영어를 외국어로 사용하는 환경에서 상당히 적고, 한국에서의 연구 사례는 더욱 드물다. 비판적 교수법과 비판적 리터러시가 21세기에 꼭 필요한 능력임을 감안할 때, 외국어로서 영어를 사용하는 환경에서도 비판적 읽기·쓰기 교육의 모습을 구체적인 연구 사례 중심으로 소개하는 것은 매우 시급하고 절실히 필요한 일이라고 본다. 따라서 본 장에서는 아시아권을 중심으로 비판적 교수법을 활용한 영어 읽기·쓰기 교육에 관련된 비교적 최근 논문들을 소개하고자 한다. 이를 통해 연구자들은 이 분야의 이제까지의 연구흐름을 정리할 수 있고 향후 연구 방향에 대한 아이디어를 얻을 수 있을 것이다. 현장 교사들이나 교육자들은 비판적 교수법에 근거한 읽기·쓰기 수업의 모습이 어떠한지 알 수 있고, 더 나아가 이를 응용한 수업과 연구에 대한 아이디어를 얻어 실천할 수 있을 것이다.

2. 외국 교육 현장에서의 사례

본 절에서는 비판적 교수법을 응용한 외국에서의 영어 읽기·쓰기 교육의 연구 사례들을 소개한다. 여기서 말하는 외국의 교육 현장은 ESL 환경과 EFL 환경을 일컫지만 특히 아시아권의 연구 사례를 집중적으로 소개한다. 이를 위해 미국에서의 연구 사례 소개를 시작으로 이란, 터키, 타지키스탄, 대만과 같은 아시아권 내에서 행해진 비판적 교수법을 활용한 영어 읽기·쓰기 수업에 대한 연구를 소개한다.

2.1 비판적 교수법을 활용한 영어 읽기 교육 사례

2.1.1 미국 중학생들을 대상으로 한 시각화 읽기 전략을 활용한 비판적 리터러시 수업 사례

Park(2012)은 읽기 전략 지도를 통하여 학습자들이 좀 더 성찰적인 독자가 되고, 자신이 어떤 식으로 읽는지에 대해 인식력을 높일 뿐 아니라 읽기 전략이 어떤 식으로 비판적 리터러시의 도구 역할을 할 수 있는지를 탐색한 연구이다. 특히 예측하기, 요약하기, 추론하기 등과 같은 다양한 읽기 이해 전략 중 시각화(visualizing)라는 특정 전략을 선택하여 이 전략이 어떤 식으로 읽는 글에 대한 이해력을 높이는 데 도움을 줄 수 있고 비판적 리터러시를 위한 도구로 사용될 수 있는지 보이고자 한다. 연구 참가자들은 중학교 리터러시 교사, 23명의 7학년과 8학년 여학생들, 그리고 연구자이다. 일 년 동안 연구에 참여한 학생들은 연구 당시 미국 북동부 대도시 내의 공립학교를 다니고 있었고, 학년과 방과 후 스케줄에 따라 세 그룹의 독서클럽으로 나뉘었다. 독서클럽 1조는 5명의 7학년 여학생들로, 2조는 9명의 8학년 여학생들로, 그리고 3조는 9명의 7학년 여학생들로 구성되었다. 각 독서클럽은 읽기로 한 책을 각자 읽고 2주에 한 번씩 모여서 자신들이 직접 준비한 토론 문제에 대하여 1시간 정도 토론하였다.

연구자는 참여 관찰자로서 독서클럽 미팅을 녹음하고 현장노트를 작성하였는데, 독서클럽 참여자들의 언어행위와 표정, 몸의 움직임, 자세, 눈 맞춤과 같은 비언어행위를 모으고, 여학생들이 어디에 누구와 함께 앉는지 등을 관찰하였다. 또한 여학생들이 어떤 식으로 자신들의 입장을 나타내고 리터러시 학습자로 자리매김(positioning)되는지와 같은 리터러시 활동의 모습을 관찰하였다. 더 나아가 반구조화된(semi-structured) 인터뷰를 세 번 진행하였다. 인터뷰의 내용은 1차시에는 학생들의 학교 안·밖의 리터러시 활동, 독서클럽에 대한 기대, 참가 이유에 대하여서였다. 2차시와 3차시에는 학생들에게 독서클럽에 대한 경험을 중점적으로 질문하였다. 마지막으로 학생들이 만들어 낸 작품과 같은 인공물들(artifacts)을 수집하였다.

자료 분석은 독서클럽 대화 내용을 전사한 자료를 주요 자료로 분석하였다. 구체적으로 텍스트 평가, 상징 식별하기(symbol identification), 등장인물과 장면 시각화, 요약, 예견, 책 주제, 텍스트 간의 연결성, 텍스트 자체의 연결성, 텍스트 비평과 같은 텍스트에 대한 여학생들의 대화 내용을 코드화하였다. 그 후 코드들로부터 '텍스트 기반 언급'이라는 카테고리를 묶어내었다. 연구자는 '텍스트 기반 언급' 카테고리를 '텍스트에 의해 유발되는 공포, 욕구, 감정'이라는 주관적인 주장(subjective claim)과 '세계가 어떠해야 하는가에 대한 진술'이라는 상대 평가적 주장(normative-evaluative claim), 그리고 '독자의 사회적, 문화적, 역사적 위치'라는 정체성 주장(identity claim)으로 코드화하였다. 예를 들어, 8학년 독서클럽이 *We All Fall Down* (Cormier, 1991)을 읽고 Buddy와 Jane의 인종에 대하여 토론을 하였는데, 그 중 "I know a lot of white boys like that. I kind of see him like my cousin."이라는 언급은 '등장인물 시각화'로 코딩되고 동시에 화자가 자신이 백인임을 암시하고 있으므로 '정체성 주장'으로 코딩하였다. 또 다른 분석 자료는 여학생들의 교류에 관한 자료였다. 즉, 여학생들이 서로서로에게 어떤 식으로 반응하고 관여하는지 분석하여 '사과하기, 동의하기, 지지하기, 동의하지 않기, 도전하기, 서로에게 질문하기, 분명하게 하기 위해 물어보기, 토론에 다른 사람을 참가시키기, 서로 놀리기, 다른 멤버의 언급을 무시하기' 등과 같은 코드로 발전시켰다.

한편 자료 분석의 타당성(validity)을 입증하고자 삼각화 기법(triangulation)을 사용하였다. 즉, 인터뷰, 독서클럽 대화, 그리고 관찰 자료를 포함하는 다양한 자료를 분석하였으며 그 결과 많은 여학생들이 시각화라는 전략을 잘 사용하고 있음이 밝혀졌다. 구체적으로 '텍스트 기반 언급' 카테고리 중에서 텍스트 연결성과 텍스트 평가 다음으로 시각화가 세 번째로 흔히 쓰이고 있음이 밝혀졌다. 또한 자료 분석을 통해 시각화는 학생들로 하여금 문학과 사람들에 대해 좀 더 폭넓은 견해를 가지도록 도움을 주는 것으로 밝혀졌다. 예를 들어 시각화는 인종(race), 성(gender), 인간행동(human behavior)과 같은 주제를 다룬 문학작품과 관련하여 등장인물들의 사회, 문화적 정체성을 토론할 때 발판 역할을 하여 학생들로 하여금 어려운 이슈들을 다루고 다양한 텍스트 사이의 연결성을 이끌어내고 문자와 세계를 보는 더 고차원적인 방식을 고양하는 데 도움을 주었다. 본 연구의 교육 현장을 위한 제언으로서는 교사들은 학생들로 하여금 텍스트에서 흥미롭고 도전적인 등장인물, 배경, 사건 등과 같은 부분을 시각화하도록 하고, 다양한 방법으로 학생들이 자신의 시각화 과정을 이야기할 수 있도록 기회를 조성할 수 있겠다. 또한 교사들은 시각적 이미지들을 사용하여 비판적 사고력과 의식 함양을 증진시킬 수 있음을 인지하고 비판적 리터러시 기반 수업에서 전략적으로 시각적 이미지들을 사용할 수 있겠다.

2.1.2 이란 대학생들을 대상으로 한 비판적 읽기 수업 사례

Izadinia와 Abednia(2010)는 이란 대학생들을 대상으로 비판적인 접근법을 통한 읽기 수업을 한 후 학생들의 비판적 읽기 수업에 대한 인식을 알아보고자 하였다. 이들에 의하면 비판적 리터러시 기반 수업에서는 학생들로 하여금 텍스트를 비판적인 시각으로 보고 "이 텍스트의 목적은 무엇인가?"와 같은 질문을 던짐으로써 주어진 텍스트에 도전하기를 격려한다. 또한 비판적 리터러시 기반 수업에서는 대화하기와 같은 학생들의 협력적이고 적극적인 참여를 통한 배움을 중시하는데 이러한 활동을 통해 학생들이 좀 더 새로운 시각을 접하고 자신의 세계관을 변화시키거나 새롭게 정립할 수 있게 된다.

이 연구는 테헤란에 소재한 한 대학교의 영어영문학과에서 개설한 '영어 독해 1' 수업을 통해 이루어졌으며 연구자 중 한 명이 학생들을 가르쳤다. 2008년 2월에서 6월까지 12주 동안 진행된 이 수업은 일주일에 세 번의 세션(session)으로 나누어져 있고 한 세션은 약 100분 동안 진행되었다. 대학교 1학년생인 여학생 22명과 남학생 3명이 수강하였는데 이들의 말하기와 쓰기 능력은 유창하였다. 그러나 학기 초 학생들은 상당히 소극적이고 조용하였으며 교실 내에서 대화를 하고 그룹으로 토론하는 것에 익숙하지 않았다. 많은 학생들은 비판적으로 글을 읽는 것에 관심이 없었고 텍스트 내의 이슈들에 대하여 비판적으로 접근하는 것에 대한 인식이 거의 보이지 않았다. 또한 현대사에 있어서 이란 내의 학문적 분위기는 종교적, 정치적 분위기와 밀접한 관계를 보이고 있어서 반정부적이거나 반이슬람적인 관점을 가진 사람은 학문적 교육을 받을 수가 없었다. 따라서 학기 초에 학생들이 교실 수업에서 정치적, 종교적인 이슈나 다른 안전하지 않은 이슈에 대하여 토론하는 것을 꺼리는 것은 오히려 자연스러운 모습이었다.

읽기 수업은 이란 내의 다른 대학교에서 흔히 행해지는 은행 저금식(banking) 모델의 읽기 수업과는 달리 학생들로 하여금 읽을 글을 선택하도록 하였다. 이를 위해 교사는 글 선택의 기준으로, 반 학생들과 자신의 흥미 고려, 실생활과 관련된 글 사용, 배경지식 요구, 그리고 신뢰할 만한 텍스트 사용을 제시하였다. 학생들이 여러 가지 텍스트를 가지고 오면 교사는 난이도와 적합성에 대한 피드백을 주었고 최종적으로 학생들로부터 다수의 표를 획득한 텍스트가 선정되었다. 선정된 주제는 '남녀의 차이, 얼굴 표정, 상상의 힘' 등과 같이 다양하였다. 학생들은 집에서 어려운 어휘나 문장들을 공부해 오고 교실 수업에서는 글의 내용에 대한 이해를 점검한 후, 주로 글의 내용에서 이슈가 될 만한 내용들을 자신의 일상생활과 연결시키고 문제화시켜 토론하였다. 4주 후 "텍스트에서 빠져있는 사람은 누구인가?"와 같은 비판적 질문들로 구성된 리스트를 주고 학생들은 질문들에 대해 그룹으로 토론하고 그 내용을 나누었다. 또한 매주 그 주에 다룬 주제 중 하나를 선택하여 성찰일지를 쓰고 교사는 주로 학생들이 자신의 의견을 내고 비판적으로 저자의 생각을 분석하도록 동기를 부여하는 피드백을 주었다. 학기 초와 학기 말에 학생들은 수업에 대한 평가와 자기 자신에 대한 평가를 하였다.

연구를 위해서는 학생들이 쓴 수업과 자기 자신에 대한 평가일지가 분석되었다. 학생들로부터 수집된 79개의 저널(journal)을 가지고 연구자들은 색깔 코딩과 개념 코딩의 과정을 거치면서 반복되어 나타나는 12개의 주제들을 구별해 내었는데 이 중 8개는 수업에 대한 평가와 관련되고

4개는 자기 자신에 대한 평가와 관련된 것이었다.

 수업평가에 대한 분석 결과, 가장 빈번하게 드러난 주제는 '말하기의 자유'로써 대다수의 학생들이 자신의 목소리를 낼 수 있고 교사가 자신의 생각을 존중해 주는 것에 대해 긍정적으로 생각하였다. 학기 초에는 몇몇 학생들이 토론에서 자유롭게 자신의 생각을 표현하는 것에 대해 저항감(resistance)을 보였으나 반 친구들이 자신의 의견에 주의를 집중하는 것을 느끼면서 점점 자신의 목소리를 내는 것에 적극적으로 임했다. 둘째, 학생들은 교사가 교실 수업을 통해 보여준 친근한 행동과 자신의 이야기를 할 수 있게 하는 편안한 교실 분위기 형성에 대한 노력을 인정하고 교사를 조력자 또는 문제 해결사로서 생각하였다. 셋째, 많은 학생들이 비판적 사고에 초점을 둔 수업의 내용과 수업 과정에 대해 상당히 특별한 수업이라고 생각하였다. 특히 교사와 함께 읽기 자료를 선택하고 활동 등 수업에 관한 모든 것을 함께 결정하는 기회를 가지게 된 것에 대하여 특별하게 생각하였다. 넷째, 학생들은 글을 읽은 후 특정 주제에 대하여 토론하고 서로의 의견을 교환하는 그룹 토의를 자신과 다른 이들 간의 이해를 심화시킬 수 있는 기회로 삼는 것으로 드러났다. 다섯째, 학생들이 스스로를 더 잘 파악할 수 있게 도와주고 학생들의 생각과 글의 주제를 개방적인 마음으로 다루는 교사에 대하여 학생들은 긍정적인 태도를 보였으며 교사의 수업 진행 방식에 대하여서도 긍정적이었다. 여섯째, 학생들이 제출한 글에 대해 교사가 읽고 피드백을 주는 것 자체에 대하여 긍정적이었고, 특히 언어적 오류 수정보다는 자신의 생각에 대해 주는 교사의 피드백에 대하여 긍정적이었다. 위에서 언급한 분석 내용은 수업 평가에 있어서 모두 긍정적인 내용이었지만 두 가지 부정적인 평가

내용도 있었는데 하나는 읽기 주제 선정에 있어서 흥미를 느끼지 못한 학생들도 있었으며 또한 토론을 할 때 지나치게 많은 시간을 자신의 이야기를 하는 데 쓰는 학생들에 대한 불만이 있었다.

자신에 대한 평가의 분석 결과, 무엇보다도 학생들은 자신의 비판적인 사고력이 발달된 것으로 느꼈다. 또한 읽기 자료 선정, 토론 참여와 성찰 일지 작성 등에 자신이 참여할 수 있었다는 것이 자신감 향상에 도움을 주었다고 평가하였다. 더 나아가 성찰 일지 쓰기를 통해 자신의 생각, 좋아하는 것과 싫어하는 것 등 자신에 대한 인식력이 증진되었다고 느꼈다. 마지막으로 학생들은 읽기 수업이지만 그룹 토의와 저널 쓰기를 통해 말하기와 쓰기 능력 등 전반적인 언어 능력이 향상되었다고 보고하였다.

2.1.3 타지키스탄 성인 학습자 대상의 비판적 문학 동아리 운용을 통한 비판적 읽기 사례

Fredricks(2012)는 중앙아시아 타지키스탄 성인 학생들을 대상으로 비판적 문학 동아리 운영을 통한 비판적 읽기 수업을 시행한 연구이다. 연구 목적은 비판적 문학 동아리의 효용성과 학생들의 반응, 그리고 이러한 문학 동아리가 학생들의 읽기 태도와 읽기 습관에 미치는 영향을 탐색해 보는 것이다. 연구 당시 타지키스탄공화국은 문화와 언어가 다양하고 6년 간 내전으로 인해 경제 상황이 좋지 않았고 옛 소련에 관한 주제가 실린 교과서를 사용하고 교사 중심의 문법번역식 수업을 진행하는 등 교육 환경이 열악하였다. 연구자는 연구에 참여한 중상위권 대학생 33명을 6-7그룹으로 나누어 문학 작품에 대한 서로의 생각에 도전해보고, 텍스트의 상황과 역사적, 문화적, 사회적 이슈라는 측면에서 학생들 자신의 상황을 비교해 보고 의견을 나누도록 지도하였다. 이를 위해 텍스트를 선정할 때 학생들의 의견을 고려하였는데 대부분이 무슬림인 학생들은 이란과 아프가니스탄과 역사적으로 언어적으로 연결이 되어 있어서 자신이 속한 문화권의 주제를 다룬 문학 작품들을 읽고자 하였고, 연구자는 이를 최대한 반영하여 텍스트를 선정하고자 하였다. 그러나 현실적으로는 구 소련식 교육제도가 팽배한 교육 현장에서 학생들이 읽기 원하는 책을 구입하는 것이 어려웠을 뿐만이 아니라 비판적 리터러시 수업을 하는 것은 어려웠다. 대부분의 학생들은 텍스트가 읽기 어려워도 읽고자 노력했지만 몇몇 학생들은 전쟁에 관련된 주제의 글을 읽는 것을 부담스러워하였다. 이에 연구자는 선정된 책을 중심으로 학생들로 하여금 그룹 토의를 통해 '사건, 공동체, 등장인물과 주제'를 분석하고 그 내용들을 학생들의 생활과 연결하도록 하였다.

이 연구의 분석 자료는 학생들을 대상으로 한 인터뷰, 포커스 그룹(focus group) 인터뷰, 비판적 문학 동아리 토론 내용, 2회에 걸쳐서 제출한 학생들의 자아 성찰지 그리고 연구자 저널이었다.

질적 연구 분석 결과 학생들은 자신들이 선택한 텍스트 읽기를 전반적으로 즐거워하였음이 드러났다. 또한 학생들은 자신들이 읽은 내용으로부터 자연, 역사, 문화 등과 관련된 삶의 교훈을 얻게 되었고 자신의 상황과 연결시켜 봄으로써 삶에 있어서 문제를 해결하는 방법을 배울 수 있었음을 보고하였다. 예를 들어 학생들은 읽은 책들이 역기능 가정, 차별, 경제적 어려움과 같은 현실적으로 다양한 유형의 역경을 어떤 식으로 극복할 수 있는지 보여주고 있어서 자신의 삶에 있어서 이와 비슷한 유형의 일들이 일어날 경우 그 대처 방안에 대하여 생각해 볼 수 있었다고 하였다. 둘째, 학생들은 책을 읽을 때 좀 더 자신감을 갖게 되었다. 학생들은 좀 더 다양한 텍스트를 읽을 수 있다는 자신감을 얻게 되었고, 동료로부터 새로운 어휘나 개념에 대하여 도움을 받을 수 있어서 책읽기가 좀 더 쉽고 재미있어졌다. 셋째, 몇몇 학생들은 여성 학대와 같은 특정 글 주제에 대하여 심리적으로나 감정적으로 불편함을 느꼈지만 그럼에도 불구하고 그러한 불편함을 넘어 책을 끝까지 읽어내고자 하고 토론에 적극적으로 임하였다. 마지막으로 학생들은 타지키스탄과 문화적으로 밀접한 관련이 있는 러시아 문화에 대해 토론하는 것에 흥미를 보였다. 예를 들어 러시아 여성에 대하여서는 긍정적인 생각을 가지고 있는 반면, 상당수의 러시아 남성들이 알코올 중독자이어서 가정에 소홀하다는 부정적인 생각을 가지고 있음이 그룹 토의 분석 결과 드러났다. 또한 아프가니스탄 여성의 삶이 존중받지 못하는 것에 대하여 타지키스탄에서도 남아선호사상과 같은 동일한 현상이 있음을 지적하기도 하는 등 사람들의 일반적인 신념에 대하여 자신의 삶과 연결시켜 새로운 시각으로 생각하는 모습을 보였다.

전반적으로 이 연구는 비판적 문학 동아리를 형성하여 비판적인 시각으로 글을 읽고 토론하게 한 수업이 비판적 토론에 익숙하지 않았던 학생들이 토론에 적극적으로 임하게 하는 데 도움을 주었으며, 미국이나 영국 문학보다는 자신들의 문화와 연결된 문학 작품을 선정하여 읽음으로써 읽기와 토론에 더욱 흥미를 가지도록 일조하였음을 보여준다. 그러나 한편으로는 교과과정 운영에 있어서 상당한 제약을 받고 있는 공교육에서 비판적 토론을 성공적으로 실현시키는 데에는 많은 어려움이 있을 것으로 예견하면서 이 연구 결과가 공교육에서 성공적으로 실현되기 위해서는 다양한 문화를 다룬 텍스트를 선정하고, 교사와 학생이 밀접하게 협력해야 한다는 것을 제안한다.

2.1.4 대만 대학생들을 대상으로 한 비판적 리터러시 수업 사례

Huang(2011)은 대만 대학생들을 대상으로 비판적 리터러시와 관습적인 리터러시를 읽기와 쓰기 수업에서 할 수 있는지 탐색하였다. 대만의 한 대학에서 2009년 봄 학기 동안 영어 읽기와 쓰기 수업을 수강한 36명의 비영어전공자들이 연구에 참여하였다. 읽기 자료들로는 상업, 환경, 성(gender), 그리고 언어에 관한 네 가지 주제로 이루어진 교재가 사용되었고 학생들은 동일 주제에 관하여 다른 관점으로 쓰인 글 2개씩을 읽고 코드 분석과 의미 분석과 같은 전통적인 수업에서 이루어지는 이해력 신장을 위한 토론식 수업을 하였다. 장르에 따른 글쓰기 구조를 배우고 리뷰와 수정 과정을 거치는 관습적인 영어 수업에서 이루어지는 쓰기 수업도 동시에 진행되었다.

비판적 읽기와 관련하여 연구자 겸 교사는 수업에서 다음과 같은 비판적인 질문을 학생들에게 제공함으로써 학생들이 비판적인 시각으로 텍스트에 대해 토론해 보도록 하였다.

1. 주제가 무엇인가?
2. 저자의 의도는 무엇인가? 저자의 의도는 텍스트와 어떻게 연결되어 있는가?
3. 주제에 대하여 말해지지 않은 것은 무엇인가? 왜 그런가? 그 결과는 무엇인가?
4. 누구의 관심이 텍스트에 드러나 있는가?

5. 주제를 어떤 식으로 다르게 나타낼 수 있는가?

학생들은 또한 읽은 글의 이슈에 대한 자신의 생각을 요약하기나 글의 주장과 반대되는 주장 펼치기와 같은 쓰기 과제를 하였다. 연구를 위한 자료 수집은 학생들이 학기 초와 학기 말에 제출한 세 편의 자아 성찰지와 교사 자신이 작성한 저널이었다. 자아 성찰지 내용은 독자와 저자로서의 자신을 성찰하기, 좋은 독자와 저자의 특징에 대해 성찰하기, 그리고 비판적 리터러시와 외국어로서의 영어 읽기와 쓰기와 관련한 수업에서의 학습에 대하여 성찰하기였다. 교사 저널은 매 주 수업 계획, 수업 후 성찰, 그리고 학생들의 글쓰기와 학습과정에 관한 면담자료로 구성되었다. 수집된 자료는 1) 학생들에게 비판적인 리터러시의 의미가 무엇인지, 2) 비판적인 리터러시가 어떤 식으로 학생들의 읽기와 쓰기를 돕고 있는지, 그리고 3) 이 수업의 결과가 어떤 식으로 EFL 리터러시 향상에 도움을 줄 수 있는지와 같은 세 가지 카테고리로 코딩되고 주제로 묶여졌다.

자료 분석 결과 학생들은 비판적 리터러시 수업을 통해 글을 읽을 때 드러나지 않은 메시지를 알아내고 다양한 시각으로 글을 읽게 되었다. 구체적으로, 첫째, 몇몇 학생들은 비판적 리터러시 수업을 통해 글을 읽을 때 저자의 의도를 알아낼 수 있게 되었다고 하였다. 예를 들어 한 학생은 비판적 리터러시는 독자로 하여금 저자가 무엇을 말하려고 하는지 깊은 의미를 알도록 하는 데 도움을 준다고 하였다. 둘째, 비판적 읽기를 통해 학생들은 다양한 시각으로 글 속의 이슈에 대해 생각해 볼 수 있었다고 보고하였다. 또한 비판적 리터러시를 기반으로 하는 수업이 글에 대한 이해력을 증진시켰고 글쓰기에 대한 동기를 부여한 것으로 드러났다. 즉, 다양한 시각에서 동일한 글을 읽어봄으로써 글을 더 잘 이해 할 수 있었고, 특히 비판적 질문하기 과제를 통해 학생들은 글에 대한 이해력을 높일 수 있었던 것으로 드러났다. 더 나아가 한 학생의 "제 글쓰기의 가장 큰 문제점은 무엇에 대하여 쓸지 떠올리지 못한다는 것입니다. 그러나 비판적으로 생각하기가 저로 하여금 좀 더 생각하도록 하였고 그 결과 글을 쓸 때 더 많이 말할 것이 생겼습니다."라는 보고에서 드러나듯이 비판적 리터러시는 의미 있는 글쓰기를 할 수 있도록 학생들에게 동기를 부여하였다. 한편 전통적인 과정 중심 글쓰기 교육도 글쓰기 실력 향상에 도움을 주었으며 글쓰기에 대한 두려움을 낮추는 데도 도움을 주었음이 밝혀졌다. 이 연구의 의의는 전통적인 리터러시와 비판적 리터러시를 영어를 외국어로 배우는 교육 환경에서 동등한 비중으로 발전시킬 수 있다는 것을 보여주었다는 것이다.

2.2 비판적 교수법을 활용한 영어 쓰기 교육 사례

2.2.1 영어 쓰기 교육에 있어서 비판적 사고력 신장 방안

Stapleton(2001)에 의하면 영어를 외국어로 학습하는 환경에서의 학생들은 비판적인 사고와 자기목소리(self-voice)를 내기보다는 집단의 조화와 수용이 중시되는 사회적 관습에서 자라났기 때문에 비판적인 사고가 결여되어 있었다. 더 나아가 영어를 외국어로 학습하는 환경에서 교사들은 학생들이 모국어 글쓰기 교육에 있어서도 비판적이고 독립적으로 사고하는 것을 배우지 못했기 때문에 제2언어 글쓰기에서 비판적 사고와 개별적인 목소리를 내는 능력이 결여되어 있다고 믿는 경향이 있거나, 학생들이 읽는 글에 대해서 비판적으로 자신의 목소리나 신념을 내는 능력이 없다고 생각하여서 글쓰기 지도에 있어서도 비판적 사고와 자기목소리 내기에 별다른 관심을 두지 않는다. 그러나 Barnawi(2011)는 이러한 관습적인 관점에서 벗어나 외국어 또는 제2언어로서의 글쓰기 수업에서 학생들의 비판적 사고력을 증진시키고 자기의 목소리를 내도록 기회를 주어야 한다고 주장한다. EFL 환경에서 글쓰기에 있어서 비판적으로 생각한다는 것은 다른 사람들의 생각에 대해서 수용, 거절 또는 판단을 보류하는 것과 같은 능력이 있음을 의미하고, 자기의 목소리를 낸다는 것은 자신의 생각을 편안하게 드러낼 수 있는 자유, 권한, 권리를 의미한다. 비판적 사고 능력이 있어야 자신의 학업 상황에서 자신만의 고유한 생각이나 주장을 낼 수 있으므로 글쓰기에 있어서 비판적 사고력과 자기목소리내기는 상호배타적인 관계가 아니라 대학 내의 EFL 쓰기 수업에서 함께 신장되어야 할 능력인 것이다.

Barnawi(2011)는 실제 글쓰기 수업에서 비판적 사고력과 자기목소리 내기를 배양할 수 있는 교육학적 과업으로 설득문 쓰기, 초안 워크숍, 그리고 개인별 회의하기(individual conferencing)를 제안한다. 설득문 쓰기 지도 방안의 한 예는 다음과 같다: 1) 학생들과 물리적으로 가까운 지역 공동체를 선택한다. 2) 해결하고자 하는 문제를 구체적으로 파악한다. 3) 왜 그 문제가 해결되어야 한다고 생각하는지 독자들을 설득한다. 4) 자신만의 관찰이나, 경험, 배경 지식, 다른 정보원들을 사용하여 자신의 주장을 지지한다. 설득문 쓰기 과제는 학생들로 하여금 자신의 배경 지식, 경험 등을 활용하여 주장을 펼치는 모든 과정에 도움을 줄 뿐만이 아니라 자신의 학습 과정을 모니터하고 평가할 수 있게끔 도와 줄 수 있다.

이러한 과제를 통하여 학생들은 자신의 일상생활에서 실제적이고 중요한 문제를 다루게 되고 그러한 실제적인 요구에 부응하고자 더욱 열심히 글을 쓰게 된다.

초안 워크숍은 강의하기와 피드백주기로 구성될 수 있다. 교사는 강의하기 단계에서 설득문 쓰기에 있어서 타인의 신념을 고려한다는 것의 의미가 무엇인지와 자신의 논쟁을 주장하고 지지하는 방법에 대하여 학생들과 토론한다. 또한 피드백주기 단계에서 교사는 '대조적-비판적 틀잡기(contrastive-critical framing)'와 '변형된 연습(transformed practice)' 과제를 통하여 학생들이 정제된 글을 쓸 수 있도록 도울 수 있다. 대조적-비판적 틀잡기 과제는 학생들로 하여금 초고와 수정원고를 서로 비판적으로 비교, 대조하는 것이다. 학생들끼리 또는 학생과 교사가 학생의 글에 있어서 형식, 내용, 아이디어 등 문제가 될 만한 것을 서로 비교하고 대조하면서 토의한다.

변형된 연습 과제 단계에서는 서로 협력적으로 토론하여 합의를 이루어 낸 문제에 대한 해결책을 자신의 원고에 변형시켜 사용할 수 있다. 이러한 학생들 사이의 또는 학생과 교사 사이의 문제에 대한 해결책을 토론하는 과정은 학생들로 하여금 문제 해결책을 찾아내는 과정에 좀 더 비판적으로 참여할 수 있게 하고, 토론 중에 있을 법한 의견의 불일치 과정도 학생 자신이 글을 쓸 때 언어 사용이나 주장, 그리고 글의 명료성을 다시금 점검해 보는 기회로 사용될 수 있다.

Barnawi(2011)가 제안한 EFL 글쓰기에 있어서 비판적 사고력 발달과 자기목소리내기 능력을 신장시킬 수 있는 또 다른 과제 유형은 개인별 회의하기이다. 개인별 회의는 특히 그룹 내에서의 조화로움을 유지하고자 긍정적인 언급만을 하거나 타인의 감정을 상하게 하는 것을 원치 않는 학습자들에게 유용하다. 또한 교사만이 부정적인 피드백을 줄 수 있는 것으로 생각하는 경향이 있는 학생들도 교사와의 개인별 회의를 통해 글쓰기에 있어서 더 비판적으로 생각하고 자신의 목소리를 내는 데 도움을 받을 수 있다.

Barnawi(2011)은 글쓰기 교수에 있어서 비판적 사고력 발달과 자기목소리내기 기술 신장을 위한 과업이 성공적으로 교실 수업에서 실현되기 위해서는 무엇보다도 쓰기를 가르치는 교사들이 비판적 사고와 자기목소리내기에 대해 이해하고 있어야 하고, 현장 수업에서 수업마다 다르게 나타날 수 있는 요소들에 대해 적극적으로 관여해야 하며, 학생들과 상호 교류를 해야 함을 주장한다. 더 나아가 현장에서 학생들이 자신의 생각을 표현하고 자신의 논리에 근거하여 타인의 아이디어를 반박할 수 있는 자신감을 가질 수 있는 교실 분위기를 형성해야 한다고 제안한다.

2.2.2 이란 고등학생들 대상의 대화저널쓰기를 통한 비판적 쓰기 교육 사례

Ghahremani-Ghajar와 Mirhosseini(2005)는 이란의 고등학생들을 대상으로 '대화저널쓰기(dialogue journal writing)'를 통한 비판적 글쓰기 교육을 시도한 연구이다. 이들에 의하면 대화저널쓰기는 학생들에게 비판적 리터러시를 연습시킬 수 있는 훌륭한 수단이다. 대화저널쓰기를 통해 학습자와 교사는 문자를 통해 의사소통을 하게 되므로 상호 교류 글쓰기를 할 수 있고, 정확성보다는 내용이 중시되므로 학습자들은 자신의 목소리를 발전시키고 자신을 표현할 수 있는 기회를 가지게 된다. 이러한 대화저널쓰기의 장점을 기반으로 Ghahremani-Ghajar와 Mirhosseini(2005)는 고등학교 학습자들이 어느 정도로 학습자로서의 권리를 이양 받게 되고 좀 더 비판적이고 자아 성찰적인 글을 쓸 수 있게 되는지 연구하였다.

연구에 참여한 학생들은 테헤란의 한 고등학교에 재학 중인 30명의 남학생들이었고, 연구자 중 한 명이 이들의 영어 교사였다. 참여자 중 25명의 학생들은 1년에서 8년까지 영어 학원에 다녔었고 3명의 학생들은 영어권 국가에서 살았었다. 연구는 2001년 가을학기부터 2002년 봄 학기 1년 동안 매 주 2번의 90분 수업으로 구성된 영어 수업에서 수행되었다. 학생들은 어휘, 읽기, 문법, 발음, 그리고 회화로 구성된 교과서 중심의 수업 이외에 몇 가지의 읽기 전략을 배우고 교실 토론과 대화저널쓰기를 하였다. 특히 학생들은 매 주 대화저널쓰기를 하였는데, 글의 주제는 전혀 제한 없이 자신의 생각이나 느낌을 자유롭게 쓰면 되었고, 심지어 자신이 모르는 영어 단어는 해당 모국어 단어를 사용할 수 있었다. 저널쓰기의 목적이 단순한 보고하기나 묘사하기가 아니라 비판적 글쓰기와 창의력을 높이는 것이어서 교사는 학생들이 말하고자 하는 내용에 대한 피드백 (예를 들어 학생들의 생각에 대한 언급, 학생들의 질문에 답하기, 비판적 관점을 가지도록 도움을 줄 수 있는 질문하기 등)을 주로 하였다. 대화저널쓰기 이외에도 학생들은 비판적 교육과 대화저널쓰기에 대한 6개의 개방형 질문에 대한 자신의 생각을 글로 써서 제출하였다.

대화저널쓰기 자료 분석 결과, 학생들은 대화저널쓰기를 통해 자신들의 교실, 학교, 사회에 대한 불만족을 털어놓고, 자신들이 좋아하는 것들과 그 이유에 대하여 표현하는 것으로 밝혀졌다. 다시 말해서 교과서와 시험 위주의 영어 학습을 하였던 학생들이 대화저널쓰기를 통해 자신의 관점을 자유롭게 표현할 수 있게 되었다. 또한 1년 간 대화저널쓰기 과제를 행함으로써 비판적 사고력이 증진되었음이 드러났다. 이 연구의 연구자들은 학생들의 저널 내용을 묘사적, 개인적, 비판적, 창의적이라는 4가지 카테고리(category)를 사용하여 분류하였다. 그 결과 1분기에서는 70%의 저널이 묘사적이거나 개인적이었으나, 4분기에서는 80% 이상의 저널들이 비판적이거나 창의적이었다. 이와 같이 대화저널쓰기 과제는 학생들로 하여금 자신의 생각을 표현하고 질문하며 성찰하는 기회를 줌으로써 교사 중심의 전통적인 교육에서 침묵하고 있었던 학생들 자신의 목소리를 낼 수 있도록 한다는 것이 밝혀졌다. 또한 묘사적이고 개인적인 글쓰기에 국한되었던 글의 양식이 대화저널쓰기 과제 수행을 통하여 훨씬 비판적이고 창의적인 양상으로 바뀌어졌다. 이 연구의 의의는 대화저널쓰기 과제 수행을 통한 영어 학습자들의 비판적인 시각 발전 가능성을 보였다는 것이다.

2.2.3 터키 대학생들의 에세이 쓰기를 통해 나타난 비판적 사고력 교육 필요성에 대한 사례

Alagozlu(2007)는 Barnawi(2011)에서 드러난 이란 학생들과 마찬가지로 터키 대학생들도 교실 수업 교재에 대한 권위를 높게 생각하고 자신의 생각을 글로 쓰는 것을 망설이며 특히 별다른 노력 없이 교과서의 부분을 그대로 복사하는 경향이 있음을 지적한다. 대부분의 터키 학생들은 글을 평가하고 자신의 생각을 자유롭게 나타내는 것을 힘들어하고 시험에서 비판적인 논평을 하기보다는 배운 것을 그대로 전하는 경향이 있으며, 교사의 말이나 텍스트의 내용에 대하여 질문하기보다는 텍스트를 그대로 받아들이는 경향이 있다고 지적한다. Alagozlu(2007)는 이러한 현상은 학생들의 영어 능력이 제한적이라는 사실에서도 기인하겠지만 터키 교육에서 학생들의 비판적 사고 능력 신장과 자기목소리내기에 중심을 두지 않는 것과 관련이 있을 것이라는 가정을 하고, 영어를 전공으로 하는 터키 대학생들을 대상으로 이들이 에세이를 영어로 쓸 때 비판적인 사고의 모습을 보이고 자기목소리를 내는지와 자기 자신을 비판적인 사고자로서 어떻게 인식하고 있는지 탐색하였다.

연구 목적을 위해 문학 수업을 수강하는 2학년 학생들의 에세이 76편을 수집하여 분석하고, 더 나아가 7개의 문항으로 구성된 5지선다형으로 이루어진 설문조사를 하여 분석하였다. 학생들의 에세이는 Stapleton (2001)의 비판적 사고력 범주(주장, 이유, 근거, 반박, 결론, 오류)를 기준으로 분석되었다. 예를 들어 언급한 비판적 사고력 범주 중에서 주장(claim)으로 분류되는 것은 may나 might와 같은 조동사를 사용한다든지, suggest, show, demonstrate, indicate와 같은 동사를 사용하거나, 단순 현재 시제나 be동사를 사용하여 정의(definition)를 내릴 때, 과도한 형용사와 주관적인 판단을 내리는 표현을 쓸 때였다. 한편 에세이에서 학생들의 자기목소리를 분석해 내기 위해서 Larsen-Freeman과 Long(1991) 등이 사용한 T-단위(문장 내의 가장 짧은 단위)의 개념을 활용하여 '자신(self)'을 표현하는 요소들을 구별해 내었다.

자료 분석 결과, 학생들은 자신의 에세이에서 주장에 속한 범주 중 정의를 내리는 형태를 많이 사용한 반면, 주장에 대한 이유와 근거를 쓰는 것은 드물었다. 또한 텍스트 내에 이미 언급된 등장인물, 줄거리, 갈등, 배경 등에 관한 비평을 언급하거나 반박하지 않았다. 즉, 학생들은 읽은 글에 대해 어떠한 반응도 보이지 않고 단순하게 자신이 읽은 내용을 반복하였을 뿐 새로운 주장을 근거를 통해 펼치거나 예전 것을 반박하려는 노력은 보이지 않았다. 또 다른 예로 오류(fallacies) 범주로 분류된 에세이 분석 결과를 보면, 대부분의 학생들은 텍스트의 복잡한 면들을 지나치게 단순화하는 경향이 있었고 타당하지 않은 결론을 이끌어 내는 경우도 많았다. 예를 들어 76편의 에세이 가운데 24편은 결론이 타당하지 않고 결론으로서 제대로 발전되지도 않았으며, 2편은 아예 결론 부분이 없었다. 더 나아가 "In this century poems are written in metaphysical genre."와 같은 성급한 일반화(hasty generalization) 표현도 많이 쓰는 것으로 분석되었다. 한편 자기목소리는 전체 1267 T-단위에서 겨우 14의 발화가 자신을 나타나는 것으로 분석되었다.

요약하자면 연구에 참여한 터키 대학생들은 배운 정보를 보존하는 것에 중심을 두고 비판적 사고력 신장을 중시하지 않는 전통적인 교육의 결과, 영어로 글을 쓸 때 근거를 바탕으로 자신의 주장을 드러내고 비판적인 사고력을 보여주기 보다는 텍스트 부분을 복사하든지 보고하는 식으로 글을 쓰는 것으로 드러났다. 한 가지 놀라운 사실은 설문 조사 결과 연구에 참여한 학생들은 자신의 관점을 자유롭게 표현하고 싶어 하고 자신의 글에 텍스트나 교사의 생각을 나타내기를 원치 않는다는 것이다. 실제 글쓰기에서는 자신의 생각을 분명하게 쓰는 것을 망설이고 읽은 글에 대하여서만 한정적으로 글을 썼다는 사실과 모순되는 설문 조사의 결과는 학생들은 비판적 사고력이 있으나 그것을 표현해 내는 영어 능숙도가 충분치 않아서일 수 있는 것으로 저자는 해석하면서, 터키 교육제도에 있어서 비판적 사고력 교육에 대한 필요성을 인지하고 비판적 사고력 발달을 통합시키는 교육과정의 개발이 필요하다고 제언한다.

3. 한국 영어교육 현장에서의 사례

본 절에서는 한국 영어 교육 현장에서의 비판적 교수법을 활용한 영어 읽기·쓰기 교육 관련 연구 사례를 소개한다. 특히 대학 영어 읽기·쓰기 수업에서 비판적 교수법을 활용한 연구의 소개와 더불어 초등학생을 대상으로 한 리터러시 교육에서의 비판적 교수법 활용의 가능성을 연구한 논문을 소개하고, 더 나아가 고등학교 영어 수업에서의 비판적 교수법을 활용한 영문학 작품 읽기 교육에 관한 논문들도 포함하여 다양한 연령층을 대상으로 하는 읽기·쓰기 수업에서 비판적 교수법을 활용한 모습을 다양하게 보이고자 한다.

3.1 미국 문화에 대한 비판적 읽기 수업 사례

Kim(2004)은 한국 교육 현장에서 비판적 읽기를 실제로 적용하고 분석한 예가 없음을 지적하고 서울의 한 여자 대학교의 2002년 가을 학기 '영어와 문화' 수업을 수강한 학생을 대상으로 비판적 읽기 수업을 하였다. 선택 과목인 이 수업은 일주일에 두 번 있고 각 수업은 한 시간 반씩 진행되었다. 수업 시간에 쓴 교재(The U.S.A.: Customs and Institutions by Tiersky & Tiersky, 2002)는 미국 문화에 대한 주제를 다룬 책으로써 저자들의 미국 문화에 대한 편견을 쉽게 알아 낼 수 있는 책이었다. 연구자는 이 책을 교재로 하여 30명의 학생들을 대상으로 글을 있는 그대로 받아들이기 보다는 비판적인 시각으로 보도록 지도하였다. 구체적으로 수업은 1) 교과서의 주제에 대한 간단한 강의, 2) 비디오 시청과 주제에 대한 다른 관점을 담고 있는 다른 읽기 자료 배포, 3) 교사가 나누어 준 질문지에 의거하여 수업하기로 진행되었다. 특히 질문지는 읽기 자체에 대한 인식에 관한 질문과 특정 텍스트와 관련된 비판적 읽기에 대한 다음과 같은 질문들로 구성되었다.

읽기 자체에 대한 인식에 관한 질문
1. 누가 이 텍스트를 썼는가?
2. 왜 이 텍스트를 썼는가?
3. 이 글은 누구를 독자로 생각하는가?
4. 이 장(chapter) 안에 당신이 찾고자 하는 정보가 있는가?
5. 다른 식으로 이 글을 쓸 수 있다면, 당신은 어떻게 이 글을 바꾸겠는가?

특정 텍스트와 관련된 비판적 읽기에 대한 질문
6. 어떤 종류의 정보가 이 장에 주로 있는가?
7. 동일한 주제를 다루는 다른 글을 읽어 본 적이 있는가?
8. 자료가 얼마나 다양하게 나와 있고 그런 자료에 얼마만큼의 분량이 할당되었는가?
9. 저자는 어떤 사람들의 말을 인용하였는가?
10. 테이블이나 통계 자료와 같은 참고자료가 있는가?
11. 저자는 자신의 의견과 사실을 분명히 드러냈는가?
12. 저자의 어떤 의견에 당신은 동의하는가?
13. 잘못된 정보는 없는가?
14. 어떤 종류의 정보가 누락되었는가?
15. 독자로 하여금 특정 해석을 유도하는 문법적, 어휘적 선택의 경향이 있는가?

16. 저자가 이러한 문법적 선택을 하는 경향에 대하여 당신은 어떤 생각이 드는가?

연구를 위해서 수집된 자료는 학기 마지막에 학생들이 제출한 쓰기 과제로써 학생들은 읽은 글을 비판적으로 분석하고 이 수업에 대한 자신의 생각과 자신의 읽기 과정이 전체적으로 어떻게 변화하게 되었는지에 대해 써서 제출하였으며, 연구자는 제출된 쓰기 자료 중 '이민'과 '아프리카계 미국인'에 관한 9개의 글을 주제(theme) 중심으로 분석하였다.

자료 분석 결과, 전반적으로 학생들이 글을 읽을 때 예전보다 목적을 가지고 글을 읽게 되었다. 학생들은 글을 읽기 전에 그 글을 읽는 목적에 대하여 생각해보는 노력을 하게 되었고, 그 결과 저자의 의견을 무조건 동의하면서 읽기보다는 자신이 세운 읽기 목적에 따라 읽는 습관이 생겼다. 즉, 글을 읽기 시작할 때 목적을 가지고 읽기 시작함에 따라 학생들은 좀 더 자신의 글을 읽는 목적에 맞는 정보를 찾으려 하는 것이 드러났다. 예를 들어, 한 학생은 미국의 이민 역사에 대한 글을 읽고자 하는 목적을 가지고 텍스트 내의 이민에 대한 글을 선택하여 읽고 난 후 자신이 과거에 느끼고 있었던 것과 텍스트의 글을 읽은 후 얻게 된 것을 어떻게 비교하게 되었는지에 대해 썼다. 즉, 학생들이 주로 하는 단순히 텍스트를 번역하거나 저자의 관점을 받아들이기보다는 스스로 만들어 낸 글을 읽는 목적을 인지하면서 면밀히 글을 분석하고 읽기 내용과 자신의 경험을 합하여 자신만의 결론을 내었다.

또한 자료 분석 결과 학생들은 자신이 읽은 텍스트를 그 전에 읽은 텍스트나 자신의 경험과 비교하여 저자의 관점과 제공한 정보가 맞는지를 비판적으로 보게 되었다. 다시 말해서 텍스트 내의 담화를 재구성하여 다른 텍스트와 연결하거나 자기 자신의 경험과 연결하였다. 즉, 텍스트의 권위에 도전을 하면서 다른 텍스트와 비교하고, 어떤 글에서든 힘의 관계가 존재함을 깨닫고 지배적인 관점에 도전적인 시각을 가지게 되었다. 읽기라는 것이 저자가 텍스트에서 말하고 있는 것을 단순히 이해하는 것이라기보다는 다양한 환경에서 독자에 의해 의미가 재구성된다는 것을 이해하게 된 것이다. 또한 몇몇 학생들은 주제와 연관된 글을 인터넷에서 더 찾아보는 등 비판적 읽기 활동이 학생들로 하여금 적극적으로 글을 읽고자 하는 동기 부여를 해 주는 것으로 드러났다.

한편 학생들은 정보의 양과 글 내에서의 여러 요소들을 어떻게 배치하느냐가 텍스트의 의미에 영향을 줄 수 있음을 알게 되었다. 예를 들어 한 학생은 아프리카계 미국인에 대한 글을 읽으면서 Barbara Jordan이라는 여성의 사진을 보고 보통 글에서는 사진이 글의 내용을 좀 더 확실하게 이해하는 것을 도와주거나 글에 대한 예가 되거나 사진에 대한 설명이 나오기 때문에 이를 기대했다. 그러나 이 학생이 읽은 아프리카계 미국인 여성운동에 대한 글에서는 사진 속 인물이 전혀 언급되지 않았고 사진도 글 말미에서 잠깐 언급되고 끝났는데 이에 대해 이 학생은 글 속의 사진이 글의 이해에 도움을 주기 보다는 사진 속의 인물에 대한 공부를 더 하고 싶은 동기가 없어지게 하였으며 오히려 널리 알려진 Oprah Winfrey와 같은 인물을 보여주었으면 아프리카계 미국인 여성운동에 대해 더 찾아보거나 공부하고자 했을 것이라는 비판적인 의견의 글을 썼다.

마지막으로 이 연구를 통해 초급 레벨의 영어 학습자라 하더라도 상당한 문법 지식을 가지고 있으며 이러한 지식을 사용하여 글을 비판적으로 읽을 수 있다는 것이 밝혀졌다. 즉, 자신의 문법 지식을 활용하여 (예를 들어, 능동태와 수동태를 사용함으로써 전달되는 의미의 차이에 주목함으로써) 저자가 어떠한 사상적인 전제를 하고 있는지를 인지하고 있었다. 또한 학생들은 단어 선택을 통해 저자는 자신의 관점을 나타내고 있음을 인지하고 있었다. 예를 들어, 한 학생은 아시아 이민자들에 대한 글에서 저자가 keep이라는 동사를 사용한 이유를 이민자들에 대한 강력한 의견을 표현하기보다는 좀 더 중립적인 느낌을 주기 위함이라고 비판적인 시각으로 분석하였다.

3.2 문학 작품을 활용한 비판적 읽기 수업 사례

한국 교실 수업에서 비판적 교육법을 활용한 영문학 작품 읽기 교육에 대한 연구로 백진영(2009), 박지민(2011), 조아라(2014)를 소개하고자 한다. 백진영(2009)은 문학 작품 『걸리버 여행기』를 선정하여 작품 내의 외모, 성, 그리고 계급 및 권력과 연관된 편견이나 선입견을 찾는 비판적 읽기 수업을 진행하였다. 연구 자료는 수업을 진행하면서 학생들을 관찰한 내용과 학생들의 작품에 대한 관점과 흥미도, 그리고 영어에 대한 흥미도의 변화를 알아보기 위해 조사한 설문 내용이었다. 자료 분석 결과 학생들은 비판적 교육법을 활용한 문학 수업을 통해 작품 내에 소인과 거인 또는 난쟁이와 같이 외모와 관련된 차별이 내재되어 있음을 알게 되었다. 또한 성에 있어서도 여성 등장인물의 수가 제한적이고 여성이 작품 내에서의 역할이 너무나 적고 그나마 부정적 이미지로 묘사되어 있음을 알아내었다. 더 나아가 학생들은 작품 내에 사회적으로 상류층 계급이 주요 등장인물로 등장하는 것과 같이 계급에 대한 차별이 내재되어 있음을 비판적인 시각을 가지고 볼 수 있게 되었다. 전반적으로 비판적 읽기 수업을 통해 학생들은 비판적 글 읽기에 흥미를 가지게 되었고, 다른 텍스트를 읽을 때에도 비판적인 시각을 가지고 읽게 되었다고 하였다. 그리고 영문학 텍스트 읽기에 대한 흥미가 더 높아졌으며 이러한 장르의 글 읽기가 영어 학습에도 긍정적인 효과가 있었다는 반응을 보였다. 연구자는 비판적 교육법을 활용한 영문학 수업이 제대로 이루어지기 위해서는 무엇보다도 텍스트 선정을 할 때 학생들의 흥미와 언어 능숙도를 고려해야 하고, 편안하고 자유로운 수업 분위기를 마련해 주어야 함을 제언하고 있다.

박지민(2011)은 영문학 작품『제인 에어』를 활용하여 비판적 리터러시 수업을 한 후 학생들의 비판적 사고력 향상 여부를 검증하고자 하였다. 연구 시작 전 설문 조사를 하여 학생들의 비판적 사고력이나 수업에 대한 능동적 참여의 정도를 진단한 결과, 수업에 대한 참여도와 자발성이 상당히 부족함이 드러났다. 비판적인 시각을 키우기 위해 읽기 중 활동으로 학생들은 외모, 계급, 성 역할(gender role)에 대한 편견 찾기, 인물이나 주제 바꾸기, 입장 되어보기, 대안적 관점으로 생각하기 등의 활동을 하고, 읽기 후 활동으로는 새로운 관점으로 대안 텍스트 작성하기를 하였다. 이러한 수업을 통한 비판적 사고력 신장 여부를 알아내기 위해 학생들에게 제인 에어 수업 전에『소공녀』를 읽은 후 작품 주제와 등장인물에 대한 느낌을 자유롭게 쓰도록 하고, 학기 중 제인 에어를 가지고 비판적 읽기 수업을 한 후 다시 소공녀 작품에 대하여 에세이를 쓰도록 하였다. 제인 에어 수업 전에 작성한 소공녀에 관한 에세이와 제인 에어 수업 후에 작성한 소공녀 에세이의 내용을 분석한 결과, 에세이의 길이가 길어졌으며 주인공 위주의 인물 파악에서 벗어나 다양한 인물들에 대해 깊이 있게 고려하고, 외모, 계급, 성 역할에 관련된 편견을 파악하고 소외된 인물의 입장에 대한 내용이 많아졌다. 언어적으로도 좀 더 풍부하고 일관성이 있는 에세이가 늘어났다. 연구자는 비판적 리터러시 접근법을 활용한 수업이 원활하게 운영되기 위해서는 교사가 다양한 수업활동을 개발하도록 노력하고, 학생들의 의견을 수용하는 자세를 가져야 하며, 참여 수업을 통하여 학생들의 흥미를 유발하고 좋은 질문을 하도록 노력할 필요가 있음을 제언하고 있다.

조아라(2014)는 한국 고등학교 1학년 학생들을 대상으로 매주 1시간씩 12주 동안 비판적 리터러시를 활용한 영문학 수업을 실시하고 이러한 수업이 학생들의 읽기 능력에 미친 영향과 학습자 태도의 변화를 알아보고자 하였다. 이를 위해 통제집단은 다독(extensive reading)만을 실시하고 실험집단은 다독과 비판적 리터러시 수업을 실시하였다. 비판적 리터러시 수업에 사용된 교재는 영문학 작품인 『비밀화원』과 『허클베리 핀의 모험』이다. 비판적 리터러시 활용한 수업에 대한 학생들의 태도의 변화를 알아내기 위해 사전·사후 설문조사가 실시되었고, 사전·사후 에세이 평가를 하였다. 또한 영어 읽기 속도 향상과 이해도 측정을 위해서 학생들을 대상으로 속도 및 이해도 테스트와 모의 테스트를 하였다. 테스트 자료 분석 결과, 비판적 리터러시를 활용한 결과 학생들의 읽기 속도가 향상되었고 이해력도 증진되었음이 드러났다. 특히 실험집단에서 이러한 경향이 두드러졌는데, 이는 작가의 의도를 분석하는 능력과 비판적으로 글을 보는 능력 향상이 독해 문제를 푸는 데에도 긍정적인 영향을 끼친 것으로 해석된다. 또한 설문조사 분석 결과 비판적 리터러시 수업은 학생들로 하여금 영문학 읽기에 대한 긍정적인 인식을 가지도록 하였고 작가-독자 사이의 대화의 과정으로서 문학작품을 읽는 능동적인 학습자 태도를 가지도록 도움을 주었음이 드러났다. 에세이 분석 결과 학생들은 좀 더 비판적으로 글을 쓸 수 있게 되었음이 밝혀졌다. 이와 같이 비판적 리터러시를 바탕으로 하는 수업은 학생들의 읽기와 쓰기 능력을 향상시키는 데 상당히 도움을 주며, 독자로서의 긍정적인 태도를 형성하는데도 도움이 된다는 것이 드러났다. 따라서 연구자는 학교 현장에서 비판적 리터러시를 활용한 수업을 권장하며 이를 위해 편안한 분위기 조성, 비판적 사고력 신장에 도움을 줄 수 있는 텍스트 선정, 다양하고 흥미로운 수업방법 모색 등이 필요함을 제언하고 있다.

3.3 질문하기와 토론을 통한 학생 주도적 비판적 읽기 수업 사례

Suh와 Huh(2014)는 한국 대학생들을 대상으로 읽기 수업에서 비판적 접근법을 시행하고 그 효용성을 탐색하고자 하였다. 부산에 소재한 대학의 학생 45명과 서울에 소재한 대학의 학생 35명이 각 반의 교사로부터 비판적 읽기 지도를 받았다. 수업 절차는 먼저 학생들이 읽은 글에서 잘 이해가 되지 않는 부분에 대해 서로 토론하고 가르쳤다. 이 때 교사는 교실을 돌아다니며 학생들의 질문에 대답하고 전체적인 내용 이해를 도와주었다. 그 후 학생들은 교사가 나누어준 비판적 질문지를 활용하여 글에 대해 그룹 토의를 하면서 자신의 생각과 의견들을 교류하였다. 수업에서 쓰인 대표적인 비판적 질문들은 다음과 같다.

1. 목표로 하는 독자는 누구인가?
2. 텍스트에 포함된 사람과 포함되지 않은 사람은 누구인가?
3. 주요 등장인물이 어떻게 묘사되고 있는가?
4. 저자는 독자로 하여금 주제에 대해 무엇을 믿게 하고 있는가?
5. 주제와 관련되어 암시적으로 또는 명시적으로 나타난 문화와 관련된 지식은 무엇이며 저자의 편견이나 신념은 무엇인가?
6. 이 텍스트를 이해하기 위해서 우리가 가져야 하는 신념은 무엇인가?
7. 우리는 어떤 방식으로 이 텍스트를 비판적으로 볼 수 있는가?
8. 동일한 이슈를 다른 방식으로 어떻게 표현해 낼 수 있을까?
9. 모든 사람들에게 좀 더 민주적이고 문화적으로 공평하게 하려면 우리는 어떤 방식으로 이 텍스트를 다시 쓸 수 있을까?

한편 위의 비판적 질문들을 활용한 읽기 수업의 가장 큰 특징은 학생 주도적인 그룹 활동으로 그 주에 배운 주제와 연관성이 있는 글을 찾아와서 비판적 질문지의 내용을 바탕으로 읽은 글을 비판적 시각으로 분석하여 발표하는 것이다. 이를 위해 학생들은 그룹으로 교실 수업에서 다룬 주제와 관련된 텍스트를 찾아 교사의 검수를 받고, 조원끼리 선정된 텍스트를 비판적으로 분석하고 다양한 대안적 시각을 반 친구들에게 발표하였다. 이렇듯 '서로 가르치기(reciprocal teaching)'를 통한 '이해력 점검하기-비판적 질문과 토론하기-주제와 관련된 글을 찾아 학생주도적인 비판적 읽기 발표'로 구성된 수업은 매 주 진행되었으며, 학기 마지막 주쯤 비판적 읽기 지도에 대한 설문 조사와 인터뷰를 진행하였다. 수집된 반 전체

토의 내용, 학생들이 찾아온 읽기자료, 설문 내용과 인터뷰의 내용들은 질적 연구 방법론에 근거하여 분석되었다.

분석 결과 대부분의 학생들은 토의에 참가함으로써 읽은 글에 대한 중심 내용을 파악하는 데 도움을 받은 것으로 드러났다. 또한 기존 연구에서는 밝혀지지 않았던 흥미로운 결과는 비판적 읽기 과정을 통해 '목적을 가지고 글 읽기(reading for purpose)'와 '읽은 글을 모니터링하기'와 같은 읽기 전략을 더욱 발전시킨 것으로 밝혀졌다. 그리고 학생들은 저자의 의견에 비판적인 시각을 보이고 글에 대해 다양한 시각을 표현하며 비판적으로 글의 특징들을 분석하는 과정을 통해 좀 더 능동적인 영어 독자가 되었음을 알 수 있었다. 이러한 긍정적인 결과와는 달리 학생들은 권위가 부여되어 있는 글에 비판적인 시각을 부여하는 것에 상당한 부담감을 보이고 특히 글의 내용을 잘 이해하지 못하는 경우 더욱 부담스러워하였다.

이 연구 결과의 시사점은 한국 고등교육 환경에서 비판적 접근을 바탕으로 하는 영어 읽기 지도가 가능하며 이러한 수업 방식을 통해 학생들은 텍스트에 대한 비판적 사고력을 향상시키고 대안적 관점을 서로 나누게 되고 더 나아가서 좀 더 적극적인 수업 참여자로서 성장할 수 있다는 것이다. 또 다른 시사점은 비판적 읽기 수업이 글에 대한 이해력 향상에도 긍정적이라는 것이다. 특히 이 연구에서 시도한 서로 가르치기가 학생들의 이해력 향상에 유용하다는 것이 드러난 만큼 교사 일방적인 이해력 점검 수업을 지양하고 학생-학생 또는 교사-학생 모드의 역동적인 이해력 체크 과정을 고려할 필요가 있다. 한편 기존 연구에서도 밝혀졌듯이 학습 분위기를 편안하게 하여 학생들이 자신의 의견을 자유롭게 말할 수 있도록 하는 교사의 역할이 중요하다. 즉, 교사는 비판적인 글 읽기 수업에서 질문에 한 가지 답만이 있는 것은 아님을 인지하고 학생들과 자유롭고 다양한 대화가 이루어질 수 있도록 밀접한 관계 형성에 노력해야 한다. 또한 학생들의 언어 능숙도를 고려한 좋은 텍스트 선정과 학생들의 비판적이고 창의적인 사고를 이끌어 낼 문제 제시 질문들을 준비하는 것이 필요하다.

3.4 만화 소설을 활용한 비판적 읽기 수업 사례

앞서 소개한 연구들은 한국 청소년들 또는 대학교 학생들을 대상으로 읽기 수업에서 비판적 접근법을 적용한 사례들이다. 한편 Huh와 Suh(2015)는 한국 초등학생들을 대상으로 만화 소설(graphic novels)을 사용한 읽기 수업을 하여 학생들의 비판적 사고력 증진 여부를 탐색하였다. 이 연구는 만화가 영어권 화자와 영어 학습자의 상호작용을 증진시키는데 중요한 역할을 할 수 있다는 점과(Norton & Vanderheyden, 2004) 한국 상황에서 독해와 문화 이해에 대한 영어 읽기 수업 연구는 많지만 비판적 리터러시를 바탕으로 하는 읽기 연구는 거의 없음을 바탕으로 한다. 구체적으로 연구 목적은 "한국 초등학생들이 만화 소설 내의 지배적인 이데올로기에 어떻게 의구심을 가지고 도전을 하는가?" 그리고 "한국 초등학생들이 만화 소설에 나타난 문화적 고정 관념과 힘의 관계를 어떻게 분석하는가?"이다.

연구자들이 가르친 학생들은 5학년 남학생 5명으로 이루어진 그룹과 6학년 여학생 4명으로 이루어진 그룹이었고, 학생들과 2년간 방학 기간 동안 일주일에 한 번 씩 총 14번의 수업을 하였다. 연구자들은 먼저 만화와 비판적 교육을 접목시킨 방과 후 읽기 프로그램을 구성하였는데 이를 위해 시중에서 구할 수 있고 연구 목적에 부합하는 주제(즉 억압과 인종 갈등)를 담고 있는 책 6권을 선정하였다.[1] 각 책은 대부분 2주 동안 다루어졌으며 학생들은 수업 전 집에서 책을 읽어 오고 수업에서는 읽기와 쓰기에 관련된 짝/그룹 활동과 더불어 비판적 질문하기를 통한 비판적 의식 고양 활동을 하였다.

비디오 촬영과 오디오로 녹음된 학생들의 수업 모습과 활동결과물을 분석한 결과 학생들은 학업 기준, 인종 특혜, 그리고 성에 대한 지배적인 관점에 대해 도전하는 모습을 보였다. 예를 들어 읽었던 책 『Big Nate』에서 주인공인 Nate가 항상 부진아로 묘사되어 있는데 학생들은 수업에서 '좋은 학생'과 '그렇지 않은 학생'에 대하여 토의하였다. 처음에는 학생들은 책에 묘사된 모습, 즉 공부를 잘 하는 학생을 좋은 학생으로 별 의구심 없이 동의하는 모습이었다. 그러나 수업에서의 토론을 통해 사람들은 보통 좋은 학생의 의미로 높은 학업 능력이라는 생각을 너무 많이 하고 있으며 음악적 재능이나 좋은 성격과 같은 능력 등은 좋은 학생이 될 수 있는 능력에서 제외되고 있음을 인식하고 표현하게 되었다.

또 다른 결과는 모든 학생들이 읽는 글에 대해 대안 제시를 한 것이 아니었으며 글 읽기 주제에 따라 남학생과 여학생의 대안 제시 여부도 달랐다는 것이다. 예를 들어서 좋은 학생에 대한 토론에서 한 남학생은

---

[1] 선정된 책 제목은 다음과 같다: *Diary of a Wimpy Kid Number 2, Diary of a Wimpy Kid Number 5, Big Nate Makes the Grade, The Adventures of TinTin: TinTin in America, The Discovery of America, The Best of Archie Comics*

'학생은 학업 수행력에 의해서만 평가 받아서는 안 되며 좋은 행동과 타인과의 관계 여부도 고려되어야 한다.'는 제안을 하였다. 한편 여학생들은 모두 성역할에 대한 고정 관념에는 민감하고 편견에서 벗어난 관점을 보여준 반면, 대부분의 남학생은 이 주제에 대해 고정적인 성역할 관점을 보이면서 좀 더 민주적인 성역할 관점은 제시하지 못하는 경향을 보였다. 반대로 여학생들은 소수 인종에 대한 차별이라는 주제에 대해서는 남학생들보다 상대적으로 민감한 반응이나 대안 제시를 거의 하지 않았다.

이 연구 결과를 통해 초등학교 학생들을 대상으로 하는 영어 읽기 교육에서 내용과 개인 생활을 연결해보는 익숙한 수업에서 더 나아가, 읽은 내용과 사회적 관계를 생각해보고 자신의 관점뿐만이 아니라 다른 이들의 관점을 통해서도 이슈를 생각할 기회를 부여하는 것이 필요함을 알 수 있다. 또한 학생들이 읽은 글 내의 지배적인 관점에 도전하는 면을 보여주었지만 대안을 제시하는 것에 있어서는 좀 더 어렵게 느끼고 있었다는 점을 고려하면, 윤리적이고 정의로운 관점을 발달시키는 데 도움을 줄 수 있는 비판적 접근법을 바탕으로 하는 읽기·쓰기 수업이 교실 수업에서도 적극 실행될 필요가 있다.

3.5 비판적 사고력 증진을 위한 쓰기 수업 사례

Aguiar와 Seong(2014)은 한국 대학생 15명(4명의 남학생과 11명의 여학생)을 대상으로 비판적인 사고력 증진을 함양하는 대학 글쓰기 수업의 효과를 연구하였다. 경기도 소재 한 대학교의 3학점 선택 과목으로 개설된 영어 일기 쓰기 수업에 다양한 전공의 1학년생 10명, 2학년생 2명,

3학년생 1명, 4학년생 2명이 수강신청을 하였다. 수강 학생들의 전반적인 영어 수준은 중급에서 상급 수준이었으나 글쓰기 실력은 모두 초급 수준이었다. 교사는 영문학 학사학위를 취득하고 창작 글쓰기 석사학위를 취득한 후 한국에서 5년 동안 강의경험이 있는 미국인이었다.

  15주 동안 진행된 수업은 매 주 3교시 수업으로 진행되었고 3개의 섹션(section)으로 구성되어 진행되었다. 첫 번째 섹션에서 교사는 학생들이 제출한 과제에 대한 점검을 하고 학생들은 그룹으로 돌려받은 과제에 대한 문법적 검토를 하였다. 두 번째 섹션에서는 그 날 주제에 대한 유인물이 배부되었고 글쓰기 주제에 관한 개방형 질문들이 주어졌다. 학생들은 2명씩 구성되어 주어진 질문들에 대하여 자유롭게 이야기하고 교사는 그 날 주제에 대한 학생들의 이해를 도왔다. 세 번째 섹션에서는 학생들이 개별적으로 유인물의 과제를 하고 교사는 글쓰기 과제를 끝냈는지 그리고 학생들이 이해하지 못 한 부분은 없는지 확인한다. 예를 들어 '중독'이라는 주제가 주어지면 학생들은 일상생활에서 중독이 가능한 것들이 무엇이고 왜 중독이 되는지에 대해 생각해 본다. 그 후 그룹으로 글쓰기에 대한 브레인스토밍을 하고 개별적으로 글을 쓴다. 또 다른 주제는 "타인에게 있어서 우리가 싫어하는 것들이 바로 우리 자신에게 있어서 싫어하는 것이다."라는 진술문이었다. 이러한 주제에 대해 글을 쓰게 됨으로써 학생들은 자신들이 가지고 있었던 잘못된 생각을 알게 되고 그것들을 버리게 됨으로써 자신들에 대해 더 깊이 성찰할 수 있게 되었다. 15주 동안 이외에도 '노력과 동기, 취미와 열정, 두려움, 미래에 대한 꿈과 과거에 대한 후회, 미덕과 악, 예술과 예술가, 사회에서의 나' 등과 같은 다양한 주제들이 다루어졌다.

이상과 같은 글쓰기 수업이 비판적 사고력 증진에 있어서 어떠한 효과를 가져왔는지 알아내기 위해 학기 초와 학기 말에 15문장으로 구성된 번역하기 문제와 자기소개 자유롭게 쓰기 과제가 주어졌다. 문장 번역하기 과업에 쓰인 15문장은 소위 5형식 문장으로 구성되어 있으며 번역을 위해 학생들에게 15분이 주어졌고, 자기소개 자유롭게 쓰기 과제는 20분이 주어졌다. 문장 번역하기 사전 테스트(pre-test)와 사후 테스트(post-test)를 분석하기 위해 오류 분석을 하였다. 오류 분석의 대상은 Shin과 Seong(2013)을 따라 6개의 문법 범주—관사/한정사, 전치사류, 문장구조, 단수/복수, 주어/동사, 그리고 동사—관련 오류들을 분석 대상으로 하였다. 자기소개 자유롭게 쓰기 과제에 대하여 사전 테스트와 사후 테스트 분석은 Pae(2011)을 따라 빈도(frequency), 정확성(accuracy), 그리고 복잡성(complexity)에 따라 분석되었다.

분석 결과, 사전 테스트에서는 전치사류와 관사/한정사 오류가 가장 빈번하게 나타났으며, 사후 테스트에서는 관사 오류가 가장 빈번하게 나타났고 뒤를 이어 전치사류 오류가 빈번하게 나타났다. 즉, 전치사류 오류는 감소(11.7%)된 반면 관사 오류는 증가(4%)하였다. 세 번째로 흔한 오류는 동사 관련 오류이며 전·후 테스트 결과 동사 관련 오류가 18% 감소하였다. 그 다음으로는 주어-동사 일치(1.2% 증가), 단수-복수 사용(32.4% 감소), 문장 구조(14.2% 감소) 순서로 오류가 발생하였다. 전반적으로 오류 빈도와 범위 측면에서 학생들의 문법 실력 향상 비율은 무시할 만할 정도이다. 연구자들은 그 이유를 이 연구가 행해진 글쓰기 수업은 문장 레벨에서의 피드백과 오류 수정보다는 비판적 사고력 증진에 중점을 두었기 때문으로 해석하였다.

한편 학생들의 사전·사후 테스트 자유 글쓰기를 분석한 결과는 다음과 같다. 사전 테스트에서는 대부분의 학생들이 자신의 이름, 가족, 전공, 그리고 일화와 같은 기본적인 정보에 대해 기초적인 문법 패턴을 사용하여 글을 썼다. 그러나 사후 테스트에서는 글의 주제가 사전 테스트에 비하여 좀 더 깊이 있고 개인적인 이슈들을 다루는 것으로 바뀌었다. 예를 들어 사후 테스트에서 글쓰기의 중심은 자신들 또는 환경에 관해 좋아하지 않는 것들과 같이 좀 더 부정적인 주제를 포함하게 되었다. 즉, 단순히 주제만을 바꾼 것이 아니라 자신들에 대해 좀 더 어려운 질문들을 던지기 시작하는 등 글쓰기에 대한 접근법이 바뀌었다. 학생들은 자신을 이해하는데 있어서 좀 더 개방적이 되었고 주어진 시간을 초과하여 글쓰기를 하는 것과 같이 글쓰기에 열정을 보이게 되었다. 한편 빈도, 정확성, 복잡성을 기준으로 자기소개 자유롭게 쓰기 과제를 분석한 결과 빈도 측면에서 글쓰기에 사용된 단어의 숫자는 50% 정도 증가하였다. 즉, 학생들이 좀 더 자세하게 주제에 대해 토론할 수 있게 되었다. 정확성 측면에서는 전반적으로 좀 더 정확한 문장을 만들었고 좀 더 어렵고 복잡한 문법을 사용하고자 노력한 것으로 드러났다. 복잡성 측면에서는 거의 변화가 없는 것으로 보아(사전 테스트에 비해 사후 테스트에서 2% 증가) 영어 글쓰기 수업에서 비판적인 사고력을 신장시키기 위해서는 15주보다는 더 장기적인 시간이 필요한 것으로 보인다.

결론적으로 문장 글쓰기와 자유 글쓰기 수업에서 비판적 사고력을 증진시키고자 한 이 연구의 시사점은 학생들이 개인적으로 타당성이 느껴지는 주제에 대해 글쓰기를 하게 되면 영어 글쓰기에 대해 좀 더 내재적인 동기부여를 할 수 있다는 것이다. 또 다른 시사점은 학생들은 내면적인 주제에 대한 글쓰기를 통해 비판적 사고력을 신장할 수 있게 되고 이러한 비판적 사고력 신장은 학생들로 하여금 좀 더 창의적이면서 구체적인 글을 쓸 수 있도록 도움을 줄 수 있다는 것이다.

4. 저자 제언

이 장에서는 주로 한국을 비롯한 아시아권 중심의 EFL 환경에서 비판적 교수법을 응용한 영어 읽기·쓰기 교육의 모습이 잘 나타나 있는 비교적 최근의 연구 사례를 소개함으로써 이 분야에 관심을 가지고 있는 연구자, 현장 교사, 대학원생들, 더 나아가 일반 독자들에게 이 분야에 대한 이해에 도움을 주고자 하였다. 읽기 교육에 있어서 비판적 접근법을 활용한다는 것의 의미는 학생들로 하여금 글 속의 사상적, 문화적 전제들, 그리고 당연시 여겨지는 여러 가지 것들에 대하여 의문을 가지도록 하는 것과 글 속의 불평등한 힘의 관계, 정치성에 대해 알아내고 지배적인 관점으로 읽기보다는 그 반대의 관점으로 읽는 것 등을 포함한다. 연구 사례 소개에 있어서 ESL 환경에서의 읽기 연구로써 Park(2012)을 대표적으로 소개하였다. 이 연구가 주는 교육 현장에 대한 시사점은 글 속의 등장인물, 배경, 사건 등에 대한 시각화하기가 비판적 사고력과 의식 함양을 증진시키는데 도움을 준다는 것이다. 주된 관심사인 한국을 비롯한 아시아권에서 이루어진 비판적 접근법에 의거한 읽기 연구들(박지민, 2011; 백진영, 2009; 조아라, 2014; Fredricks, 2012; Huang, 2011; Huh & Suh, 2015; Izadinia & Abednia, 2010; Kim, 2004; Suh & Huh, 2014)에

의하면 읽기에 관련된 여러 가지 활동 중에서 특히 학생들의 참여를 바탕으로 하는 대화와 토론하기, 읽을 글을 학생들 자신이 선택하기, 성찰일지 쓰기, 그리고 학생들의 언어적 오류에 대해 피드백 주기보다는 학생들의 생각에 대해 피드백 주기가 비판적 사고력 향상에 유용한 것으로 밝혀졌다. 또한 읽기 수업에서 교사가 조력자로서의 모습을 보이고, 편안한 교실 분위기를 만들고, 비판적 질문 리스트 등을 활용하는 것이 학생들의 비판적 사고력 신장과 비판적 관점을 바탕으로 하는 텍스트 분석력 향상에 도움을 주는 것으로 드러났다.

한국에서 비판적 교수법을 활용한 영어 읽기 교육의 사례는 그다지 많지 않고, 이 장에서 소개한 연구는 대부분 문학 수업이나 교양 영어 수업에서 비판적 교수법을 활용한 경우였다. 따라서 다양한 교육 환경에서 비판적 교수법을 활용한 읽기 교육에 관한 연구가 시행될 필요가 있다. 특히 어린이를 대상으로 하는 비판적 교수법에 기반을 둔 영어 읽기 교육의 사례는 극히 드물었다. 향후 이 분야에 있어서 어린이 학습자들을 대상으로 하는 연구가 좀 더 필요하다. 한편 한국의 영어 학습자들은 대체적으로 글에 대한 이해력이 부족하면 비판적 질문하기와 같은 활동을 할 때 자신 없어하는 경향이 뚜렷하였다. Suh와 Huh(2014)에서 시도한 것처럼 글에 대한 이해력 검토의 시간을 가지고 난 후 비판적 질문과 토론으로 수업을 진행하는 것과 같은 한국 상황에 맞는 비판적 리터러시 읽기 수업 관련 모형 내지는 교과과정 개발에 대한 향후 연구가 필요하다.

또한 아시아권의 다른 나라들과 마찬가지로 한국 상황에서 비판적 교수법을 활용한 읽기 수업의 전형적인 모습은 교사가 제시하는 비판적 질문을 활용한 토론하기였다. 본래 비판적 리터러시가 지향하는 모습은 교사가 제시하는 비판적 질문을 바탕으로 학생들이 토론하는 모습보다는 학생들이 자발적으로 비판적인 질문을 하는 것임을 고려한다면 진정한 의미에서 학생들로부터의 자발적인 비판적 질문하기와 토론의 모습을 이끌어 낼 수 있는 방안에 대하여 많은 연구가 필요하다.

마지막으로 쓰기 교육에 있어서 학생들의 비판적 사고력을 증진시킨다는 것은 타인의 생각에 대하여 수용할 것인지, 거절할 것인지 또는 그러한 판단을 미룰 것인지와 같은 판단 능력을 갖도록 하고, 더 나아가 학생들 자신이 경험과 지식을 바탕으로 자유롭게 본인의 목소리를 낼 수 있도록 교사들이 도와주어야 함을 의미한다. 이 장에서 소개한 Aguiar와 Seong(2014), Alagozlu(2007), Barnawi(2011), 그리고 Ghahremani-Ghajar와 Mirhosseini(2005)에 의하면 학생들이 자기 목소리를 낼 수 있도록 도와주는 구체적인 활동으로는 설득문 쓰기, 초안 워크숍, 개인별 회의하기, 대화저널쓰기가 유용하다. 그동안 한국에서의 영어 쓰기 교육에 관한 연구는 교사 피드백의 유용성이나 과정 중심 쓰기에 관한 연구로 편향된 경우가 많았으므로 향후 좀 더 다양한 환경에서 비판적 교수법을 활용한 영어 쓰기 교육에 관한 연구가 더욱 적극적으로 이루어져야 할 것이다.

> **서영미**
> 서영미는 이화여자대학교에서 영어교육 학사, 영어학 석사/박사, Indiana University Bloomington에서 언어교육으로 박사학위를 받았으며, 인천대학교, 인하대학교, 차의과학대학교 초빙교수로 재직하였고, 인디애나 대학교 교육대학원 객원교수로 가르쳤다. 현대영어교육 재무이사, 초등영어교육학회 편집위원, 한국측정평가심리학회 질적연구 전문이사이며, 비판적 읽기 수업 모형 개발과 읽기 전략 전이에 관하여 연구하고 있다.

■ 참고문헌

I. Academic References

박지민. (2011). 제인에어를 활용한 크리티컬 리터러시 수업의 실제와 그 효과. 고려대학교 교육대학원 석사학위논문.

백진영. (2009). 크리티컬 리터러시를 활용한 영문학 텍스트 읽기 교육: 걸리버 여행기를 중심으로. 고려대학교 교육대학원 석사학위논문.

조아라. (2014). Critical literacy를 활용한 언어학습자 문학 수업이 고등학생 영어 읽기능력 향상에 미치는 영향. 한국교원대학교 교육대학원 석사학위논문.

Aguiar, B., & Seong, M. H. (2014). Effects of a Critical Thinking College English Writing Class. *English Language and Literature Teaching 20*(3), 1-24.

Alagozlu, N. (2007). Critical Thinking and Voice in EFL Writing. *Asian EFL Journal 9*(3), 117-136.

Barnawi, O. Z. (2011). Finding a Place for Critical Thinking and Self-voice in College English as a Foreign Language Writing Classrooms. *English Language Teaching 4*(2), 190-197.

Behrman, E. H. (2006). Teaching about Language, Power, and Text: A Review of Classroom Practices That Support Critical Literacy. *Journal of Adolescent & Adult Literacy 49*(6), 490-498.

Fredricks, L. (2012). The Benefits and Challenges of Culturally Responsive EFL Critical Literature Circles. *Journal of Adolescent & Adult Literacy 55*(6), 494-504.

Freire, P. (1970). *Pedagogy of the Oppressed.* New York: Header & Header.

Freire, P. (1987). The importance of the act of reading. In P. Freire & D. Macedo

(Eds.), *Literacy: Reading the Word and the World* (pp. 5-11). South Hadley, MA: Bergin and Garvey.

Ghahremani-Ghajar, S., & Mirhosseini, S. A. (2005). English Class or Speaking about Everything Class? Dialogue Journal Writing as a Critical EFL Literacy Practice in an Iranian High School. *Language, Culture and Curriculum 18*(3), 286-299.

Huang, S. (2011). Reading "Further and Beyond the Text": Student Perspectives of Critical Literacy in EFL Reading and Writing. *Journal of Adolescent & Adult Literacy 55*(2), 145-154.

Huh, S., & Suh, Y.-M. (2015). Becoming Critical Readers of Graphic Novels: Bringing Graphic Novels into Korean Elementary Literacy Lessons. *English Teaching 70*(1), 123-149.

Izadinia, M., & Abednia, A. (2010). Dynamics of an EFL Reading Course with a Critical Literacy Orientation. *Journal of Language and Literacy Education 6*(2), 51-67.

Kim, Y. M. (2004). Critical Reading Practice for EFL Readers. *Foreign Languages Education 11*(2), 47-76.

Larsen-Freeman, D., & Long, M. H. (1991). *An Introduction to Second Language Acquisition Research*. London: Longman.

Liu, D. (2005). Plagiarism in ESOL Students: Is Cultural Conditioning Truly the Major Culprit?. *ELT Journal 59*(3), 234-241.

Norton, B., & Vanderheyden, K. (2004). Comic book culture and second language learners. In B. Norton & K. Toohey (2004), *Critical Pedagogies and Language Learning* (pp. 201-221). London: Cambridge Applied Linguistics.

Pae, J.-K. (2011). Collaborative Writing versus Individual Writing: Fluency,

Accuracy, Complexity, and Essay Score. *Multimedia-Assisted Language Learning 14*(1), 121-148.

Park, J. Y. (2012). A Different Kind of Reading Instruction: Using Visualizing to Bridge Reading Comprehension and Critical Literacy. *Journal of Adolescent & Adult Literacy 55*(7), 629-640.

Sert, N. (2006). EFL Student Teachers' Learning Autonomy. *Asian EFL Journal 8*(2). Retrieved 13 June 2006 from: http://www.asian-efl-journal.com/

Shin, Y-h., & Seong, M.-H. (2013). Corrective Feedback Effects in University English Writing Class. *English Language & Literature Teaching 19*(3), 247-270.

Stapleton, P. (2001). Assessing Critical Thinking in the Writing of Japanese University Students' Insights about Assumptions and Content Familiarity. *Written Communication 18*(4), 506-548.

Suh, Y.-M., & Huh, S. (2014). Possibilities and Challenges of a Critical Approach to Reading Instruction with Korean University Students. *English Language Teaching 26*(3), 39-62.

Wallace, C. (1992). Critical literacy awareness in the EFL classroom. In N. Fairclough (Ed.), *Critical Language Awareness* (pp. 59-92). New York: Longman.

II. Teaching Materials

Bloom, V., Doyle, F., Gladir, G., Golliher, B., Malmgren, D., Webb, K., Eisman, H., Parent, D., Hartley, A., Castiglia, P., Gallagher, M., Ruiz, F., Uslan, M., & Torres, J. (2011). *The Best of Archie Comics*. Archie Comic Publication, Inc.

Cormier, R. (1991). *We All Fall Down*. New York: Bantam Doubleday Dell.

Herge (2010). *The Adventures of TinTin: TinTin in America*. London: Egmont Books.

Kinney, J. (2008). *Diary of a Wimpy Kid Number 2: Rodrick Rules*. New York: Amulet.

Kinney, J. (2008). *Diary of a Wimpy Kid Number 5: The Ugly Truth*. New York: Amulet.

Peirce, L., Harper, C., Lynch, T., & Neis, C. (2012). *Big Nate Makes the Grade*. Kanasas City, MO: Andrews McMeel Publishing.

Tiersky, E., & Tiersky, M. (2002). *The U.S.A. Customs and Institutions* (4th ed.). New York: Longman.

Stilton, G. (2007). *The Discovery of America*. Hong Kong: Papercut.

제4장
비판적 교수법을 활용한
영어 듣기와 말하기 능력 개발

이지영 (한국산업기술대학교)

1. 비판적 듣기, 말하기란 무엇인가?

Freire(1970)는 전통적인 교육방식을 은행저금식 방식(banking system)이라고 비유하면서 교사가 지식의 근원이라고 했다. 은행저금식 방식에서 교사는 모든 것을 알지만, 학생은 아무것도 모른다고 가정한다. 한편, 문제 제기식 방식(probelm-posing system)에서는 교실에서 비판적 교육을 실현하고, 학생들로 하여금 비판적 사고를 하라고 적극 권장한다. 교사의 역할은 학생들에게 익숙한 상황을 문제시하고 새로운 방식으로 그러한 상황을 비판적으로 생각하도록 하는 것이다.

Moon(2008)은 비판적 사고는 학습의 중요한 목표이기 때문에 교육에서 매우 중요한 개념이라고 주장한다. 따라서 교사는 학생들의 비판적 사고를 개발하는 데 중요한 책임을 지닌다(Lipman, 2003). Brown(2004) 또한 이상적인 영어 프로그램에서는 교육과정의 목표가 언어적인 것을 넘어서 비판적 사고를 개발하는 것이라고 주장한다. van Gelder(2005)는 비판적 사고능력을 훈련하는 데 신중하고 계획적일 필요가 있으며, 이러한 훈련은 비판적 사고를 교육과정의 한 부분으로 분명하게 가르칠 때에만 일어난다고 강조한다.

또한, Ennis(1989)는 비판적인 사고를 따로 지도할 수 있을 뿐만이 아니라, 교과목 지도에서도 비판적인 사고를 적용할 수 있다고 주장한다. 그에 따르면, 영어를 가르치면서 비판적 사고를 따로 가르치면서, 영어 듣기 또는 말하기 활동에서 비판적 사고의 개념을 적용할 수 있는 것이다.

박유정(2012)은 "비판적 사고는 크게 두 영역, 즉 논증적 읽기와 쓰기 그리고 논증적 듣기와 말하기로 이루어진다. 전자는 '논술'이라고 불리고 후자는 '토론'이라고 하는데, 논술과 토론은 모두 인문적 텍스트를 통해서 그것의 논증적 맥락을 살펴보는 수순을 밟는다"(p. 406)라고 설명한다. 특히, 후자인 토론의 목적은 비판적 사고, 즉 "논증을 듣고 말하는 능력을 기르고자 하는 데"(p. 422)에 있다고 덧붙여서 설명하는데, 그 이유는 토론을 하면서 다른 사람의 말에서 논증을 가려내서 듣고, 내 논증을 구성해서 말을 해야 하기 때문이다. 비판적 사고에 근거해서 듣고, 말하는 토론이 우리나라의 교육현장에서 힘든 이유를 McGuire(2007)는 비판적 사고가 한국의 교실에서 많이 사용되지 않기 때문이라고 설명한다. 그는 한국 교육에서는 대학 입시 시험이 사회적으로 너무 큰 부분을 차지하고 있고, 시험이 단지 사실 관계여부를 묻는 선다형 문제로 구성되어 있어서 학생들의 창의적이고 비판적인 사고력 향상을 저해하고 있다고 주장한다. 또한, McGuire(2007)는 한국문화는 개인주의보다는 유교사상의 영향으로 그룹 중심으로 된 문화이기 때문에 권위주의적 위계질서, 교사 중심의 수업, 그룹 중심의 통일성 등의 영향으로 개개인의 자율성을 중시하는 비판적 교육이 한국문화와 한국 교육 시스템에서 정착되지 못했다고 지적한다. 그는 또한 비판적 교육과 언어 활용 기술과의 관계를 설명하면서, 한국인은 간접적이고 은연중 내포하는 비언어적인 방법으로 대화를 하려는 경향이 있기 때문에 대화를 하면서 말을 많이 생략해서 심각한 해석상의 문제를 야기시킨다고 지적한다. McGuire(2007)에 따르면, 이러한 현상은 한국인이 논리적으로 생각하는 능력이 부족해서 그런 것이 아니고, 대화 중에 많은 모호성과 생략으로 말미암아 좀 더 분명하고, 정확하게 생각을 논리적으로 전개해서 말을 하지 않는 경향이 있기 때문이다. 그렇기 때문에 우리가 비판적 사고에 근거한 논증적 읽기·쓰기 능력을 나타내는 논술이나 논증적 듣기·말하기 능력을 배양하는 토론, 즉 단순한 토의보다 찬, 반을 나눠서 하는 논증을 나타내는 토론을 어려워하는 것이다. 우리말에서도 이처럼 비판적으로 생각해서 듣고 말하는 훈련이 잘 안되었기 때문에, EFL 상황에서 비판적으로 생각하면서 영어 듣기·말하기가 더욱 힘든 것은 어쩌면 당연할지도 모르겠다.

특히, 언어 교육면에서 듣기의 역할은 가장 기본적이다. 언어의 네 가지 영역 중에서 듣기는 가장 어려우면서도 자주 사용되는 영역이다(Zare, Behjat, Abdollrahimzadeh, & Izadi, 2013). 또한, 듣기는 우리의 일상 생활에서 매우 중요한 역할을 하는데, Zare et al.(2013)에 따르면, 제2언어 또는 외국어 학습에서 듣기가 가장 큰 기여를 한다고 한다. 그럼에도 불구하고, 사람들은 흔히 듣기영역을 수동적인 영역이라고 생각해서 받아들이는(receptive) 또는 수동적인 기술(passive skill)로 여기지만, 그들은 지난 수십 년 동안 제2언어 또는 외국어 교사들의 관심이 언어 습득 면에서 듣기 쪽으로 더욱 기울어지고 있다고 주장한다. 왜냐하면 Richards와 Renandya(2002)에 의하면 듣기는 복잡하고 상대가 그 이전의 입력(input) 상태로 되돌리지 못하는 스트레스를 가진 과정이기 때문이다. 더욱이 이들에 의하면 빠른 말의 속도, 악센트 등의 변수들이 듣기 이해를 방해할 수 있다. 따라서 듣기는 더 이상 수동적이고 받아들이는 능력이라기보다 들으면서 재해석하고 판단하는 능력인 것이다. Galvine과 Terrell(2001)은 "듣기는 정보를 받아들이고, 해석하고, 평가하는 것을 포함함과 동시에 메시지에 대하여 반응하는 적극적인 과정이다"(p. 110)라고 정의한다. 즉, 듣는 과정에서 다시 정보를 재해석하고, 대화할 때 들었던 정보를 생각해내고, 본인의 경험이나 지식에 근거해서, 의미를 다시 만들어내고 들었던 메시지에 대해서 반응을 나타내는 것이다. 그러므로 단순한 영어 듣기보다는 영어를 들으면서 비판적인 생각을 할 수 있도록 학습자의 비판적 영어 듣기 능력을 개발하는 것이 매우 중요한 것이다.

한편, 영어 말하기에서 Bygate(1987)는 말하기 능력을 두 가지 접근 방법으로 설명한다. 첫째는 운동 지각적인(motor-perceptive) 능력이고, 둘째는 상호작용적인(interactive) 능력이다. 그는 듣고, 말하고, 맞는 발음에 치중하는 운동 지각적인(motor-perceptive) 능력보다는 말하고자 하는 사람의 의도에 따라서 무엇을 말해야 할지, 어떻게 말해야 할지 등에 집중하는 상호작용적인(interactive) 능력에 초점을 더 맞춘다.

Sanavi와 Tarighat(2014)는 말하기 능력이 EFL과목에서 상당히 중요한 부분이라고 주장한다. 왜냐하면 정보화 시대에 국제적으로 대화하는 요구가 커가면서 학생들은 점점 더 그들의 말하기 능력을 증진시킬 필요가 있기 때문이다. 그러나 한편으로는 제2언어 또는 외국어로 말하기는 언어의 네 가지 영역 중에 가장 어렵다고 여겨지는데, 그 이유는 외국어를 배우는 학습자들이 사회적인 관계 속에서 언어를 적절하고 효과적으로 말해야 할 능력을 요하기 때문이다(Fulcher, 2003). Bygate(1987)는 또한 능숙하게 EFL 학습자가 성공적으로 영어를 말하기 위해서는 단순히 문법, 단어, 발음, 억양을 아는 것은 충분하지 않고, 이러한 지식을 잘 사용할 수 있는 능력이 필수적이라고 밝히고 있다. 그러기 위해서는 비판적 사고를 바탕으로 해서 어떤 상황에서 어떠한 단어가 잘 어울리는지 생각하고 판단해서 말해야 할 것이다. Hughes와 Lavery(2004)도 단어 사용에 대해서 "우리는 우리의 생각을 단순히 나타내기 위해서만이 아니라 우리의 생각을 만들어내기 위해서 단어를 사용한다. 우리의 비판적인 사고 능력을 개발하기 위해서는 어떤 단어가 우리의 생각을 잘 나타낼 수 있는지 잘 알아두어야 한다"(p. 10)고 지적한다.

Malmir와 Shoorcheh(2012)는 비판적인 사고에 대한 지도가 이란의 학습자의 말하기 능력에 있어서 어떻게 영향을 미치는지 연구하였는데, 비판적인 사고가 학생들의 말하기 능력을 증진시키는데 중요한 영향을 끼친 것으로 결론지었다. 그들은 또한 학생들이 다른 학생들이 말하는 것을 주의 깊게 잘 듣고, 발화를 판단하고, 비판적으로 말할 수 있는 적극적인 참여자가 되는 데에 비판적 사고가 도움을 준다고도 밝히고 있다.

Sung(2012)은 영어는 단순히 세계화 시대에 중요한 과목 중의 하나가 아니라 잠재적 교육과정(hidden curriculum) 안에서 정치적, 경제적, 문화적으로 헤게모니(hegemony)가 복잡하게 얽혀있다고 설명한다. 그는 영어교사가 단순히 네 가지 언어적 기능만을 가르치는 것을 경계하면서, "가치중립적으로 보이는 올바른 영어를 반복 학습하는 것은 학습자들을 세뇌시키는 행위이며 다른 가능성에 대해서 생각을 할 수 있는 기회조차 빼앗는 것이다"(p. 48)라고 지적한다.

즉 영어교사는 영어를 가르치면서 학생들로 하여금 비판적인 관점으로 인종, 성, 계급, 권력, 정체성 등 사회적 문제들을 적극적인 자세로 생각하게 해야 한다는 것이다. 그렇기 때문에, 제2언어 또는 외국어로서의 영어로 말하기는 사회적인 상호작용에서 적절한 단어 활용을 해야 한다. 따라서 영어로 효과적이고 성공적인 의사소통을 하기 위해서는 상대방이 영어로 말하는 것을 잘 듣고, 생각을 비판적으로 정리해서 본인이 말하고자 하는 생각을 잘 전달해야 하는 것이다.

2. 외국 교육 현장에서의 사례

2.1 영어로 비판적 말하기: 홍콩 사례

2.1.1 연구 개요

비판적 사고는 최근에 여러 나라의 교육에서 넓게 증진되어 왔을 뿐만 아니라, 글로벌 시대에 경쟁력과 고용능력을 증진시키는데 매우 중요한 능력이다. 하지만, 아시아 학생들의 비판적 사고 능력이 서구 학문의 세계에서는 부정적으로 평가되어왔다. Luk과 Lin(2015)은 홍콩의 학생들이 제2언어로서의 영어로 비판적 사고를 잘 표현하지 못하는 것을 비판적으로 생각하지 못하는 것으로 간주해서는 안 된다고 강조한다. 홍콩에서 11학년 학생들을 대상으로 모국어와 제2언어로 문화에 대한 본문을 읽고, 비평적인 말을 하는 연구를 한 결과 학생들이 모국어로 인지능력이 있음에도 불구하고 제2언어인 영어로 대화를 하는 데에는 큰 차이가 있었다.

2001년부터 홍콩의 중등학교에 비판적 사고 학습이 포함되었지만, 학생들의 사고능력에 대한 영향이나 수행에 대한 문서화된 연구는 거의 없었다. 최근의 Mok(2009)의 연구가 중학교 영어 커리큘럼에서 비판적 사고의 실행에 대해서 부정적인 증거를 보고했다. 즉, 교사와 학생의 상호관계에서 교사만이 이끌고 있으므로, Mok(2009)은 시험 중심의 기계적인 연습을 덜 할 것을 요구했다.

Luk과 Lin(2015)의 연구는 11학년 영어능력이 낮은 홍콩 학생들이 모국어와 제2언어로 비평을 할 수 있는 말을 어떻게 사용하는지 살펴보는 것인데, 두 가지에 주안점을 두고 있다. 첫째, 모국어로 그룹 토의를 하는 것이 제2언어로 발표를 하는 것을 촉진시킬 수 있는가와 둘째, 학생들이 두 언어로 그들의 말을 세련되게 구사하는 데에 어떤 질적인 차이가 있는지 알아보는 것이다.

본 프로젝트에 학문적 성취도 측면에서 상, 중, 하로 구별되는 세 학교가 참여하였다. 각 학교에서 두 명의 교사(한 명은 원어민 교사이고 한 명은 홍콩인 교사)들이 참여하였다. 데이터는 교사가 학생들의 수업을 관찰하고 두 학기 동안에 교사들이 학생들과의 심도 있는 인터뷰를 통해서 수집되었다. 데이터 수집에 앞서서 연구자들이 하루 동안에 프로젝트에 참여한 교사들과 워크숍을 가졌다. 즉, 그들은 비평적 담화분석과 비평적 문화이해의 관점에서 문화에 대한 본문이 어떻게 읽혀지는지 소개했다. 프로젝트에 참여한 교사들은 동료와 워크숍에서 아이디어를 교환하고, 적용하도록 권장되었다. 모든 연구 수업은 비디오로 녹화되었다. 각 수업 주기 사이에 프로젝트에 참여한 교사들의 인터뷰가 행해졌다.

이 연구는 첫 번째 수업 주기에서 낮은 영어 능숙도를 가지고, 저임금을 받는 가정들로 구성된 홍콩의 외곽에 위치한 학교에서부터 수집된 데이터로 구성되었다. Liz(뉴질랜드 출신의 외국인) 교사가 말하길 학생들의 영어 실력은 낮았고, 영어를 배우고자 하는 동기의식이 결여되었다.

학생들은 말하기 발표를 위해서 교사가 보여준 광고들 중에서 골라 광고를 다시 한 번 평가(review)하는 과업을 하였다. 학생들은 먼저 모국어(광둥어, Cantonese)로 토의하는 것을 허락받았지만, 학생들 앞에서 하는 발표는 영어로 해야 했다. Liz교사는 학생들의 비판적 사고증진과 문화와 문화 사이의 인식을 위해서, 대중문화를 통한 영어를 배운다는 목적을 잘 인식하고 있었다.

관찰하기 전 인터뷰에서 Liz교사는 남녀차별 문제(gender issue)와 같은 질문들이 교육과정을 완전히 반영하지 않을지 모른다는 것을 이해하고 있었다. Liz교사는 솔직히 말해서 개인적인 반응들은 비판적 사고를 위해서 사용되지는 않았다고 밝혔다. Liz교사는 영어로 비판적 사고를 나타내는 것에 대해서 학생들의 어려움을 느낄 수 있는 우려를 나타냈다. 더욱이 Liz교사의 경우에서처럼 학생들의 모국어를 말하지 못하는 외국인 교사는 학생들이 그들의 광둥어로 된 아이디어를 영어로 나타내는데 도와주지 못하는 문제를 야기할 수 있다. Liz교사는 학생들이 소규모인 그룹 토의를 모국어로 함으로써 그들의 생각을 좀 더 잘 표현할 수 있고,

그러한 생각을 영어로도 잘 나타낼 수 있기를 희망했다.

2.1.2 연구 내용

그룹토의와 발표는 모두 글로 옮겨 씌어졌고 전사된 담화는 비평성과 정교성으로 분석되었다. 그들의 연구 그룹에서 네 명의 학생이 참여했다. 총 세 개의 발췌문이 분석되었는데, 첫 번째 발췌문은 Playboy 선전에 대한 비평이었다. Hong은 Playboy가 성적 관심으로 돈을 벌려고 한다고 말했다.

두 번째 발췌문은 광고의 정보성에 대한 담화분석이었다. Mikki는 홍콩 사람들이 Playboy 상품을 좋아한다고 생각하고 있었고, Hong과 Daniel은 그들의 입장을 정리하지 못하고 있었다. 그들은 상품을 써보지 않고, 어떻게 상품에 대해서 알 수 있는지에 대해서 토론하고, 인쇄된 향수 광고로는 그 향수에 대해서 잘 알 수 없다고 했다.

세 번째 발췌문은 홍콩 사람들이 서구 문화를 우상시하는 경향에 대한 담화분석이었다. Mikki는 홍콩 사람들이 서구 사람들의 취향을 경배한다고 했다. 그러나 Mikki의 주장은 Hong에 의해서 영어로 나타내기에는 너무 복잡하고 어렵다는 말로 반박되어진다. 그것은 학생들이 제2언어로 그들의 생각을 정교하게 표현할 수 없다는 것을 나타낸다. Mikki는 Playboy 향수 광고에서 잘생긴 남녀 등장을 언급했고, Hong은 이런 이미지를 사용하는 장치 뒤에는 회사의 이익추구의 의도가 숨어있다고 했다. 그리고 Mikki는 왜 홍콩 사람들이 서구문화의 취향을 숭배하는지에 대해서 외국의 것이 좀 더 높은 계급과 더 나은 취향이라고 여겨지기 때문이라고 언급했다.

언어사용 면에서 봤을 때, 학생들의 발언은 확실히 일상적인 대화체이고, 정교한 구조를 갖추지 못했다. 그러나 학생들은 문법적인 구성을 갖추고 있었고, 관련된 의미전달에 있어서 다양한 언어사용을 했다. 더 나아가 학생들이 그룹토의를 그들의 모국어로 했기 때문에, 그들이 똑같이 제2언어로 문법적이고 다양한 어휘 사용을 하고, 비평성을 나타내는지는 구두 발표로 알아볼 수 있었다. 구두발표는 그룹토의 며칠 뒤에 행해졌다. 그룹에서 Hong과 Mikki가 가장 비평적인 생각을 나타냈기 때문에, 그 두 명의 구두 발표 분석에 초점이 주어졌다.

먼저, Mikki의 발표에서 네 가지의 부정적인 광고에 대한 의견을 나타냈다. 첫째, 어두운 색깔 사용, 둘째, 남자와 여자만을 보여주고, 셋째, 단순히 여자를 위한다는 것이고, 넷째는 학생들은 그 상품에 대해서 자세한 것을 모른다는 점이다. 그러나 Mikki는 어두운 색깔을 사용하는 영향과 그 광고에서 남자와 여자를 보여주는 것의 영향에 대해서 상세한 설명을 하지 못했다. 또한 Mikki는 광고가 서구적인 취향에 초점을 맞춘 것이 홍콩 사람들이 외국문화를 숭배하는 경향이 있다는 점을 영어로 발표할 때에는 포함하지 않았다. 언어사용에 있어서는 대부분의 발표내용이 문법적으로 맞지 않았는데, 그것은 중국식 문법구조에 맞춘 영향이었다.

Hong의 발표는 전체적으로 알아듣기가 힘들었다. 왜냐하면 계속된 낮은 톤과 비문법적인 말과 기준에서 많이 벗어난 발음 때문이었다. Hong도 Mikki의 생각과 비슷했다. 그러나 Hong은 왜 남녀 두 명만 광고에 나타난 것이 유행에 뒤떨어진 것인지를 설명하지 못했고, 어떻게 Playboy가 여성의 이미지를 브랜드로 만들고, 돈을 버는 것에 이용하는

지에 대한 그의 세계관을 발표에 포함하지 않았다. 대체로 그의 발표를 이해할 수 없는 것은 문법적으로 맞지 않는 문장 구조와 그의 발표를 명료하게 하는 정교성이 없기 때문이다. 언어 사용면에 있어서, Hong은 제한적인 단어와 문장 패턴을 사용했다. 대체적으로 Mikki와 Hong의 발표에서는 그룹토의에서 보여준 비평성이 포함되지 않았다. 모국어와 제2언어로 말하는 것을 비교하기는 어렵지만, 영어 발표에서 대부분 학생들은 "It is very boring." 또는 "It is very colorful." 등의 어휘와 문법적인 면에서 제한된 사용을 보여주었다.

2.1.3 결론

Luk과 Lin(2015)은 학생들의 모국어와 제2언어로 사용하는 데에 그룹토의와 영어 발표에서 큰 차이를 보여준다고 했다. 모국어로는 학생들은 비판적 사고의 증거를 보여주는 데에 반해, 제2언어를 사용할 때에는 학생들의 말이 내용 면에서 많이 축소되고, 어휘와 문법 면에서도 매우 제한적이었다. 이런 결과는 소그룹에서 학생들이 모국어로 비평적인 생각을 나타낼 것을 제안한다. Freire와 Macedo(1987)는 "본인 자신의 목소리를 내기 위해서는 긍정적인 자존감이 전제조건"(p. 151) 이라고 주장한다. 학습자들이 영어로 말을 잘 못하면, 교사들은 학생들의 전반적인 사고력을 부정적으로 판단하는 경향이 있다. 하지만 Luk과 Lin(2015)은 제2언어에서 뛰어난 학습자라도 높은 사고력 면에서 모국어와 제2언어 사이에는 의사소통상의 간격이 존재한다는 것이다. 그러므로 TESOL 교육자들은 ESL 학습자들이 모국어와 제2언어사이의 의사소통의 간격을 연결할 수 있는 방법을 모색해야만 한다.

그러한 방법으로서 교사는 학생들에게 비평적인 표현들을 가르쳐야 한다. 그러기 위해서는 모국어와 제2언어를 둘 다 아는 교사가 학생들의 의사소통 간격을 좀 더 좁혀줄 수 있다. 왜냐하면, 학생들의 모국어를 전혀 모르는 외국인 교사의 경우에는 비평적인 표현을 하고, 비판적인 생각을 보여주는 언어적인 부족함을 보여줄 수 있기 때문이다. 이중언어를 할 수 있는 교사는 두 문화사이의 통찰력과 지식으로 학생들이 모국어와 제2언어의 경계를 드나들 수 있는데 도움을 줄 수 있기 때문이다.

2.2 비판적 대화 교육을 통한 대중연설 가르치기: 미국 사례

2.2.1 연구 개요

비판적 대화 교육(critical communication pedagogy)은 새로운 교육학적인 가능성을 찾아보기 위해서 권력의 형태를 포함한 일상적인 교실의 대화를 변형하는 것을 추구한다(Cooks, 2010; Fassett & Warren, 2007; Simpson, 2010). 특별히 비판적 대화 교육은 교실대화를 분석하고 당연하게 여기는 대화의 형태를 탐구한다. De La Mare (2014)는 한 학기 동안 고등학교에서 체험학습 접근방법으로 상급단계 연설수업을 연구대상으로 삼았다. 수업의 목표는 학생들이 특정 지역 사회를 대상으로 연설을 개발하고, 실행하고, 그들 자신의 편견을 살펴보는 데에 있다.

이 수업을 통해서 학생들이 사회적으로 형성된 자신의 편견의 근원을 살펴보고, 그들의 청중에게 어떻게 의미 있게 적용하는지 배운다. 이렇게 하기 위해서, 그녀는 강의를 4단계—체험학습 프로젝트 소개하기, 청중분석, 마지막 연설, 그리고 임무수행 보고—로 나누었다.

2.2.2 연구 내용

2.2.2.1 체험활동 프로젝트 계획

첫 수업 전에 교사는 학생들에게 의미 있는 경험을 제공할 수 있는 지역 사회와 또한 학생들에 의한 연설을 충족시킬 필요가 있는 그러한 지역 사회를 찾아보아야만 한다. 가능한 곳은 여성들의 쉼터, 청소년 센터, 감옥과 퇴직자들 센터 등이 있다. 그녀의 연설 수업은 지역 고등학교와 협력해서 연구했으며, 그 학교 교장과 교사와의 대화를 통해서 다양한 교육적 주제에 대해서 학생들이 연설하는 것으로 정했다. 예를 들어 학생들에게 적합한 대학 찾기, 현재의 물 위기와 같은 주제로 정해졌다. 각기 다른 지역 사회는 확실히 다른 요구가 있었는데, 여성 쉼터는 학생들이 성공적인 구직 면접 전략에 대해서 연설을 할 필요가 있을 수 있다. 청년 센터는 아이들로 하여금 여러 가지 과외 활동에 참여할 것을 촉구하는 것을 설득하는 연설을 필요로 할지 모른다. 일단 만족스런 계획이 잡혀지면, 교사는 세부사항과 그것들에 수반되는 모든 사항을 교과목 기획안에 명시한다.

2.2.2.2 자기반성을 통한 수업 시간 중에 대화 시작하기

De La Mare(2014)는 처음에 대중연설을 가르쳤을 때, 백인 학생들이 흑인고등학교 청중에게 연설을 할 때 두려움을 갖는다는 것을 알았다. 예를 들어 한 백인 여학생은 흑인에 대한 이해가 전혀 없어서 그 프로젝트를 성공적으로 끝낼 수 있을지 모르겠다고 주장했다. 그 여학생과 같이 그런 말을 하는 경우에는 교실 분위기를 전체적으로 절망적으로 만들 수 있다. 교실 대화는 그 프로젝트를 성공적으로 이끌 수 있도록 필요한 마음가짐을 만드는 데 매우 중요하다. 그녀는 Perreault(1994)의 '절망적인 극본'—인종 차별주의자에 의해서 만들어진 사회가 백인들로 하여금 마비되고, 또한 인종과 인종주의의 현실을 직시할 수 없도록 만든다—을 언급하면서, 비판적 대화 교육은 억압된 사회적 제도를 유지하는데 연루된 대화관습에 대항하는 것을 시도한다. 그러려면, 교사는 수업을 강의식으로 하지 않고, 학생들이 둥그렇게 앉아서, 가능하면 토론을 하도록 한다.

2.2.2.3 관심 표현하기

교사는 학생들에게 다음과 같은 질문을 주고, 1분에서 3분간 대답할 시간을 준다. 예를 들어 "~에서 연설하는 것에 대한 솔직한 심정은 어떻습니까?"와 같은 질문을 교사가 학생들에게 준 후, 학생들이 그들의 감정을 적고 난 뒤에 그들이 쓴 것을 가지고, 반 친구랑 의견을 나누도록 한다. 학생들에게 진심으로 반 친구랑 대화를 나누도록 하고, 단순히 본인이 쓴 것을 짝에게 읽지 않도록 한다. 학생들은 그들의 느낌을 단어나 구로 말하고, 그 단어들을 칠판에 쓴다. 이것은 학생들로 하여금 그들의 관심을 분명히 나타내게 하고, 자기 성찰과 대화에서 중요하다. 교사는 학생들이 쓴 종이를 수업이 끝난 뒤에 다 걷어서 학기말에 그들의 마지막 성찰을 위해서 잘 보관한다.

2.2.2.4 사회적 이슈로서의 개인적 관심 보기

일단 한 쌍의 학생들이 그 반 학생들에게 그들의 단어를 제공해주고, 학생들에게 칠판의 단어들이 익숙하게 보이도록 말한다. 교사는 학생들에게 전에 수업을 들었던 23살인 백인 남자 학생 얘기를 해주었는데, 그 학생은 그가 '나쁜' 지역이라고 여긴 동네의 주로 흑인이 다니는 고등학교에서 연설을 해야만 했다. 학생들에게 이 이야기가 그들에게 공감이 되는지 묻고, 학생들의 관심과 연결되는지 아니면 그 학생이 왜 그렇게 두려워했는지가 의문시 되는지 묻는다. 만약 학생들이 그 학생의 두려움을 이해하지 못 한다고 하면 왜 그런지 물어본다. 교사는 이러한 방식으로 토론을 이끈다.

2.2.2.5 가능성 열기

De La Mare(2014)는 학생들이 일단 청중에 대한 편견을 없애고 나서, 청중 또한 완전하고 복합적인 인간이라는 것을 알게 되고 나면, 교사는 학생들의 청중에 대한 두려움이 없어진다는 것을 학생들에게 말해야 한다고 주장한다. 그리고 학생들이 청중에 대한 두려움이 사라지고 나면, 그들은 프로젝트를 성공적으로 완수할 수 있다. 교사는 학생들로 하여금 그들이 청중에게 가진 편견과 편견의 부정적인 영향에 대해서 생각해 보게 한다.

2.2.2.6 사회적 연관성의 필요성 이해

교사는 학생들에게 왜 이런 체험학습 프로젝트가 중요한지 물어본다. 학생들에게 지역 사회와의 연관성의 중요성을 언급할 때, De La Mare(2014)는 사회참여의 가치를 설명하고 왜 대학이 지역 사회에 참여하는 것이 중요한지 설명한다. 이런 4단계의 토론이 끝날 때, 학생들은 그들에게 가장 공감이 되는 토론 중의 하나를 적어 낸다. 그리고 시간이 허락된다면 교사는 학생들에게 그들이 적은 것을 물어본다. 궁극적으로, 이러한 토론은 학생들에게 진지한 자기반성과 진실한 대화에 참여하게 한다.

2.2.2.7 청중 분석: 교실을 넘어선 토론

학생들은 설문지 데이터 수집을 하면서 그들의 청중과 친해지는데 한두 시간 정도를 사용한다. 만약, 시간이 좀 더 있다면, 그들 중에서 몇 명을 인터뷰한다. 교사가 학생들과 지역사회 구성원들에게 가장 최적의 효과를 보기 위해서는 미팅 전, 미팅하는 동안 또 미팅 후에 다음과 같은 절차가 진행되어야 한다. 첫째, 학생들이 지역 사회 구성원들과 만나기 전에 먼저 그 강좌와 급우들과 친해지기 위해서 대략 4~5주 정도의 시간이 주어져야 하고, 청중과 주제 등을 분석해 보아야 한다. 학생들은 그들의 연설 주제와 관련된 3~5가지의 짧은 설문지를 개발해서 청중에게 설문지를 받아와야 한다. 둘째, 학생들이 청중을 분석하기 위해서 방문하는 동안에 왜 방문을 하러 왔는지 청중에게 설명할 수 있도록 준비해오고, 청중에게 설문지를 해달라고 요구해야 한다. 가능하다면, 학생들은 격식이 없는 인터뷰 질문도 준비해서 그들의 청중과 가능하면 많이 교류해야 한다. 끝으로, 학생들의 방문이 끝나고 나서 보고가 있어야 한다. De La Mare(2014)는 학생들에게 방문하는 동안 무엇이 가장 기억에 남는지, 또한 청중에게 이야기하면서 어떤 것이 가장 흥미가 있었는지 그리고, 또한 어떠한 부분이 가장 염려스러웠는지에 대해서도 학생들끼리 서로 이야기를 나누게 한다.

2.2.2.8 마지막 연설 발전시키기

일단 학생들이 청중을 방문하고, 청중분석 자료를 모아오면, 그 다음은 그 지역사회 청중을 위한 효과적인 연설을 발전시키고, 가르치는 것은 교사의 몫이다. 학생들은 마지막 연설 전에 두 번의 연설을 연습해보는 것이 좋다. 학기 동안에 학생들이 구두와 지필로 피드백을 받는 것이 중요하다. De La Mare(2014)는 첫 번째 연설 연습 후에 학생들이 연구협의를 하기 위해서 그룹으로 활동하게 했다. 첫 번째 시간에는 연설문 도입부, 두 번째 시간에는 연설 본문, 그리고 세 번째 시간에는 결론 부분을 다룬다. 교사는 학생들에게 어떻게 피드백을 주는지에 대한 세세한 지도를 한다. 그녀는 '수정점수'를 주어서 학생들이 두 번째 연습하는 날에 워크숍을 하기 전의 연설문과 비교를 하게 했다. 끝으로, 학생들은 모든 활동 후에 마지막 연설을 지역 사회 청중에게 한다.

2.2.2.9 보고

학기가 끝날 때, 학생들이 그들의 체험학습 경험에 대해서 개인적으로 그리고 전체적으로 재고해보는 기회를 갖는 것은 중요하다. De La Mare(2014)는 학기 초에 그들이 썼던 것을 학생들에게 돌려주고, 수업 마지막 날에 네 가지 질문에 대한 생각을 적어오도록 한다.

1) 학기 초에 가졌던 본인의 편견은 어떠한 것이었으며 또한 이 프로젝트 이후로 어떻게 바뀌었습니까?
2) 연설자로서 당신이 당신 자신에게서 가장 많이 배운 것은 무엇이었습니까?
3) 청중 분석의 과정이 어떠한 방식으로 당신 연설을 발전시키는데 도움을 주었습니까?

4) 당신이 연설에서 배운 것 중에서 가장 중요한 교훈은 무엇입니까?

마지막 날에 학생들은 학생들의 의견을 토의한다. De La Mare(2014)는 학생들의 보고서에서 가장 중요한 부분에 대해서 학생들에게 묻고 대화형식으로 학생들이 마지막으로 자기반성하는 기회를 갖게 한다.

2.2.2.10 평가

비판적 대화 교육 측면에서 연설을 가르치는 것은 도전임과 동시에 큰 보람이 있고, 가치가 있다는 측면에서, 학생들은 시민참여와 도덕에 대한 이슈에 대해서 깊게 배운다. 또한 학생들이 한 학기 강좌에 걸쳐서 세분화된 과업형식으로 했기 때문에 그 강좌는 전통적인 연설을 가르치는 강의보다는 좀 더 자연스럽게 진행된다. 그 결과 수업계획에 시간과 에너지 소비는 덜 하게 되고, 다가오는 연설에 대해서 학생들의 생각과 관심에 좀 더 시간을 할애하게 된다. 예를 들어 14살의 학생은 수업시간에 옆 사람과 떠들고, 산만한 것에서 벗어나서 좀 더 집중을 할 수 있게 된다. 전통적인 대중연설 수업과 비교해 볼 때, 이런 체험을 하는 수업시간의 학생들은 청중분석 등을 훨씬 더 심각하게 참여한다. 처음에 수업을 계획할 때 어떤 지역사회에서 대중 연설을 할 것인지 정하는 것이 어려울지 모르지만, 일단 정해지면 훨씬 수업계획이 단순해진다.

또한 다른 사람들의 연설 연습에도 학생들의 관심이 계속 지속되는 것이 학기 동안에 도전일 수도 있다. 하지만, 학생들이 한 번의 연습과 다음 번 연습에 의미가 있는 수정이 없다면 학급에 있는 학생들은 지루해 질 수 있기 때문에, 학생들은 수정을 잘 해야 한다.

전체적으로 체험학습으로 연설을 가르치는 것은 교사와 학생들에게 많은 시간을 할애해야 한다. 하지만 그것은 좀 더 노력과 시간을 투자할 가치가 충분히 있다. 학생들은 그들의 급우와 그들을 둘러싸고 있는 지역 사회와 함께하는 대화에 참여함으로써, 그들은 연설을 하게 되는 과정에 대해서 스스럼없이 배우게 되는 것이다.

2.2.3 결론

De La Mare(2014)의 비판적 대화 교육을 활용한 대중연설 가르치기 사례연구는 영어가 모국어인 학생들을 대상으로 한 연구이나, 제2또는 외국어로서의 영어를 배우는 학생들에게도 비판적 판단을 가지고 대중 연설을 배운다는 점에서 시사하는 바가 크다. 왜냐하면, 일반적으로 제2 또는 외국어로서의 영어로 대중연설을 배울 때는 기술(skill)적인 측면에서 접근하고, 내용은 등한시하는 경우가 많기 때문이다. 대중 분석과 그 대중이 원하는 것을 파악하고, 본인이 대중에 가진 편견을 극복하면서 비판적 시각을 가지는 것이 매우 중요하다. 따라서 영어교실에서 비판적 대화를 한 내용을 바탕으로 대중 연설을 한다는 것은 앞으로 ESL/EFL 학습자들이 영어 말하기에서 지향해야 할 부분일 것이다.

2.3 비판적 교수법을 활용한 말하기 가르치기: 이란 사례

2.3.1 연구 개요

Sanavi와 Tarighat(2014)의 연구는 이란의 EFL 학습자들의 영어 말하기 능력에 대한 비판적 사고 지도의 영향을 알아보고자 했다. 그들은

Paul과 Elder(2008)의 연구를 인용하면서 비판적 사고는 전 세계적으로 개방적이고도 바른 판단을 할 수 있는 자질을 가진 개인으로 교육시키는 데 있어서 가장 최근의 이슈 중에 하나라고 밝히고 있다. Paul과 Elder(2008)는 사고하는 것은 필연적이고, 이러한 사고의 대부분이 비록 편견이 있고, 왜곡되었지만, 사고에 있어서 뛰어나기 위해서는 비판적 사고가 계발되고, 길러져야 한다고 주장한다. 왜냐하면 사람은 비판적인 사고를 가지고 태어나지 않았지만 그러한 비판적 사고능력을 배울 수 있도록 가르칠 수 있기 때문이다. 또한, Sanavi와 Tarighat(2014)는 English Language Teaching(ELT) 부분에서 비판적 사고의 중요성이 잘 인식되지 못하고 있었다고 주장한다. 그들은 수년 동안 교육에서 비판적 사고가 중요하였음에도 불구하고, 이란의 영어 교사들과 언어 학습자들이 영어에서 비판적 사고부분이 많이 뒤쳐져 있다(Ketabi, Zabihi, & Ghadiri, 2013)는 데에서 연구의 필요성을 찾고 있다. 이란 학생들은 자신의 생각으로 생각해보지 않고, 거의 학교에서 배운 정보를 외우고, 다시 써보기를 강요받고 있다고 한다. 따라서 그들은 특히, 영어 말하기에서 비판적 사고의 지도가 이란 학생들의 영어 말하기에 얼마나 영향을 끼치는지 알아보고자 했다.

2.3.2 연구 내용

2.3.2.1 참여자

Sanavi와 Tarighat(2014)의 연구 참여자는 이란의 테헤란 북동쪽에 위치한 한 영어학원에서 중간 수준 정도의 영어실력을 가지고 있으며 현재 영어를 공부하고 있는 30명의 여성 학습자들이다. 원래 50명의 중간 수준의 영어실력을 가진 학습자들이 캠브리지에서 개발한 예비영어 시험을 보았는데, 그들의 연구를 위해서 동질성 검사로 비슷한 수준을 가진 학생들로 최종 30명이 뽑혔고, 무작위로 15명씩 두 그룹으로 나누었다.

두 그룹 다 그 학원에서 연구자들로부터 영어를 배웠다. 통제군은 20번의 중간 수준의 영어 수업을 받았다. 실험군은 통제군이 받는 일반 영어 수업을 똑같이 받지만, 20번의 수업 중에 16번의 수업시간에 추가적으로 비판적 사고 지도를 받았다. 그런 16번의 지도 조치는 1시간 30분의 수업 시간 안에서 행해졌으며 추가적인 시간은 실험군에 주어지지 않았다.

2.3.2.2 도구

캠브리지에서 개발한 예비영어 시험이 Sanavi와 Tarighat(2014)의 연구에 두 가지 이유로 적용되어 사용되었다. 첫째는 비판적 사고 지도 전에 연구 참여자들의 동질성을 판단하기 위해서이고, 둘째는 사전, 사후 조치에 말하기 능력을 평가하기 위해서이다.

일반영어 지도에서 주로 모든 중간 수준의 학생들에게 *Cambridge Total English* 책에서 1단원과 2단원을 한 달에 20번의 수업에 걸쳐서 다루고, 수업은 1시간 30분이었다. 주로 실험군을 대상으로 명백하게 가르치는 비판적 사고는 비판적 교육의 일반적 접근법이었으며, 비판적 교육의 일반적 접근법은 비판적 사고 기술을 특정 교과의 범위 밖에서 직접적이고 분명하게 분리된 수업으로 제공하는 것이다. 이는 학습자들에게 생각하고, 분석하고 그들의 판단을 기초로 해서 결정하도록 요구한다. 그리고 그들의 결정은 토론과 논쟁을 통해서 교실 안에서 이루어진다.

토론과 논쟁을 통해서 결정을 하고 상황을 분석할 때 학생들에게 비판적 사고의 분명한 개념을 만드는 것이 의도되고, 비판적 사고 사례들과 연습은 비판적 사고를 하게 하도록 고안되어졌다.

2.3.2.3 절차

Sanavi와 Tarighat(2014)의 연구에 두 그룹이 참여했는데, 한 그룹은 통제군으로 일반영어를 20번의 수업에 걸쳐서 받고, 실험군은 일반영어 20번의 수업 중에서 16번의 수업시간에 추가적으로 비판적 사고 지도를 받았다. 학생들의 말하기 능력의 차이를 알아보기 위해서 사전 사후 시험이 행해졌다. 점수의 신뢰도를 위해서 사전 사후 시험을 채점하는데 연구자와 또 다른 채점자를 두었다. 양적 연구와 질적 연구를 함께한 혼합연구의 형태로 행해졌는데, 양적 연구를 위해서는 연구 참여자들을 실험군과 통제군으로 나누고, 두 집단의 점수 차이를 비교하는 연구 방법이 활용되었고, 질적 연구를 위해서는 심도 있는 인터뷰가 진행되었다.

2.3.2.4 분석

분석에는 크게 양적 분석과 질적 분석이 사용되었다. 먼저 "비판적 사고를 분명하게 가르치는 것이 이란의 EFL 중간 수준의 여학생들의 말하기 능력에 영향을 미치는가?"의 질문에 SPSS의 통계분석으로 양적분석을 했다. 또한, 말하기 시험이 20번의 수업에서 시작할 때와 끝날 때 통제군과 실험군에 동시에 두 번 실시되었다. t-test에 의해서 분석을 하였는데, 두 군 모두 말하기 점수가 올랐고, 실험군은 3.53, 통제군은 1.87의 점수가 올랐다. t-test에 의한 이 결과는 통계적으로 큰 의미가 있다. 즉,

실험군이 영어 말하기 능력에 진전이 더 많지 않다는 귀무 가설(null hypothesis)을 기각하는 것이다. 즉, 실험군이 말하기 시험에 더 높은 점수를 얻었다는 것을 보여준다.

질적 분석을 위하여 두 가지 질문이 사용되었다. 첫째, "비판적 사고에 대한 인식의 고취가 참여자의 말하기 능력에 영향을 주었나?" 둘째, "비판적 사고 훈련과 수업의 효과에 대한 학습자들의 다른 태도는 무엇인가?"이다.

위의 두 문제를 알아보기 위해서 심도 있는 인터뷰가 실시되었다. 참여자는 A부터 N까지의 가명으로 되었고, 인터뷰는 전사되었다. 인터뷰 참여자 A, C, E, F, G, I, L, M, N은 비판적 사고를 영어로 또는 그들의 언어(페르시안어)로 들어본 적이 없다고 했다. 참여자 B, H, K는 비판적 사고를 들어 본 적은 없으나 경험을 통해서 그 개념의 의미는 다소 익숙해졌다라고 했다. 오직 J는 연구를 통해서 비판적 사고의 기본적인 개념은 익숙해졌으나, 그것이 비판적 사고라고 명명되는 것은 알지 못했다고 했다. 연구에 참여한 모든 참여자들은 비판적 사고수업이 굉장히 유익했다는 것을 알았고, 오직 J 참여자만 그녀가 이미 알고 있는 것을 비판적 사고수업이 다소 수정했다고 했다. 모든 다른 참여자들은 그들이 비판적 사고에서 받은 훈련이 그들의 사고방식에 영향을 주었고, 그 훈련은 매우 유용했다고 했다. 참여자 F, M, N은 비판적 사고 수업이 매우 새로운 경험이었고, 비판적 사고 훈련이 그들이 삶에 큰 영향을 끼쳤다고 말했다.

참여자 A, B, D, E, F, I, L, M, N은 토론에서 그들의 생각을 나타내기 위해서 사용해야 하는 단어들이 크게 내면화되었고, 그들의 말하기 능력에도 크게 도움을 주었다고 분석했다. 참여자 E, G, I는 비판적 사고 자료는 혼자서 공부 할 수 없고, 교사의 도움이 필요하다고 했다. 참여자 A, B, C, E, N은 비판적 사고는 사회에 있는 모든 사람들에게 꼭 가르쳐야 하고, 참여자 E는 특히 모든 사람에게 필수과목으로 지정해야 한다고 주장했다. 참여자 D, F, G는 비판적 사고훈련은 영어 수업에서 꼭 가르쳐야 하고, 참여자 M은 대부분의 교재가 영어이기 때문에, 비판적 사고를 영어로 가르치는 것이 낫다고 믿었다.

2.3.3 결론

Sanavi와 Tarighat(2014)의 첫 번째 발견은 비판적 사고에 대한 인식을 분명하게 가르치는 것이 이란의 중간 수준의 영어실력을 가진 성인 여학생에게 긍정적인 영향을 크게 끼쳤다는 것이다. 즉, Malmir와 Shoorcheh(2012)의 연구인 비판적 사고를 하는 자는 언어를 잘 학습한다는 것을 다시 한 번 확인했다. 또한, Sanavi와 Tarighat(2014)는 비판적 사고는 분명하게 학교에서 가르쳐야 한다고 결론지었다. 그들은 비판적 사고 능력을 잘 가르치기 위해서 교사는 이런 능력을 지녀야 하고, 교사들도 교사훈련의 한 부분으로서 비판적 사고 수업을 받아야 한다고 주장했다.

그들은 대학에서도 비판적 사고 능력과 학생들의 영어 말하기 능력을 신장하기 위해서 비판적 사고와 영어 말하기 수업 또는 비판적 사고와 영어 단어와 같은 수업이 있어야 한다고 주장한다. 즉, 비판적 사고와 영어 말하기 수업은 학생들의 영어 학습을 좀 더 효과적으로 증진시키는 데 큰 영향을 끼친다. 학생들 또한 비판적 사고가 통합된 영어 수업에 대해서 흥미를 더욱 가질 수 있고, 동기부여가 되기 때문에 훨씬 유용하다고 느낀다.

2.4 비판적 교수법을 활용한 듣기 가르치기: 이란 사례

2.4.1 연구 개요

언어의 네 가지 능력(읽기, 말하기, 듣기, 쓰기) 중에서도 듣기가 가장 어렵고 빈번하게 쓰이는 능력이다(Zare, Behjat, Abdollrahimzadeh, & Izadi, 2013.). 듣기는 우리의 일상생활 대화에서도 가장 중요한 부분이다. 이것은 제2언어 혹은 외국어 학습에 큰 부분을 차지한다. 그럼에도 불구하고 듣기가 간혹 제외되거나 수동적인 능력으로 여겨진다(Elkhafaifi, 2005; Oxford, 1993). 그렇지만, 최근 수 십 년 동안 제2언어 혹은 외국어를 가르치는 교사와 연구자들의 관심이 듣기 능력 쪽으로 많이 이동했으며 언어 인지면에서 듣기 능력의 중요성을 교사들이 다시금 깨닫게 되었다(Oxford, 1993; Richards & Renandya, 2002). 또한, Richards와 Renandya(2002)에 따르면 듣기 영역은 대화자들이 바로 전의 말한 상태로 갈 기회가 별로 없는 복잡하고, 스트레스를 일으키는 과정이기도 하다. 듣기 능력은 발화를 받아들이고, 의미를 만들어내고, 발화에 대한 반응을 나타내는 과정이다. 듣기를 잘 하기 위해서는 집중, 자각, 기억력, 우리의 지식과 환경 등과 상호교류를 계속 해야 한다. 그러므로 듣기 이해는 단순히 듣기만 하는 것을 넘어서 언어학적인 또한 언어학 외적인 현상에 의해서도 방해를 많이 받는다. 학습자들이 듣기 능력의 이런 어려움을 극복하고, 향상하려면 비판적 사고 능력을 배양하는 것이 중요하다. 또한, Kamali와 Fahim(2011)은 듣기능력과 비판적 사고는 밀접한 관련이 있다고 주장한다. 왜냐하면, 듣기 학습자들은 발화자의 말을 분석하고 의도를 비판적으로 판단해야 되기 때문이다. 즉, 그들은 듣기이해 능력은 학습자의 비판적 능력을 증진시킴으로써 효과적으로 발전될 수 있다고 설명한다. 위의 연구들을 토대로 Zare, Behjat, Abdollrahimzadeh와 Izadi (2013)의 연구는 이란의 대학생들을 대상으로 듣기능력과 비판적 사고 사이의 관계를 살펴본 것이다.

2.4.2 연구 내용

Zare et al.(2013)의 연구는 학습자들의 비판적 사고와 듣기 능력 사이의 연관성을 알아보고자 했다. 객관적 연구 방법으로는 통계 분석을 적용했고, 학생들의 듣기 능력 수행의 구체적인 연구 보고를 하는 것이 연구의 목적이다. 연구 문제를 해결하고자 설문지와 듣기평가가 수행되었고, 연구를 분석하기 위해서 양적 연구방법이 실행되었다.

2.4.2.1 연구 참여자

이란의 Amin Institute에 다니는 78명의 대학교 4학년 대상으로 연구가 실행되었다. 40명은 영어교육을 공부하고, 38명은 번역공부를 하고 있었다. 학생들은 대학에서 적어도 3년 이상 동안 영어를 공부해왔다.

2.4.2.2 연구 도구

학습자들의 비판적 사고를 측정하기 위해서 설문지가 사용되었다. 설문지는 처음에 Honey(2000)에 의해서 개발된 것을 Naieni(2005)에 의해서 이란 학생들에게 맞게 수정된 것이 사용되었다. 설문지는 5점 척도의 리커트(Likert) 방식을 사용한 총 30문항으로 구성되었다.

또한, 학생들의 듣기 수행 능력을 평가하고자 Lesley, Hansen과

Zukowski-Faust (2005)에 의해서 고안된 인터체인지 객관식 반 편성 시험(Interchange Objective Placement Test)이 사용되었다. 그 시험은 70개의 선다형 문제로 듣기, 읽기, 문법 등을 측정하였다. 그 중에서 듣기 문항 20문제가 이 연구에 사용되었다. 듣기 문항은 주제 찾기, 상황 파악, 발화자의 의도 그리고 대화에서의 정보 찾기 등을 측정하였다. 데이터 수집을 하면서, 학생들은 오디오를 듣고, 그들이 맞다고 생각하는 선택지를 골랐다.

2.4.2.3 연구 결과 및 토의

비판적 사고 능력을 보여주는 분석에서 99.97%의 이란 학생들은 논리적인 추론을 적용하고, 좀 더 지식을 넓히고자 학습하는 것으로 나타났다. 듣기 평가에서도 학습자들은 발화자의 말에 아주 잘 경청하고 있음(평균 14.38)을 나타냈다.

또한, 학습자의 비판적인 사고와 듣기 능력 사이의 연관성이 매우 높음을 통계적으로 보여주었다. 가령, 학생들이 높은 추론능력을 나타내면, 학생들이 발화자의 말을 듣고, 이해하는 데 더 잘 추론함을 보여주었다.

한편, 학생들을 비판적 사고 능력에 따라서 사고 능력이 높은 그룹과 낮은 그룹으로 나누었다. 47명이 비판적 사고 능력이 높은 그룹이고, 31명이 비판적 사고 능력이 낮은 그룹으로 배정되었다. 비판적 사고 능력이 높은 그룹의 학생들은 비판적 사고 능력이 낮은 학생들보다 생각을 더 잘 받아들이는 것으로 통계적 차이에 의해서 나타났다.

2.4.3 결론

Zare et al.(2013)의 연구는 학습자의 비판적 사고와 듣기 수행 능력 사이의 연관성을 알아보는 것이다. 또한, 그들은 연구에서 학습자들의 논리적 사고와 듣기 능력과의 사이에 상당히 높은 연관성이 있으며, 긍정적이고 비판적인 사고는 학습자들이 잘 들을 수 있다는 자신감을 강화시킬 수 있음을 보여 주었다. 따라서 학습계획을 계획하거나 교재를 만드는 교육자들은 학생들이 학구적이고 동시에 미래의 직업 수행에 하는 데 있어서 비판적 사고를 가장 중요한 요소 중의 하나로 반드시 고려해야 할 것이다.

2.5 비판적 교수법을 활용한 듣기와 말하기 가르치기: 대만 사례

2.5.1 연구 개요

21세기에 세계화를 주축으로 영어와 같은 국제어에 대한 요구는 끊임이 없다. 대만뿐만이 아니라 영어가 외국어인 다른 나라에서 학생들의 듣기와 말하기 능력은 읽기와 쓰기 능력보다 더 많이 약하다. 이에 따라서, Yang, Chuang, Li와 Tseng(2013)은 대만의 대학생들을 대상으로 말하기 능력 습득에 대한 연구를 하게 된 이유를 다음의 세 가지로 정리하였다. 첫째, 영어의 구두 대화를 위해서 전적으로 영어로 된 환경이 부재되어 있다. 둘째, 영어 학습은 주로 단어, 문법, 읽기와 독해 문제풀이에 집중되어 있었다. 셋째, 학생들 사이의 영어 능숙도에 따라서 학생들이 교실 학습에 참여하는 불공평성과 교과 내용 사이에 부적합성이 있었다. 그 결과 교사 중심의 기계적인 강의 교수법으로 학생들에게 구두로 하는 대화보다는 글로 읽고 쓰는 기술을 더 강조하는 경향이 있었다.

또한, 비판적 사고는 21세기에 학문적이고 취업의 성공과 관련된 중요한 고차원적인 사고 능력이다. 하지만, 대만은 전통적으로 집단주의를 추구하는(collectivist-oriented) 문화와 교육에서 학습자 역할이 많이 제한되어 왔고 비판적 사고가 권장되지도 않아왔다. 그러나 점차 교육과정 개정과 혁신적인 교육과 학습의 교육전반에 걸친 모든 수준에서 좀 더 고차원적인 사고력을 가지도록 하는 데 비판적인 사고가 포함될 것이 요구되고 있다. Yang et al.(2013)은 Bean(2011)과 Fisher(2001)의 연구를 인용하면서 비판적 사고는 사람이 생각하고, 문제를 파악하고, 관련된 정보를 찾고 문제 해결을 위한 결정을 하는 과정이라고 한다. 즉, 비판적 사고는 학습에 영향을 미치는 사고력을 향상시키는 방법으로 학습자의 비판적인 판단과 의사 결정에 필수적이다(Pintrich, Smith, Garcia, & McKeachie, 1991). 그러므로 학습자의 비판적 사고는 고등교육에서 가장 중요한 것 중 하나이다.

하지만 비판적 사고와 영어 학습 사이의 관계는 최근까지 큰 주목을 갖지 못했다. 단지, 비판적 사고와 영어학습의 관계에 있어서 Birjandi와 Bagherkazemi(2010) 그리고 Ghaemi 와 Taherian(2011)는 EFL 성인 학습자에게 영어를 가르칠 때 교사의 비판적 사고의 역할에 대한 연구를 수행했다. 또한, Fahim, Bagherkazemi와 Alemi(2010)은 EFL 학습자의 읽기 점수가 비판적 사고 점수와 상당히 크게 연관되어 있다고 밝혔다. 특히, 듣기와 말하기와 학습자의 비판적 사고에 관한 연구(Alagozlu, 2007; Chapple & Curtis, 2000; Davidson & Dunham, 1997)는 고등교육을 받은 영어 학습자들이 구두 토론과 의견을 나누면서 비판적 사고 능력을 신장한다고 밝혔다.

따라서, Yang et al.(2013)은 온라인과 통합된 학습 환경에서 학습자들의 개별화된 비판적 사고가 모든 수준의 (상, 중, 하) 영어 학습자들에게 영어 듣기와 말하기에 있어서 얼마나 향상되었는지 탐구한다.

2.5.2 연구 내용

연구 참여자들은 "디지털 영어 학습과 비판적 사고 훈련(Digital English Learning and Critical Thinking Training)"이라는 선택과목을 듣는 대만의 한 남부에 위치한 대학에 다니고 있는 83명의 학생들이다. 연구팀은 비판적 사고 연구를 10년 넘게 한 교수에 의해서 이끌어지고, 영어를 7년 이상 가르친 한 명의 원어민 박사과정 학생과 두 명의 석사 학생들이 조교로 참여하고, 박사후 과정에 있는 연구원 한 명이 참여했다. 본 수업이 진행되면서 그 연구원이 무들 시스템(Moodle system)을 운영해서 가상 학습공간을 관리하는 작업을 맡았다.

2.5.2.1 연구 계획

한 그룹에 대한 사전-사후 테스트가 이루어졌다. 사전 테스트는 학기 시작 두 주에 걸쳐서 진행되었고, 사후 테스트는 학기 말 두 주 동안에 진행되었다. 학생들은 비판적 사고 능력 평가로 캘리포니아 비판적 사고 능력 시험(California Critical Thinking Skills Test: CCTST)과 캘리포니아 비판적 사고 성향 목록(California Critical Thinking Disposition Inventory: CCTDI)을 보았다. 영어 시험으로는 TOEIC 듣기와 말하기 시험이 실행되었다. 그리고 학기 8주에 걸쳐서 비판적 사고를 포함한 영어 듣기와 말하기 수업이 이루어졌다.

2.5.2.2 연구 도구

CCTST(Facione, 1990)는 45분 정도 소요되는 34개의 선다형 질문으로 이루어졌다. 그 질문지는 성인을 대상으로 5가지(분석, 평가, 추론, 연역적 사고, 귀납적 사고)를 묻는 질문지이다.

CCTDI(Facione & Facione, 1992)는 75개의 동의의 정도를 묻는 리커트 방식(Likert type) 질문지로 20분 정도 소요되었고, 7개 항목(호기심, 개방성, 체재성, 분석성, 진리추구성, 비판적 사고 자신감, 비판적 사고 성숙도)으로 구성되었다.

영어 대화 능력을 위해서는 TOEIC이 사용되었다. TOEIC은 전 세계적으로 가장 인기 있고, 인정받은 테스트이고, 듣기 시험은 선다형 문제로 구성되어 있고, 말하기 시험은 비즈니스 미팅, 인터뷰, 비즈니스 레터(business letter)나 여행과 같은 실생활에 근거로 한 말하기 문제로 구성되어 있다. 듣기 시험은 학기 초와 학기 말에 45분 동안에 실행되었다. 말하기 시험도 학기 초와 학기말에 20분 정도의 시간에 걸쳐서 실행되었다. 여섯 가지 형태의 질문으로 구성되어 있는데, 지문 크게 읽기(2문제), 사진 묘사(1문제), 질문에 답하기(3문제) 그리고 주어진 정보를 이용해서 질문에 답하기(3문제), 문제해결(1문제)과 의견 말하기(1문제)로 구성되었다.

2.5.2.3 연구 절차

개별화된 학습형태의 활동이 8개의 주제를 중심으로 온라인 학습에 맞게 적용되었다. 학습 자료는 일상생활에서 활용되는 소재로 듣고, 쓴 예문들을 포함했다. 특히, 학생들은 숙제 등을 통한 말하기 활동을 녹음해서 강좌의 웹사이트에 올리고, 올린 후 일주일 안에 학습 조교가 피드백을 주었다.

학습 활동은 협동과 문제 해결에 중점을 두고, 학생들과 관련된 흥미 있는 내용임과 동시에 비판적 사고를 통합한 온라인 수업으로 구성되었다. 그리고 학생들의 영어 수준에 따라서 연습과 평가 등의 활동이 정해졌다. 그룹의 크기와 온라인 토론은 5명으로 제한되었고, 온라인 활동은 말하기 시간에 맞게 계획되었다.

비판적 사고를 포함한 영어 지도는 비판적 사고개념을 직접 지도하거나 또는 온라인상으로 비판적 사고 활동을 통해서 할 수 있도록 계획되었다. 처음 4주는 비판적 사고 개념을 직접 소개하는 데 중점을 두었고 비판적 사고를 이용한 활동이 마지막 4주에 할애되었다. 비판적 사고를 포함한 활동이 각 영어 레벨에서 활용되었고, 수업자료도 레벨에 맞추어서 적용되었다.

가상의 학습 환경으로는 Moodle이 활용되었는데, Moodle은 시청각 자료와 각종 디지털 자료를 쉽게 올릴 수 있고, 교사의 피드백도 바로 줄 수 있는 장점이 있었다. 학습 자료는 교수에 의해서 디자인되고, 학습 조교들이 시스템에 올렸다. 이렇게 학습 조교들이 상, 중, 하로 나누어진 학생들에게 자료를 준비해주고 Moodle에 학습 자료를 올리는 것은 총 3달 정도 지속되었다.

2.5.2.4 대처과정

수업은 개개인 컴퓨터가 있고, 인터넷이 가능하고, 시청각을 활용한 발표가 가능한 교실에서 일주일에 50분 수업시간으로 두 번 이루어졌다. 영어 듣기와 말하기 지도가 포함되었다. 학기 초에 'Moodle에 어떻게 올리는가?' 등의 기술적인 부분의 소개가 있었다.

대체적으로 교육과정은 세 부분 1) 영어 지도 2) 비판적 사고 지도, 3) 비판적 사고가 포함된 영어활동을 포함하고 있었다. 듣기와 말하기 활동은 각각의 레벨에 따라서 다르게 되어 있고, 말의 빠르기 또한 달랐다.

비판적 사고 지도는 그러나 개별화로 진행되지 않고, 전체학생을 대상으로 행해졌다. 말하기에 비판적 사고 지도를 포함한 수업에서 학생들이 자신의 의견을 나타내도록 권장되었으며, 그 내용은 녹음되고, 디지털 파일 형태로 Moodle에 올려졌다. 연구팀이 학생들에게 영어 말하기와 비판적 사고영역에 대해서 개별적으로 피드백을 제공했다. 또한, 네 번의 온라인 토론이 2주에 걸쳐서 행해졌는데, 첫 주에 학습자 중심의 온라인 토론을 하고, 교수님과 조교의 도움이 두 번째 주에 제공되었다. 온라인 토론 활동을 통해서, 학습자들이 영어 듣기와 말하기에 비판적 사고 학습을 통해서 배운 것을 적용했다.

이러한 학습 후에 학생들의 요구에 따른 개별화된 피드백이 학습과정에 포함되었다. 피드백은 글(text)과 학생들의 억양, 발음과 유창성을 발전시키기 위해서 오디오 파일로도 주어졌다.

2.5.2.5 결과와 토론

영어 듣기 사전 테스트와 사후 테스트 사이에 큰 차이가 있었다. 중간 수준의 학생들 그룹과 높은 수준의 학생들 그룹이 사전 테스트 점수보다 사후 테스트 점수가 훨씬 더 크게 높았다. 이러한 결과는 비판적 사고를 지도한 것이 중간과 높은 수준의 학생들의 듣기 실력에 상당한 효과가 있었음을 보여 주었다.

영어 말하기 점수에 있어서, 낮은 단계의 학생들을 제외하고, 중간 수준과 높은 수준에 있는 학생들의 사후 말하기 점수가 사전 말하기 점수보다 훨씬 더 높았다. 비판적 사고 지도가 중간 단계와 높은 단계의 학생들의 말하기 실력을 향상시켰다.

온라인과 오프라인이 통합된 비판적 사고를 포함한 영어지도는 학생들의 비판적 사고 능력(Critical Thinking Skill)에 긍정적인 영향을 끼쳤다. 이런 비판적 사고가 통합된 개별화된 영어지도는 언어와 비판적 사고가 분리할 수 없음을 보여준다. 즉, 학습자는 언어 학습을 통해서 비판적으로 생각하고, 분석하고, 비교하고, 질문하고 평가하는 것을 배울 수 있다는 것을 보여주는 반면 CCTDI에서는 개방성을 제외하고는 큰 발전을 보여주지 못했다. 이는 한 학기 동안에 비판적 사고 성향(Critical Thinking Dispositions)을 양성해서 현저한 발전을 보이기에는 너무 짧음을 알 수 있다.

하지만, 비판적 사고를 통합한 개별화된 영어 지도는 학습자의 영어 듣기와 말하기에 긍정적인 영향을 주었다. 게다가 개별화된 피드백은 학생들에게 실수를 피하고 올바른 언어 패턴을 습득하도록 했다. 이렇게 자기 진도에 맞춘 학습 디자인이 학생들로 하여금 반복학습과 그들이 편할 때마다 학습 모듈을 마칠 수 있게 하였다.

2.5.3 결론

Yang et al.(2013)은 비판적 사고가 통합된 학습자들의 영어 수준에 맞는 개별화된 영어 듣기와 말하기 학습에 대한 연구를 한 결과 학생들의 영어 듣기와 말하기에 큰 발전이 있음을 사전 테스트와 사후 테스트에 의해서 밝혀냈다. 이러한 발견은 개별적인 지도에 근거로 한 영어 수업

자료와 비판적 사고를 통합한 모델을 개발하는 데에 영어교사와 교재 개발자에게 큰 시사점을 주고 있다. 특히, ESL과 EFL 내용에 관해서 비판적 사고가 통합된 지도를 하는 것이 모든 수준의 학생들에게 이익을 준다. 그러므로 앞으로 21세기에는 비판적 사고와 영어가 동시에 강조되어야 하며 실제로 학습자들과 상호작용을 하면서 학습자들에게 학습자들의 수준에 맞는 수업자료와 긍정적이고 도움이 되는 피드백을 주어야 할 것이다.

3. 한국 영어 교육 현장에서의 사례

3.1 어린이 영어 학습자들의 사례

3.1.1 연구 개요

Suh와 Jung(2012)의 연구는 많은 한국 부모들이 아이들의 영어 대화 능력을 증진시키기 위해서 아이들이 미국 텔레비전 프로그램을 보는 것을 격려하지만, 과연 아이들이 얼마나 비판적 인식을 가지고 보는지 알아보고, 미국 만화를 보면서 비판적 인식을 고취해보자 한다. 연구자들은 어린 ESL 학습자들에게 인기가 있는 미국 만화를 보여주는 문화적 연구를 통해서 부모와 교육자들은 그들의 자녀와 학생들이 미디어를 통해서 어떻게 도덕적이고 사회적으로 영향을 주고받는지 이해해야 한다고 주장한다. 또한 ESL 학습자들은 미디어활용이 영어 능력뿐 아니라 비판적 판단도 증진시키는 데 도움이 된다고 한다.

3.1.2 연구 내용

3.1.2.1 참여자

연구 참여자들은 나이가 8살에서 10살 사이의 총 5명의 한국 소년, 소녀로 미국의 중서부 지역에서 15~18개월 동안 거주한 경험이 있다. 세 명은 초등학교 2학년이고, 두 명은 초등학교 4학년이다. 두 달에 걸쳐서 연구가 진행되었고, 참여자들은 연구자들의 집에서 연구기간 동안에 매주 토요일에 한 시간 반 동안 만났다.

3.1.2.2 자료 수집

자료는 비디오 테이프, 인터뷰, 사진, 그림 등이었다. 부모의 동의하에 아이들과의 만남이 비디오로 녹화되고, 사진을 찍었다. 인터뷰가 주된 자료이고, 비디오와 사진은 미시분석(microanalysis)을 위한 보조 자료였다. 또한, 아이들의 무의식적인 생각을 나타내는 수단으로 그림 그리는 것이 사용되었다.

3.1.2.3 자료 수집 절차

자료는 세 단계로 구분되어 수집되었다. 첫 번째 단계에서는 아이들끼리 또 아이들과 연구자들이 서로 알아 가는 단계로 비판적 생각을 직접 묻기보다 허물없는 대화를 하고, 만화를 보면서 그림을 그리게 하는 정도의 활동을 했다. 좀 더 구체적으로 연구자들은 텔레비전을 하루 평균 얼마만큼 보는지 또는 그들이 가장 좋아하는 만화는 무엇인지를 물었다. 그리고 그들이 가장 좋아하는 만화 '포켓몬(Pokémon)'을 보고, 가장 인상적인 장면을 그리도록 했다.

두 번째 단계에서 아이들은 비판적 사고 질문들을 접하게 되고, 만화와 관련된 물건들을 가져오게 했다. 그리고 이 물건들을 왜 좋아하는지 말하게 했다. 이 단계에서 아이들은 만화에 대한 일반적인 질문과 함께 '왜' 또는 '어떻게' 등과 같은 질문들도 받았다.

세 번째 단계에서 아이들은 만화 '스폰지밥(SpongeBob)'의 에피소드를 보고, 만화에 대한 일반적인 질문과 또한 비판적인 질문들에 대한 답을 하게 하고, 그 에피소드와 관련된 그림을 그려보게 했다.

3.1.2.4 자료 분석

아이들에게 주로 물어본 질문은 1) 미국 TV 만화의 시청 습관, 2) 미국 TV 만화를 보면서 성 역할에 대한 인식, 3) 몇 가지 선택된 에피소드를 보고 난 뒤에 비판적 인식을 신장하기 위한 비판적 질문들에 대한 것이었다. 인터뷰는 학생들에 따라서 영어 또한 한국어로 진행되었다. 아이들의 답변은 비디오로 녹화되고, 전사되고, 번역되고, 코딩해서 주제에 따라서 분석되었다. 아이들의 생각을 좀 더 잘 알아보기 위해서 그림, 사진 또는 다른 작품들이 면밀히 연구되었다.

3.1.2.5 결과 및 토의

아이들은 모두 미국 TV가 그들의 언어 능력에 큰 도움이 된다고 했다. 특별히, 영어로 된 만화는 그들의 영어 발음을 증진시키고, 어휘를 확장시켰다고 했다. 또한, 아이들은 그들이 좋아하는 만화와 관련된 책의 내용에 관심을 가지면서 영어 능력이 더욱 신장되었다고 했다.

처음에 아이들과 비판적 질문에 대한 면담에서 아이들은 '잘 모르겠다' 또는 '생각 안 해봤다'라고 대답했다. 또한, 성에 대해서도 남자는 힘이 세고, 여자는 귀엽다는 인식을 가졌다. 예를 들어서 포켓몬 캐릭터는 기본적으로 중성인데, 힘이 세어서 남자로 생각했다고 말했다. 마지막 몇 주에 걸쳐서는 아이들이 그러한 이슈에 대해서 다양한 비판적 인식을 보여주게 되었다. 그동안 연구자들이 계속적으로 비슷한 유형의 비판적 질문을 함에 따라서, 아이들이 만화를 보면서 좀 더 비판적인 견해를 말하는 경향이 있었다.

3.1.3 결론

Suh와 Jung(2012)의 연구는 미국에 이주한 한국 아이들이 미국 만화를 시청하는 것이 영어를 배운다는 자신감을 가지면서, 영어실력을 증진시킬 수 있음을 확인했다. 하지만, 그들의 연구는 단순히 만화에 내재된 메시지를 수동적으로 받아들일 수 있으므로, 미국 TV 만화를 보면서 비판적으로 생각하면서 봐야 한다는 점을 강조했다. 이는 한국에서도 영어를 배우는 학습자들이 미국 만화나 영화를 보면서 무비판적으로 보는 것을 경계해야 하고, 부모나 교육자들은 미국 TV 매체를 접할 때 아이들의 비판적 능력을 길러줘야 함을 강조했다.

3.2 대학생 영어 학습자들의 사례

3.2.1 연구 개요

Sung(2006)은 영어, 특히 영어 듣기와 이해, 말하기 또는 대화 능력을 가르치는 매개체로 영화에 대한 관심이 많이 증가하고 있다고 했다. 하지만, 그는 단순히 영화를 사용하는 것이 영어능력을 증진시키는 것뿐만 아니라 학생들의 사고 능력에도 도움을 주고 있다고 밝히고 있다. 그러기 위해서는 의미 있고 비판적인 영어 대화가 제공되어야 한다고 주장한다.

3.2.2 연구 내용

3.2.2.1. 나에게 말해주세요 방법(Tell Me Method)

학생들에게 자연스러운 분위기에서 교사가 4가지의 질문을 한다. 1) 그 이야기에서 제일 재미있었던 점, 2) 그 이야기에서 제일 싫었던 점, 3) 그 이야기에서 제일 혼동스러운 점, 4) 영화에서 어떠한 패턴을 보았는지에 대한 질문을 한다. 영화를 보고 학생들이 교사와 이런 질문에 답변을 하면서 학생들은 기존에 가지고 있던 지식과 경험을 수업시간에 영화와 연결해서 자연스럽게 말할 수 있다.

3.2.2.2 연구대상

영화를 통해서 영어를 가르치는 수업은 총 55명의 학생이 참여했다. 수업명은 'Movie English'이고 2005년 2학기에 선택과목으로 열린 수업이었다. 학생들의 영어 수준은 낮은 단계에서 중간 정도의 단계로 다양했다. 영화는 *Notting Hill, Bridget Jones's Diary*, 그리고 *Love Actually*가 사용되었다.

수업 진행은 1) 배운 부분 복습하기, 2) 화면보기 없이 듣기, 3) 문법과 중요 표현 배우기, 4) 짝 또는 그룹과 말하기와 소리내서 읽기 그리고 5) 비디오 화면 보고 듣기로 진행되었다.

과제로는 영화에 대한 소개를 특히 문화와 관련해서 찾아서 써보기와 영화를 본 후의 소감 쓰기 등이 있었다. 시험으로는 영어로 된 영화 대사를 듣고, 빈칸 채우기, 번역하기 등이 있었다.

3.2.2.3 자료 수집과 분석

연구를 위한 자료로는 설문지와 학생들의 활동과 발표가 있었다. 설문지는 주로 학생들의 영어 학습을 위한 영화 사용에 대한 경험 등을 묻는 것이었다. 학기가 끝난 뒤에는 수업에 대한 학생들의 의견을 묻는 사후 설문지가 있었다. 그리고 수업이 진행되면서 '나에게 말해 주세요'(Tell Me) 활동이 진행되었다. 먼저 개개인 그리고 그룹으로 마지막으로는 전체학생 앞에서 의견을 말하는 방식으로 수업이 진행되었다.

데이터 분석은 학생들의 발표와 패턴을 바탕으로 한 개방형 코딩(open coding)으로 주제에 따라서 비슷한 점 중심으로 이루어졌다.

사전 설문지 조사는 처음에 29명만이 참여했다. 29명 중에서 4명만이 영화로 영어를 배운 적이 있다고 했다. 사후 설문지 조사에서는 42명의 학생들이 한 학기가 지난 후에 영화를 통해서 영어를 배우는 수업에 대해서 반복적인 학습, 듣기 훈련 그리고 개인적인 노력이 중요하다고 했다. 또한, '나에게 말해주세요' 활동을 통해서 학생들이 비판적으로 영화들의 공통점, 차이점 등을 비교하면서 학생들의 사고의 폭을 자연스럽게 넓혔다고 밝혔다.

3.2.3 결론

Sung(2006)의 연구에서 영어 실력이 낮은 단계의 학생들은 '좋아함(likes)'이나 '싫어함(dislikes)'의 문제에 좀 더 많은 시간을 할애하고, 높은 단계로 갈수록 학생들은 '수수께끼(puzzles)'나 '형태(patterns)'의 문제에 본인들의 감정이나 경험 또는 지식을 활용해서 토론을 하였다. '나에게 말해주세요' 활동은 학생들이 영화를 보고 난 뒤의 확장개념의 활동으로 학생들이 영화와 글(text)을 좀 더 잘 이해할 수 있도록 사용되었다. 하지만, 다양한 영어 수준의 학생들이 섞여있는 수업인 만큼 교사는 학생들이 본인의 생각을 말할 수 있도록 기회를 공평하게 부여해야 함을 잊지 말아야 한다.

Sung(2006)은 '나에게 말해주세요' 활동이 언어학적인 지식을 듣기나 읽기 능력 신장을 위해서 드러내놓고 가르치지 않는 가장 최고의 활동이라고 주장하지는 않았다. 그는 학생들이 영화의 내용을 완전히 이해하기 위해서 다양한 사건이나 이슈를 비판적으로 분석하는 활동을 할 수 있게 EFL 교사는 학생들의 인지적이고, 감성적인 발전을 위해서 최선을 다해야 한다고 주장한다. 그는 단순히 영화를 재미있는 교재로 영어능력 향상을 위해서 사용한다는 순진한 태도에서 벗어나서, EFL 교사들은 영어를 가르치면서, 다양한 사회·문화적인 이슈에 대한 학생들의 비판적 인식을 증진시키는 데 큰 역할을 해야 한다고 강조한다.

4. 저자제언

지금까지 다섯 가지의 외국의 비판적 듣기와 말하기 사례와 두 가지의 한국의 사례 연구를 살펴보았다. 먼저, Luk과 Lin(2015)의 제2언어인 영어로 비판적 말하기 사례 연구는 모국어와 제2언어로 학습자들이 말하는

데 있어서 비판적 사고의 간격이 존재함을 밝혔다. 모국어로 본인의 생각을 나타낼 때는 좀 더 정교하고, 비판적인 사고를 나타내는 단어사용을 하는 반면, 영어로 말할 때에는 훨씬 더 단순화한 표현을 하게 된다는 것이다. 이러한 차이를 극복하기 위해서는 모국어와 영어를 다 이해할 수 있는 교사가 학생들이 영어로 말하는 데에 좀 더 비판적인 사고를 나타낼 수 있는 표현을 할 수 있도록 도움을 줄 수 있다.

또한, De La Mare(2014)는 비판적 대화 교육이라는 개념을 도입해서 실제로 한 학기 동안에 체험활동 프로젝트를 실행했다. 이 체험활동 프로젝트는 단순히 본인의 의견만을 이야기하는 것이 아니라 지역 사회와의 연관성을 갖는다는 점에서 그 의미가 크다. 학생들이 지역 사회 구성원과 만나기 전과 만나면서, 설문지 조사를 하고, 교류를 한다. 그리고 만난 후에 어떤 점이 가장 흥미가 있었는지에 대한 이야기를 나눈다. 최종적으로 그 지역 사회 대중에게 마지막 연설을 하는 부분으로 발전시킨다. 물론 이 부분은 영어가 모국어인 학생들에게 연설하는 것을 가르치지만, 영어가 제2언어 또는 외국어인 학생들에게도 직접 지역 사회에 참여해서 연설을 할 수 있도록 응용할 수 있다는 점에서 의미가 있는 것이다.

한편, 비판적 듣기 부분의 사례로 Zare et al.(2013)의 연구에서는 학생들을 비판적 사고 능력에 따라서 높은 그룹과 낮은 그룹으로 나누었을 때 비판적 사고 능력이 더 높은 그룹의 학생들이 비판적 사고 능력이 낮은 그룹의 학생들보다 생각을 더 잘 받아들이는 것으로 나타났다. 단순히 우리가 영어 듣기전략(listening strategy)에 대해서 연음이나, 강세 또는 발음 위주로 가르치는 미시 접근법(micro approach)에서 벗어나서 좀 더 전체적으로 생각을 잘 살펴보고, 사고에 대한 생각을 할 수 있는 상위인지적 접근법(metacognitive approach)으로 나아가야 함을 한 번 더 확인한 것이다. 즉, 듣기 능력은 더 이상 수동적이고 받아들이는 능력이 아니라, 적극적으로 다른 사람의 말을 경청하려는 의지와 비판적인 생각으로 그 의미를 파악하려는 상호작용을 보일 때, 말하고자 하는 사람의 의미를 진정으로 파악한다고 할 수 있겠다. 이러한 점은 다양한 방법으로 학문적으로 입증되고 있다. Yang et al.(2013)의 연구는 비판적 사고 지도가 영어 듣기·말하기에 있어서 큰 효과가 있음을 입증했다. 특히, 중간 수준 이상의 학생들 그룹에서 비판적 사고 지도가 영어 듣기와 말하기에 있어서 긍정적인 영향을 준다는 점을 입증하였다. 이러한 점은 단순히 영어를 언어적인 측면으로만 접근해서 영어 듣기와 말하기를 지도하는 것보다는 학생들에게 비판적 사고를 통합한 영어 교육이 매우 효과적인 것을 시사한다.

한국에서의 비판적 교수법을 이용한 영어 듣기·말하기 능력 배양 사례는 외국의 사례에 비교해서 현저히 적었다. 필자는 비판적 교수법을 사용한 영어 듣기·말하기 한국 사례로 Suh와 Jung(2012)의 연구와 Sung (2006)의 연구 사례를 살펴보았다. 먼저 Suh와 Jung(2012)의 사례는 특히 미국에서의 2년 이하의 거주 경험이 있는 한국 아이들에게 미국 만화 시청과 비판적 사고력과의 관계를 연구한 것이다. 처음에는 별로 비판적인 사고 없이 미국 만화를 보던 아이들이 연구자들의 비판적인 사고를 자극하는 질문을 받고, 대답하는 과정에서 점차로 비판적인 견해를 가지고 미국 만화를 보고, 말을 하는 경향이 있었다.

또한, Sung(2006)의 연구에서도 대학에서 영화로 영어를 배우기의 수업에서 학생들에게 크게 네 가지의 질문을 하는 수업을 한 학기를 통해서 해본 결과 영어 수준이 낮은 학생들은 '좋아함(likes)'이나 '싫어함

(dislikes)' 등의 형태에 좀 더 많은 시간 동안에 토의하기를 좋아하고, 영어 수준이 높은 학생일수록 '수수께끼(puzzles)'나 '형태(patterns)'와 같은 좀 더 사고력을 요하는 토론에 시간을 할애했다. Sung(2006)은 영화를 보여주고, 물어보는 수업이 듣기와 읽기 능력 신장뿐 아니라, 사건이나 이슈를 비판적으로 분석하는 능력도 함께 증진시킬 수 있다고 주장했다.

이렇게 비판적 영어 듣기·말하기의 연구 사례를 한국과 외국에서의 상황으로 살펴본 결과 제2언어 또는 외국어로서의 영어를 가르칠 때는 언어적인 기능뿐만 아니라 비판적인 사고 능력을 함께 가르치는 것이 학습자들이 좀 더 사고하고, 평가하면서 받아들이고 또한 본인의 의견을 비판적 사고에 근거해서 말할 수 있도록 도와줌을 알 수 있었다.

언어는 사회, 문화, 경제 등 모든 맥락과 연관되어 있기 때문에 진공상태의 언어가 아니다. 또한, 언어는 상호작용으로서 배워야 하기 때문에, 상대방이 어떤 의미에서 그러한 말을 했는지 비판적으로 분석하고, 그에 따라서 말을 해야 한다. 예전에 영어를 무작정 따라 읽고, 말하던 청화식 교수법(Audiolingual Method) 또는 문법적으로 접근하는 문법 번역식 교수법(Grammar Translation Method)으로 영어를 배우는 방법으로는 더 이상 글로벌 시대에서 영어로 의사소통을 하기가 힘들고, 더욱이 본인이 하고자 하는 말을 효과적으로 표현하기가 어렵다.

미국식 혹은 영국식 발음을 강조하던 관점에서 지금은 전 세계인이 사용하는 세계어(World Englishes) 혹은 공용어로서의 영어(English as a Lingua Franca; ELF, Seidlhofer, 2001)를 어떠한 철학을 가지고 교사가 어떻게 가르쳐야 하는지 고민해야 하는데, 특히 우리나라와 같은 확장원(Expanding Circle; Kachru, 1992) 환경에서는 영어교사의 역할이 가장 크다고 할 수 있다. 그러므로 비판적 교육에 기반한 영어교육을 하기 위해서 교사는 영어를 가르치면서 항상 생각하고, 실행해야 할 것이다. 우리나라에서 뿐만 아니라 이란 또는 스리랑카와 같은 남아시아에서도 ESL/EFL을 실행하는 데 있어서 그 어느 때보다도 비판적 교육에 대한 접근과 응용에 대한 수요가 커지고 있다. Liyanage(2012)는 아시아 상황에서 비판적 교육을 실현하기 위해서 교사는 학생들이 처한 환경에서 이슈와 문제를 직시하고, 비판적 사고에 근거해서 듣고, 말하는 능력을 모국어뿐만 아니라, 영어를 배우면서도 키울 수 있도록 도와주어야 한다고 주장한다. Sung과 Pederson(2012)는 아시아에서 과거에 역사적, 정치적, 사회적, 문화적으로 어떻게 영어가 도입되었는지 또한, 경제적인 상황에 따라서 어떤 방법으로 영어 능력이 신장되는지 전혀 고려하지 않고 영어를 가르쳐 왔다고 했다. 그렇기 때문에 영어를 가르치는 방법이 자생적으로 성장한 것이 아니라, 서구의 이론에 바탕을 둔 방법으로 가르쳐오고 기능(skill) 중심으로 영어를 가르쳐 온 것이 큰 문제라고 지적하고 있다.

또한, 원어민 영어교사가 영어로만 수업을 하는 것이 제일 효과적이라는 전근대적이고, 식민지적인 사고방식을 가지고 아무런 비판적 사고의 자극없이 학생들이 읽고, 따라 하는 방식으로 여전히 많은 초등학교에서부터 대학교까지 영어를 가르치고 있다. Luk과 Lin(2015)의 연구에서 보듯이 낮은 단계의 학생들에게도 생각을 할 수 있는 자료를 제공하고 문제 제기 방식의 수업을 한다면 학생들은 모국어로 훨씬 많은 비판적 생각에 기반을 둔 말을 모국어로 하고, 이중언어 교사가 도와준다면 영어로 정교하게 비판적 생각이 반영된 토의를 할 수 있는 것이다. 특히, 서구문화의 헤게모니와 권력 등을 과시하는 많은 상업화된 광고 등을 수업시간에 사용한다면 평소에 생각을 하지 않았던 학생들도 당연시하던 것을 점차 문제시하고 점점 더 비판적 사고를 신장함과 동시에 영어 실력도 향상될 것이다.

Sung(2012)은 영어를 가르치는 교사가 세계어(World Englishes)의 시대에 학생들의 다양한 언어 배경을 이해해야 한다고 강조한다. 획일적인 독해 위주의 지금과 같은 영어교육 환경에서는 학생들의 창의성과 비판적인 사고가 증진되지 않는 것은 자명한 일이다. 하지만, 교육 시스템 탓만 하지 말고, 교사는 교사 스스로 먼저 바뀌어야 할 것이다. 현재의 교육 시스템에 안주해서 가르치는 것은 교사개발을 지연시킬 뿐만 아니라, 학생들이 비판적으로 생각할 수 있는 사고력 저하를 초래한다. 위의 사례에서 보듯이 학생들의 비판적 사고 능력이 높을수록 학생들의 영어 듣기뿐만 아니라 영어 말하기도 훨씬 향상됨을 입증했다.

저자는 영어 수업을 할 때 학습자들이 처음에 영어로 인사하고, 일반적인 날씨 정도의 이야기를 하고, 본격적으로 어느 주제에 대해서 영어로 대화를 하려고 할 때 잘 안 된다는 이야기를 많이 들어왔다. 그것은 상대방이 한 말의 진정한 의미를 분석하고, 본인이 말하고자 하는 기본적인 말하기 능력의 결여와 함께 영어 단어를 잘 활용해서 말하는 능력이 길러지지 않았기 때문이다.

모국어로 비판적 사고 능력을 기반으로 해서 듣기·말하기 능력을 먼저 키워야 할 것이다. 본인이 속한 지역 사회에 관심을 가지고, 대중에게 말하는 연습을 하는 것은 의미가 있음을 비판적 대화 교육 연구로 확인했다. 그리고 서서히 영어로 비판적 사고 능력을 기반으로 한 듣기와 말하기 능력을 개발해야 할 것이다. Suh와 Jung(2012)의 연구에서 보듯이 어려서 영어로 된 미국 만화를 별 비판적 사고 없이 보았을 때보다 연구자들에 의해서 비판적 사고에 기반으로 한 질문을 받음으로써 아이들이 점차 비판적으로 생각하게 됨을 알 수 있었다. 또한 Sung(2006)의 연구에서도 보았듯이 대학생들이 영어로 된 영화를 보면서도 비판적 사고 능력이 덜 한 질문을 영어실력이 낮은 학생들이 선호하는 반면에 비판적 사고 능력을 많이 요하는 질문에는 영어실력이 높은 학생들이 더 말하려고 하는 경향을 볼 수 있다. 하지만 Luk과 Lin(2015) 연구에서 보면 영어실력이 낮다고 해서 그 학생들이 비판적 사고 능력이 낮다고 할 수 없다. 중요한 것은 그 학생들을 교사가 어떻게 도와주느냐에 따라서 학생들이 비판적 사고 능력을 포함한 말을 모국어 또는 영어로 말을 할 수 있는 것이다.

그 어떤 상황에서도 교육의 질이 절대 교사의 질을 뛰어넘을 수 없는 것처럼, 교사는 이제 더 이상 한국 상황에서 교실 안의 학생 수, 수학능력평가, 교실 환경 등의 교육 시스템만을 탓하면서 우리나라 환경에서는 비판적 사고를 포함한 영어 듣기와 말하기를 가르치기 힘들다는 변명보다는 그 환경 안에서 스스로 영어 수업자료 등을 개발해서, 교사 자신은 물론 학생들의 비판적 사고를 증진시킬 수 있음과 동시에 영어 듣기와 말하기 능력도 함께 신장시킬 수 있는 많은 방법을 고안해서 실행해야 할 것이다.

이지영

이지영은 이화여자대학교 영어교육학과를 졸업하고, 미국 Texas Tech University에서 이중언어교육학(Bilingual Education)전공으로 석사학위를 취득했다. 그 후 아주대 어학교육원에서 영어강의를 시작했으며, EBS에서도 수능영어 등을 강의했다. 아주대, 경희대 등에서 교양영어를 강의하면서, 경희대 영미어문화학과 영어교육전공으로 박사학위를 취득했다. 현재는 한국산업기술대학교 어학원에서 초빙교수로 있으면서, 교사교육, 비판적 교육, 그리고 다문화 교육과 관련된 연구를 하고 있으며, KATE (The Korea Association of Teachers of English)의 한 SIG (Special Interest Group) 분과인 CP (Critical Pedagogy) 학술연구 단체의 총무를 맡고 있다.

■ 참고문헌

박유정. (2012). 비판적 사고의 개발에 대한 논의. 『교양교육연구』 6(3), 405-427.

Alagozlu, N. (2007). Critical Thinking and Voice in EFL Writing. *Asian EFL Journal 9*(3), 118-136.

Bean, J. C. (2011). *Engaging Ideas: The Professor's Guide to Integrating Writing, Critical Thinking, and Active Learning in the Classroom* (2nd ed.). San Francisco, CA: Jossey-Bass Publishers.

Birjandi, P., & Bagherkazemi, M. (2010). The Relationship between Iranian EFL Teachers' Critical Thinking Ability and Their Professional Success. *English Language Teaching 3*(2), 135-145.

Brown, H. D. (2004). Some Practical Thoughts about Students-Sensitive Critical Pedagogy. *The Language Teacher 28*(7), 23-27.

Bygate, M. (1987) *Speaking*. Oxford: Oxford University Press.

Chapple, L., & Curtis, A. (2000). Content-Based Instruction in Hong Kong: Student Responses to Film, *System 28,* 419-433.

Cooks, L. (2010). The (Critical) Pedagogy of Communication and the (Critical) Communication of Pedagogy. In D. L. Fassett & J. T. Warren (Eds.), *The Sage Handbook of Communication and Instruction* (pp. 293-314). Thousand Oaks, CA: Sage.

Davidson, B., & Dunham, R. (1997). Assessing EFL Student Progress in Critical Thinking with the Ennis-Weir Critical Thinking Essay Test. *JALT Journal 19*(1), 43-57.

De La Mare, D. M. (2014). Using Critical Communication Pedagogy to Teach Public Speaking. *Communication Teacher 28*(3), 196-202.

Elkhafaifi, H. (2005). The Effect of Pre-Listening Activities on Listening Comprehension in Arabic Learners. *Foreign Language Annals 38*(4), 505-513.

Ennis, R. H. (1989). Critical Thinking and Subject Specificity: Clarification and Needed Research. *Educational Researcher 18*(3), 4-10.

Facione, P. A. (1990). *The California Critical Thinking Skills Test (CCTST): Forms A and B and the CCTST Test Manual*. Millbrae, CA: California Academic Press.

Facione, P. A., & Facione, N. C. (1992). *California Critical Thinking Disposition Inventor (CCTDI), and the CCTDI Test Manual*. Millbrae, CA: California Academic Press.

Fahim, M., Bagherkazemi, M., & Alemi, M. (2010). The Relationship between Test Takers' Critical Thinking Ability and Their Performance on the Reading Section of TOEFL. *Journal of Language Teaching and Research 1*(6), 830-837.

Fassett, D. L., & Warren. J. T. (2007). *Critical Communication Pedagogy*. Thousand Oaks, CA: Sage.

Fisher, A. (2001). *Critical Thinking*. Cambridge, UK: Cambridge University Press.

Freire, P. (1970). *Pedagogy of the Oppressed*. New York: Seabury Press.

Freire, P., & Macedo, D. (1987). *Literacy: Reading the Word and the World*. South Hadley, MA: Bergin & Garvey.

Fulcher, G. (2003). *Testing Second Language Speaking*. New York: Pearson Longman.

Galvin, K. M., & Terrell, J. (2001). *Communication Works*. USA: National Textbook Company.

■ 참고문헌

박유정. (2012). 비판적 사고의 개발에 대한 논의. 『교양교육연구』 6(3), 405-427.

Alagozlu, N. (2007). Critical Thinking and Voice in EFL Writing. *Asian EFL Journal 9*(3), 118-136.

Bean, J. C. (2011). *Engaging Ideas: The Professor's Guide to Integrating Writing, Critical Thinking, and Active Learning in the Classroom* (2nd ed.). San Francisco, CA: Jossey-Bass Publishers.

Birjandi, P., & Bagherkazemi, M. (2010). The Relationship between Iranian EFL Teachers' Critical Thinking Ability and Their Professional Success. *English Language Teaching 3*(2), 135-145.

Brown, H. D. (2004). Some Practical Thoughts about Students-Sensitive Critical Pedagogy. *The Language Teacher 28*(7), 23-27.

Bygate, M. (1987) *Speaking*. Oxford: Oxford University Press.

Chapple, L., & Curtis, A. (2000). Content-Based Instruction in Hong Kong: Student Responses to Film, *System 28,* 419-433.

Cooks, L. (2010). The (Critical) Pedagogy of Communication and the (Critical) Communication of Pedagogy. In D. L. Fassett & J. T. Warren (Eds.), *The Sage Handbook of Communication and Instruction* (pp. 293-314). Thousand Oaks, CA: Sage.

Davidson, B., & Dunham, R. (1997). Assessing EFL Student Progress in Critical Thinking with the Ennis-Weir Critical Thinking Essay Test. *JALT Journal 19*(1), 43-57.

De La Mare, D. M. (2014). Using Critical Communication Pedagogy to Teach Public Speaking. *Communication Teacher 28*(3), 196-202.

Elkhafaifi, H. (2005). The Effect of Pre-Listening Activities on Listening Comprehension in Arabic Learners. *Foreign Language Annals 38*(4), 505-513.

Ennis, R. H. (1989). Critical Thinking and Subject Specificity: Clarification and Needed Research. *Educational Researcher 18*(3), 4-10.

Facione, P. A. (1990). *The California Critical Thinking Skills Test (CCTST): Forms A and B and the CCTST Test Manual.* Millbrae, CA: California Academic Press.

Facione, P. A., & Facione, N. C. (1992). *California Critical Thinking Disposition Inventor (CCTDI), and the CCTDI Test Manual.* Millbrae, CA: California Academic Press.

Fahim, M., Bagherkazemi, M., & Alemi, M. (2010). The Relationship between Test Takers' Critical Thinking Ability and Their Performance on the Reading Section of TOEFL. *Journal of Language Teaching and Research 1*(6), 830-837.

Fassett, D. L., & Warren. J. T. (2007). *Critical Communication Pedagogy.* Thousand Oaks, CA: Sage.

Fisher, A. (2001). *Critical Thinking.* Cambridge, UK: Cambridge University Press.

Freire, P. (1970). *Pedagogy of the Oppressed.* New York: Seabury Press.

Freire, P., & Macedo, D. (1987). *Literacy: Reading the Word and the World.* South Hadley, MA: Bergin & Garvey.

Fulcher, G. (2003). *Testing Second Language Speaking.* New York: Pearson Longman.

Galvin, K. M., & Terrell, J. (2001). *Communication Works.* USA: National Textbook Company.

Ghaemi, H., & Taherian, R. (2011). The Role of Critical Thinking in EFL Teachers' Teaching Success. *Modern Journal of Applied Linguistics 3*(1), 8-22.

Honey, P. (2000). Critical Thinking Questionnaire. [Online] Available: http://www.PeterHoney.com.

Hughes, W., & Lavery, J. (2004). *Critical Thinking: An Introduction to the Basic Skills* (4th ed.). CA, USA: Broadview Press.

Kachru, B. B. (1992). World Englishes: Approaches, Issues, and Resources. *Language Teaching 25*(1), 1-14.

Kamali, Z., & Fahim, M. (2011). The Relationship between Critical Thinking Ability of Iranian EFL Learners and their Resilience Level Facing Unfamiliar Vocabulary Items in Reading. *Journal of Language Teaching and Research 2*(1), 104-111.

Ketabi, S., Zabihi, R., & Ghadiri, M. (2013). Critical Thinking across the ELT Curriculum: A Mixed Methods Approach to Analyzing L2 Teachers' Attitudes towards Critical Thinking Instruction. *International Journal of Research Studies in Education 2*(3), 15-24.

Lesley, T., Hansen, C., & Zukowski-Faust, J. (2005). *Interchange Passage: Placement and Evaluation Package.* Cambridge: Cambridge University Press.

Lipman, M. (2003). *Thinking in Education* (2nd ed.). Cambridge: Cambridge University Press.

Liyanage, I. (2012). Critical Pedagogy in ESL/EFL Teaching in South Asia: Practices and Challenges with Examples from Sri Lanka. In K. Sung & R. Pederson (Eds.), *Critical ELT Practices in Asia: Key Issues, Practices, and Possibilities* (pp. 137-151). Rotterdam, The

Netherlands: Sense Publishers.

Luk, J. & Lin, A. (2015). Voices Without Words: Doing Critical Literate Talk in English as a Second Language. *Tesol Quarterly 49*(1), 67-91.

Malmir, A., & Shoorcheh, S. (2012). An Investigation of the Impact of Teaching Critical Thinking on the Iranian EFL Learners' Speaking Skill. *Journal of Language Teaching and Research 3*(4), 608-617.

McGuire, J. M. (2007). Why Has the Critical Thinking Movement not Come to Korea? *Asia Pacific Education Review 8*(2), 224-232.

Mok, J. (2009). From Policies to Realities: Developing Students' Critical Thinking in Hong Kong Secondary School English Writing Classes. *RELC Journal 40*(3), 262-279.

Moon, J. (2008). *Critical Thinking: An Exploration of Theory and Practice.* London: Routledge.

Naieni, J. (2005). *The Effects of Collaborative Learning on Critical Thinking of Iranian EFL Learners.* Unpublished M. A. Thesis, Islamic Azad University, Central Branch, Tehran: Iran.

Oxford, R. (1993). Research Update on L2 Listening. *System 21*(2), 205-211.

Paul, R., & Elder, L. (2008). *The Miniature Guide to Critical Thinking Concepts and Tools.* Dillon Beach, CA: Foundation for Critical Thinking Press.

Perreault, J. (1994). White Feminist Guilt, Abject Scripts, and (Other) Transformative Necessities. *West Coast Line 13/14*, 226-238.

Pintrich, P. R., Smith, D. A. F., Garcia, T., & McKeachie, W. J. (1991). *A Manual for the Use of the Motivated Strategies for Learning Questionnaire (MSLQ).* (Technical Report No. 91-B-004). Ann Arbor, Michigan: National Center for Research to Improve Postsecondary

Teaching and Learning.

Richards, J. C. & Renandya, W. A. (2002). (Eds.). *Methodology in Language Teaching: An Anthology of Current Practice*. Cambridge: Cambridge University Press.

Sanavi, R. V., & Tarighat, S. (2014). Critical Thinking and Speaking Proficiency: A Mixed-method Study. *Theory and Practice in Language Studies 4*(1), 79-87.

Seidlhofer, B. (2001). Closing a Conceptual Gap: The Case for a Description of English as a Lingua Franca. *Internal Journal of Applied Linguistics 11*(2), 133-158.

Simpson, J. S. (2010). Critical Race Theory and Critical Communication Pedagogy. In D. L. Fassett & J. T. Warren (Eds.). *The Sage Handbook of Communication and Instruction* (pp. 361-384). Thousand Oaks, CA: Sage.

Suh, Y.-M., & Jung, Y. (2012). Raising Critical Awareness of Watching American TV Cartoons in an ESL Context. *English Language & Literature Teaching 18*(3), 223-242.

Sung, K. (2006). Using 'Tell Me' for Critical Literacy in Teaching English through Movies. *STEM Journal 7*(2), 25-50.

Sung, K. (2012). Critical Practices in ASIA: A Project of Possibilities. In K. Sung & R. Pederson (Eds.), *Critical ELT Practices in Asia: Key Issues, Practices, and Possibilities*. (pp. 23-54). Rotterdam, The Netherlands: Sense Publishers.

Sung, K. & Pederson, R. (Eds.). (2012). *Critical ELT Practices in Asia: Key Issues, Practices, and Possibilities.* Rotterdam, The Netherlands: Sense Publishers.

van Gelder, T. (2005). Teaching Critical Thinking: Some Lessons from Cognitive Science. *College Teaching 53*(1), 41-46.

Yang, Y.-T. C., Chuang, Y.-C., Li, L.-Y., & Tseng, S.-S. (2013). A Blended Learning Environment for Individualized English Listening and Speaking Integrating Critical Thinking. *Computers & Education 63*, 285-305.

Zare, M., Behjat, F., Abdollrahimzadeh, S. J., & Izadi, M. (2013). Critical Thinking and Iranian EFL Students Listening Comprehension. *International Journal of Linguistics 5*(6), 14-21.

제5장
비판적 교수법을 이용한 학습자 중심 교육

신현필(경기외국어고등학교)

1. 학습자 중심 교육이란 무엇인가?

학습자 중심 교육은 교수자보다는 학습의 주체인 학생들 중심으로 이루어지는 교육이다. 학습자 중심 교수법에 대해서는 여러 가지 정의가 존재하며 이에 대한 연구도 많이 진행 되어왔다(강인애 & 주현재, 2009; 권낙원, 2001, 2003; 길형석, 2001).

강인애와 주현재(2009)에 따르면 학습자 중심 교육이란 지식의 개별적, 사회적 구성을 강조한 구성주의 인식론의 토대 위에 학습자가 학습의 주체자로서 권한을 가지는 것을 의미한다. 상황적이고 협력적 학습 환경에서의 체험적, 성찰적 학습을 통해 개별적 의미구성이란 학습활동을 수행해 나가는 것으로서 이때 교사는 학습자의 학습활동을 촉진시키는 조력자로서 역할을 수행한다고 하였다. 신은정(2011)은 학습자 중심 교육에 대해서 교사의 역할이 줄어들거나 과소평가 되는 것이 아니라 교사가 무엇을 어떻게 가르칠 것인가를 결정하는 과정에서 그 정보를 학습자로부터 얻는다는 것을 의미한다고 정의했다.

다시 말하면 학습자 중심 교육은 교육현장에 있어 교사들의 역할이 일방적인 정보전달 및 모든 지식의 유일한 권위자가 되기보다는 수업현장에서 학생들에게 더 많은 권한과 기회를 부여하는 방식으로의 패러다임 전환을 의미한다.

학습자 중심 교육이 효과적인 이유는 우리 두뇌가 학습을 하는 원리와 관련하여 생각해 볼 수 있다. 전통적인 교수학습 환경에서는 교사가 강의식으로 수업을 하며 일방적으로 정보를 학생들에게 전달하는 방식이 주를 이뤄왔다. 하지만 Doyle(2011)은 이러한 방식의 전통적 수업방식에 대해 반대되는 의견을 제시했는데, 그의 연구에 따르면 학습자들은 수동적인 자세로 정보를 전달받는 경우 오히려 활동적으로 토론하고, 조사하고, 프로젝트를 진행하는 동안 더욱 많은 학습이 일어난다고 하였다. 그러한 이유는 우리 두뇌는 활발하게 활동을 하고 있을 때 신경세포 안에서 새로운 연결고리를 만들어 내어 학습을 일으키는데, 수동적으로 자리에 앉아서 듣기 보다는 학생들이 직접 움직이고, 생각하고, 말하고, 몰입하는 환경을 만들어줘야 두뇌가 활성화되어 효과적인 학습이 일어난다는 것이다.

Doyle(2011)은 효과적인 학습에 필요한 요소를 다섯 가지로 제시하였다. 첫 째 새로운 내용을 두뇌가 학습하려면 학생들이 활발하게 수업에 참가를 하는 것이 필요하다고 주장했다. 학생들을 소규모 그룹으로 구성하고 이들을 서로 토론하게 하고, 자신이 알아낸 사실을 다른 학생들 앞에서 발표하게 하며, 이러한 새로운 내용들을 정기적으로 반복하는 것이 두뇌에서 새로 만들어진 신경 고리를 강화하는 데 효과적이라는 것이다. 둘 째 활동적인 학습에 있어서는 집중과 반복, 새로운 내용에 대한 충분한 연습이 필요하다고 했다. 그러므로 학생들에게 방해를 할 만한 요소를 학습 환경에서 최소화 시켜 학생들이 눈앞의 과업에 집중할 수 있는 환경을 만들어 주어야 한다고 주장했다. 때로는 멀티태스킹(multi-tasking)이 효율적이라고 주장하는 의견도 있는데, 학습에 있어서는 학생들의 두뇌가 동시에 너무 많은 정보로 혼란을 겪게 되면 새로운 내용을 구조화하고 습득하는데 오히려 방해가 된다는 것이다. 셋째 학습자 중심 학습에 있어서는 수업의 중심을 학생들로 옮기는 것을 의식적으로 실천해야 한다고 주장했다. 학생들은 교사가 내용을 전달하고 이를 수동적으로 받아들이는 방식의 수업에 익숙해져 있기 마련이다. 그러므로 학생들이 활동적인 학습을 하도록 유도하려면 이러한 전통적인 방식에서 탈피하여 학습자 중심의 수업방식에 익숙해지도록 유도를 하는 노력이 필요하다고 말했다. 이러한 과정에서 학생들은 초반에 저항할 수도 있는데, 좀 더 수월하게 수업의 중심을 학습자들로 옮겨 갈 수 있는 한 가지 방법으로 수업내용 또는 수업활동에 대해 학생들 스스로 피드백을 작성하거나 자신의 생각을 서로 교환할 수 있는 시간을 만들어 줄 것을 제안했다. 넷째 수업활동에 있어 스캐폴딩(scaffolding)을 활용하는 것이 필요하다고 주장했다. 학생들이 이미 알고 있는 지식이나 내용들을 바탕으로 새로운 내용을 알아 갈 수 있도록 수업활동을 준비해 주는 것이 효율적이다. 여기서 중요한 점은 학생들이 이미 알고 있는 내용을 바탕으로 스스로 새로운 내용을 알아 갈 수 있도록 유도해 주는 것이다. 학생들 스스로 문제를 자율적으로 해결해 가며 학생들은 새로운 정보나 내용을 배울 수 있다. 다섯 째 수업활동은 현실사회와 연계성이 있어야 한다고 주장했다. 여기서 말하는 현실사회는 반드시 현장에 나가서 직접 경험을 해야 함을 뜻하는 것은 아니다. 인터넷이나 멀티미디어를 활용하여 교실에서 간접적으로 학생들이 현실사회를 경험하는 것도 포함한다. 학생들은 현실사회와 관련된 문제를 해결 해 가는 프로젝트를 진행해 가면서 더욱더 수업활동에 몰입할 수 있고 활발하게 참여하게 됨으로써 효과적인 학습이 일어난다는 것이다.

2. 학습자 중심 접근법 관련 이론

2.1 학습자의 인지영역과 정서영역

학생들에게서 배움이 일어나는 과정에 관여하는 요소는 인지 영역(cognitive domain)과 정서 영역(affective domain)으로 나눠서 생각해 볼 수 있다. 학생 개인의 지적인 측면에서 정보를 처리하는 과정은 인지영역에서 접근해 볼 수 있고, 학생이 학습을 할 때 어떤 상태에 있는지 여부는 정서영역 측면에서 접근해 볼 수 있다. 학생 개인 차원에서 배움이 일어나는 과정은 인지 영역과 정서 영역의 복합적인 과정에서 분석해 볼 수 있다.

Bloom(1956)은 인간의 머릿속에서 진행되는 '사고(thinking)'라고 하는 인지적 과정을 <표 1>과 같이 6 단계로 구분하였다.

표 1 Bloom(1956)의 6단계 인지과정

기억(Remembering) ⇨ 이해(Understanding) ⇨ 적용(Applying) ⇨ 분석(Analyzing) ⇨ 평가(Evaluating) ⇨ 창조(Creating)

이와 같은 6가지 단계는 다시 '기본사고(foundation thinking)'와 '고등사고(higher order thinking)' 단계로 구분해 볼 수 있다.

우선 '기본사고'에 해당하는 영역은 기억, 이해, 적용 단계이다. 예를 들어 '셰익스피어는 어느 시대 사람인가?', '셰익스피어가 쓴 작품은 어떤 것이 있는가?'와 같은 질문은 특정 인물에 대한 기본정보를 묻는 내용으로, 해당하는 내용에 있어 기본 사실에 대해 '기억능력'을 활용하도록 요구하는 질문이다. 이는 컴퓨터의 데이터베이스에 정보를 입력 해 놓고 필요할 때 불러다 쓰는 방식과 비슷한 과정이다.

다음으로 '햄릿은 왜 비극적 결말을 맞이하게 되었는가?', '맥베스는 왜 환각을 보게 되었는가?'와 같은 질문은 '이해능력'을 활용하여 답변하도록 묻는 질문이다. 학생들은 햄릿 캐릭터가 주변 인물들과 어떤 관계를 가지고 있었고 작품 속에서 어떤 사건이 일어났는지 인과관계를 이해해야만 이 질문에 답변할 수 있고, 맥베스의 상황도 마찬가지로 극중에서 인물, 사건, 배경의 어떠한 인과관계로 인해 맥베스가 환각을 보게 되었는지 이해를 해야만 이 질문에 답변을 할 수 있을 것이다.

또한 '햄릿'이나 '맥베스' 대본을 바탕으로 무대 위에서 공연의 형태로 연극을 하려면 학생들은 그 동안 배운 모든 지식을 활용하여 연출을 해야 할 것이다. 대본을 바탕으로 연극을 연출하는 것은 학생이 가지고 있는 지식들을 활용한 '적용능력'을 요구하는 과정이라 볼 수 있다. 이처럼 기억, 이해, 적용 단계를 기본사고 영역으로 구분해 볼 수 있다.

Bloom의 나머지 3단계 분석, 평가, 창조는 고등사고에 해당된다. 우선 '분석' 능력은 개념이나 사물을 여러 개의 작은 단위로 분류하고, 각각의 단위를 면밀하게 살펴보고 검증하는 능력을 말한다. '평가' 능력은 분석의 과정을 마친 후 모아진 자료 및 증거를 중심으로 무엇이 중요하고 무엇이 덜 중요한지 판단하며, 이렇게 취합되고 정리된 자료를 기반으로 합리적인 최종 결정을 내리는 능력이다. '창조'는 분석과 평가의 과정을 통해 받아들인 새로운 내용을 바탕으로 학생이 자신만의 결과물을 만들어 내는 능력이다.

Bloom은 분석능력과 평가능력은 '비판적 사고능력(critical thinking)'을 구성하는 요소라고 볼 수 있는데 이를 논의하기 위해서는 우선 '비판적 사고능력'의 정의에 대한 언급이 필요하다. Edward(1941)가 정의한 '비판적 사고능력'의 개념은 주어진 상황의 문제를 인지하고, 이 문제 상황을 해결하기 위해 관련된 필요한 정보를 모으고 해결 가능한 방법을 마련할 수 있으며, 이러한 자신의 결론에 대해 정확하고 뚜렷한 언어로 이를 표현할 수 있는 것이다.

학습자의 정서 영역 또한 학습에 영향을 주는 요소이다. 정서 영역에 대하여 Krathwol(2002)은 <표 2>와 같이 세분화하였다.

표 2 Krathwol(2002)의 정서 영역 구분

수용(Receiving) ⇨ 반응(Responding) ⇨ 가치평가(Valuing) ⇨ 개념화(Conceptualizing) ⇨ 특징화(Characterizing)

Krathwol(2002)은 이와 같은 5가지 영역이 위계질서가 있어서 '수용'의 단계부터 '특징화'의 단계까지 순서대로 내재화 된다고 규정하였다. 우선 '수용'은 주변 환경에 있는 사물이나 개념에 대해 인지하고 관심을 갖게 되는 단계이다. 이 단계에서는 어떤 생각이나 물질 또는 현상에 대해 인식하고 의식적인 반응을 하게 되며, 그 상황을 기꺼이 받아들임을 의미한다. '반응'의 단계는 특정 경험의 결과로 새로운 행동을 보여주는 것을 의미 한다. '반응'은 생각, 사물, 현상과 관련하여 행동하는 실천의 정도에 의해 측정되어 질 수 있다. '가치평가'는 어떤 일에 대해 자신의 헌신과 참여의 정도에 의해 정의되어 질 수 있다. 특정 사상이나 개념에 대해 자신이 그곳에 연관되어 있음을 기꺼이 보여주고자 하는 정도를 '가치평가'라고 한다. '개념화'는 새로운 가치를 기존의 일반화된 가치구조에 편입시키는 것을 의미한다. 이 과정에서는 가치의 우선순위나 중요도를 부여하는 과정과 새로운 개념이나 가치를 기존가치 질서와 조화로운 사상 속에 포함시키는 과정도 포함한다. '특징화'는 자신이 가지고 있는 가치관에 따라 일관성 있게 행동하는 모습이다. 더 나아가서 자신이 이미 내재화시켜서 가지고 있는 가치관에 따라 행동하는 모습도 포함한다.

이와 같이 인지역역과 정서역역은 학습자에게 배움이 일어나는 과정에 있어 학습자 내부에 영향을 미치는 요소이다. 더욱 효과적인 학습자 중심의 교육을 위해서는 이러한 인지영역과 정서영역에 대한 고려도 필요한 것이다.

2.2 자기 효용

학습자들이 새로운 내용을 배우는데 있어 관여하는 또 한 가지 심리적 작용이 자기효용감이다. 이는 학생들이 스스로 동기부여하고 어려운 과업에 과감하게 도전할 수 있도록 도와주는 심리적 요소인데, 학생들에게 더 효과적인 학습자 중심 교육을 실천하려면 이 부분에 대한 고려도 필요하다. 자기효용(Self-efficacy)은 주어진 과업에 대한 성취를 특정 수준까지 성공적으로 이뤄내는데 있어서 이를 위해 요구되는 일련의 행동을 구조화하고 실천할 수 있다는 스스로의 능력에 대한 믿음이다(Bandura, 1986). Bandura(1986)에 따르면 자기효용은 사람들이 어떻게 느끼고 생각하고 동기부여하며 행동하는지 규정한다고 주장하였으며 강력한 자기효용감은 다양한 측면에서 개인적 성취와 삶의 질을 확장시킨다고 하였다. 예를 들어 자신의 능력에 대해 강한 자신감을 가지고 있는 개인은 난이도가 높은 과업을 도전할 만한 것으로 받아들이는 반면, 자신의 능력에 대해 의구심을 갖고 있는 개인은 어려운 과업을 자신에게 위협적인 것으로 받아들여 회피한다고 하였다. Bandura(1986)는 자기효용감을 구성하는 정보의 원천을 네 가지로 구분하였는데, 각각의 영역과 특징은 <표 3>과 같다.

표 3 자기효용감을 구성하는 정보의 4가지 원천

명칭	의미
성공적인 과업달성 (performance attainments)	-주어진 과업을 실질적으로 이뤄내는지 여부가 자기효용에 영향을 줌 -학생이 직접 겪은 경험에 의해 형성되므로 자기효용에 가장 큰 영향을 끼침

	-과업에 있어서 성공은 자기효용감을 상승시키고, 반복적인 실패는 반대의 결과를 가져옴
간접경험 (vicarious experiences)	-자신과 비슷한 상황의 사회적 롤모델의 성공을 통해 자기효용감이 형성 되거나 강화됨 -간접경험을 통해 과업성취에 필요한 능력도 배양가능 -자신과 비슷한 타인의 실패사례에서 자기효용감이 줄어들거나 감소할 수 있음 -개인과 비교대상간의 유사성이 클수록 개인에게 주는 영향력이 커짐
구두설득 (verbal persuasion)	-개인이 특정능력을 지니고 있다고 믿도록 하는 타인의 구두설득은 개인의 자기 효용감을 높여줄 수 있음 -학습자 주변의 부모나 교사의 긍정적인 구두설득이 학습자의 과업달성에 영향을 미침
신체적 상태 (physiological states)	-개인의 감정 상태나 몸 상태가 자기효용감을 형성하는 데 일정부분 영향을 줌 -좋은 감정 상태는 긍정적인 영향을 주고, 나쁜 감정은 부정적인 영향을 줌 -스트레스나 긴장의 정도가 자기효용감에 부정적인 영향을 줄 수 있음

간단히 말하자면, 자기효용감은 학생이 자신이 어떤 특정 과업을 일정 수준으로 해 낼 수 있다고 하는 스스로의 능력에 대한 믿음이라고 할 수 있다. 이 개념은 실제적인 능력과는 약간의 차이를 갖는 것으로 '나는 할 수 있다'고 하는 능력에 대한 믿음인 것이다. 물론 주어진 과업을 실제로 해 내느냐의 여부가 자기효용을 형성함에 있어 가장 큰 영향을 주겠지만 그 외에도 <표 3>에 주어진 것과 같은 네 가지 요소가 학생 스스로의 믿음에 대해 영향을 주고 있다고 할 수 있다. 예를 들어 영어 시험 점수가 비슷한 두 학생이 있다고 할 때, 한 학생은 긍정적인 자기효용감을 가지고 있고, 다른 학생은 부정적인 자기효용감을 가지고 있다고 한다

면, 긍정적인 자기효용감을 가지고 있는 학생이 어려운 문제를 대면했을 때 더 적극적으로 이를 해결하려고 노력을 할 가능성이 높다는 말이다. 다시 말해서, 자기효용감은 학생 스스로의 능력에 대해 강한 믿음을 줌으로서 학생이 실제적으로 무엇인가를 이루도록 동기부여할 수 있다는 점에서 의미를 갖는다. 이러한 점에서 학습자 중심 접근법은 학생 스스로 배움에 참여하도록 유도함으로써 자기효용을 높이는 데 가장 효과적인 방법으로 학생들의 학습을 높이는 데 영향을 준다.

2.3 다중지능이론

학습자 중심 접근법을 지지하는 또 하나의 이론은 다중지능이론이다. 다중지능이론은 배움에 있어 개인은 저마다 서로 다른 소질을 가지고 있기 때문에, 자신에게 맞는 영역의 학습을 할 때 가장 효율적이고 다양한 학습 결과를 도출할 수 있으므로 개인에게 맞는 다양한 영역의 학습을 하는 것이 효과적임을 보여주는 이론이다(Gardner, 1983). Gardner (1983)는 사람의 지능을 음악지능, 신체운동지능, 자기이해지능 (intrapersonal), 대인관계지능(interpersonal), 논리수학지능, 공간지능, 언어지능 등의 7개 지능영역으로 세분화하였다.

다중지능이론은 개인이 저마다 다른 배움의 지능이 있다는 사실을 기록하기 위해 심리학 분야에서부터 고안된 이론이다. 모든 개인이 동일한 배움의 지능을 가지고 있다면 획일적인 방법으로 교육을 하는 것이 가능할 것이다. 하지만 실제로는 배움의 과정에 있어 학생 개인은 저마다 다른 지능에 강점을 가지고 있으므로 모든 학생에게 획일적으로 동일한 수업의 방법을 적용하는 것은 효율적이지 못 하다. 어떤 학생은 공간을 활용하여 배움을 잘 할 수 있고, 다른 학생은 언어를 활용한 사고를 잘 하고, 또 다른 학생은 합리적이고 논리적인 사고방식에 능숙하고, 누군가는 손으로 직접 만지고 몸으로 겪는 것을 통해 효과적으로 배운다와 같은 개인의 차이에 대해 이해한다면 모두에게 동일한 교육방식을 적용하는 획일성이 적절치 못하다는 것을 이해할 수 있을 것이다. 학생 개인들이 저마다 가지고 있는 장점을 잘 활용할 수 있도록 다양한 교육 방법을 적용하는 것이 더 효율적이다(Gardner, 1983).

이러한 면에서 Gardner(1983)는 주어진 정보를 수동적으로 암기만 하는 것 보다는 학생들이 능동적으로 배움에 참여하는 학습자중심교육이 더 다중지능을 효과적으로 활용할 수 있는 교육방법이라고 하였다. 수동적으로 암기만 한 지식은 학교를 졸업하거나 시험이 끝나면 곧 잊어버리게 마련이다. 반면, 어떤 주제에 대해서 학생이 실험하고, 자료를 분석하고, 실험결과에 대해 예측하고, 특정 인물에 대해 인터뷰를 심도 있게 실시하고, 이를 종합하여 글을 써 보고 한 것에 대해서는 더 깊게 생각하고 기억에도 오래 남고, 그 분야에 대해서 심도 있게 알게 된다.

2.4 비판적 교수법과 학습자 중심 접근법

Paulo Freire는 이 세상에 존재한다는 것의 의미를 세상 사물에 대해 호기심을 갖는 것이라고 했다. 그에 따르면, 세상을 배우려면 우선 개인 자신의 내부에 미덕을 갖추고 있어야 하는데, 여기에 필요한 것이 바로 '관용의 미덕(the virtue of tolerance)'라고 하였다. '관용의 미덕'을 통해서만 다른 사람들과 함께하는 다양한 활동과 배움에 대한 풍부한 가능성이 열린다는 것이다. 관용이라고 하는 것은 사물에 대해 알지 못하는 순진한 상태(naive)를 의미하는 것이 아니고, 개인의 성격과 개성을 포기해야 한다는 것도 아니라고 하였다. 오히려 관용은 타인에 대해 인내하고 이해하려고 하는 자세라고 하였으며, 이는 인간 공동체에 살아가는 개인의 도덕적, 정치적, 역사적 의무라고 하였다. 여기서 필요한 것이 그가 말한 '리터러시(literacy)'능력이며, 이는 주변 상황에 대해 인지하고 이에 대해 끊임없이 의문을 제기하며 여러 가지 측면에서 생각해 보고 의견을 정립하는 사고능력이라고 생각해 볼 수 있다.

Paulo Freire는 사회구성원의 인식세계를 두 가지로 구분하였는데, 사회에서 인정하고 중점을 두는 상태인 교양 있고 문명화된 상태(being cultivated)와 그렇지 못한 상태(being uncultivated)로 나누었다. 그에 따르면 인간은 언어를 통해 사고하고 행동하는데, 한 사회에 존재하는 언어는 정치적, 사상적 사고의 결과물이다. 여기서 교사의 역할은 학생들에게 그 사회에 존재하는 '우월한' 사고방식과 패턴을 학생들에게 지도하고, 사회의 모든 학생들이 이러한 주류적 사고방식과 패턴을 배울 수 있는 권리(rights)를 보호하는 것이라고 했다. '민주적이고 평등한 교사(a democratic teacher)'는 학생들의 언어가 교사 자신의 언어만큼 아름답고 훌륭하다고 분명하게 설명해 줘야 한다.

비판적 교수법은 세상에 존재하는 모든 지식은 사회적, 문화적 가치를 반영한다고 본다. 그렇기 때문에 지식 속에 내재된 사회적 규범이나 가치, 문화와의 관계를 객관적으로 바라보려면 이에 대해 변증법적 시각을 바탕으로 계속적인 물음과 문제 제기를 통해 지식의 실체를 바라보기 위해 탐구해야 한다고 하였다. 이를 위해서는 동시에 이데올로기에 대한 비판도 필요하며 기존 가치에 존재하는 주류 이데올로기에 대해 문제를 제기하고 의문을 제기하는 저항이데올로기가 필요하다고 보았다. 이러한 비판적 사고와 변증법적 사고를 위해서 필요한 것이 문제 제기식 교육이며, 이론과 실천이 함께하는 프락시스의 중요성을 말하기도 하였다. 학습자 중심 교육은 이러한 비판적 교수법을 실천하는데 있어 학생들이 어떤 현상에 대해 주체적으로 생각하고, 문제 제기식 교육을 하는데 적절한 방법이라고 볼 수 있다. 왜냐하면, 학생중심 교육은 학생들이 스스로 비판적 사고를 하고, 이를 통해 자신의 입장에 대해서 생각하도록 해 주며 더 나아가 이러한 사고를 바탕으로 스스로 변화시키고 사회참여로까지 연결시키는 데 긍정적인 영향을 주기 때문이다.

3. 외국어 교육에 있어 학습자 중심 교육의 외국 사례

3.1 거꾸로 교실

'거꾸로 교실(Flipped Learning)'은 2007년 미국에서부터 처음 시작된 수업의 방식으로, 학생들은 새로운 수업내용에 대해 우선 교실 밖에서의 활동, 주로 참고 서적 독서나 교사의 교과내용에 대한 비디오 강의를 통해 먼저 내용을 파악하고, 수업 시간에는 새로 배운 내용들을 활용하여 문제해결, 토의, 토론 등과 같은 고난도 학습활동을 하는 것을 의미한다. Bloom(2001)의 분류법에 의거하면 하위영역에 속하는 인지활동(지식의 습득 및 이해)은 교실 밖에서 하고, 좀 더 상위 영역의 인지활동은 교사의 도움을 받아 교실에서 하는 수업형식을 의미한다. 이는 기본적으로 학생들이 수업시간에 수동적인 역할만 하는 형식에서 벗어나 좀 더 능동적인 교육의 주체자 역할을 하도록 구성된 수업이다.

Lage, Platt와 Treglia(2000)는 거꾸로 교실 접근법을 자신들의 경제학 입문 수업에 도입을 하고, 그 결과를 보고하였다. 이들은 전통적 강의식 수업이 특정 학습 스타일을 가진 학생들에게는 비효율적이라는 연구에 착안해 실험을 진행하였고, 수업 내용을 학생들에게 처음 노출할 때 교실 밖에서의 다양한 방법을 사용하였다. 즉, 교과서 읽기, 강의 비디오, 음성 파일이 첨부된 파워포인트 자료, 인쇄 가능한 파워포인트 자료 등 다양한 도구를 사용해 학생들에게 수업 내용을 처음 노출 시키고자 하였다. 추가적으로 학생들이 교과 내용에 대해 좀 더 잘 이해할 수 있도록 돕기 위해 워크시트도 활용하였다. 그 후 수업 시간은 학생들이 경제 이론을 이해하도록 돕기 위해 소그룹 토론이나 경제이론에 대한 질의 응답 시간으로 활용하였다. 그 결과 학생과 교사 모두 이 방식에 대해 긍정적인 모습을 보였으며, 특히 교사들은 학생들이 전통적 수업을 할 때 더욱더 동기부여가 된 모습을 보여주었다고 발표하였다.

Eric과 Catherine(2001)은 거꾸로 교실과 비슷한 '또래 교수법(peer instruction)' 방식에 대해 연구하였는데, 이 방식 역시 학생들이 수업에 오기 전에 과제나 문제지 등을 통해 교실 밖에서 교과내용에 대해 미리 접하게 하는 수업 방식이다. 교사는 수업 시간에 최대한 강의를 지양하고 교과내용에 대한 질문들을 체계적으로 구성한다. 이 질문들에 대한 답변은 모든 학생이 의무적으로 '클리커(clicker)'라는 전자시스템을 통해 답변해야 한다. 교사는 학생들의 답변에 대해 즉각적으로 현황을 파악할 수 있어야 하며 만약 30%~65% 정도의 학생들이 제대로 답변을 하지 못하는 경우가 생기면, 교사는 이 질문에 대해 소규모 토론을 진행하고, 학생들이 토론하는 사이를 다니며 토론을 이끌어 준다. 토론 이후에 학생들은 질문에 대해 다시 답변하며, 교사는 이에 대해 피드백을 해 주고 연관된 추가 질문을 한다. 이 같은 방식이 다른 주제에 대해서도 진행이 되고 한 사이클은 13분에서 15분 정도로 구성하였다. 그 결과 전통적인 강의 방식을 활용한 수업보다 또래교수법이 학생들의 성취에 있어 더 효율적이었다는 결과를 발표했다.

3.2 참여연구를 통한 문제해결식 교수법

Rivera(1999)는 뉴욕의 공동체 중심 성인교육 프로그램인 El Barrio 인기 교육 프로그램을 통해 비판적 교수법의 현장 응용에 대해 보고하였다. 이 프로그램은 스페인계 모국어를 사용하는 성인 학습자들을 중심으로 참여교육, 이중언어교육, 이중리터러시교육(biliteracy)의 목적을 가지고 ESL의 기본 프로그램에 스페인어 리터러시 교육을 병행하여 실시하였다.

참가자들의 대부분은 푸에르토리코나 도미니카 공화국 출신 여성들로, 이들은 대체로 고등학교 수준 정도의 학력 인정 시험을 준비하기 위해 읽기 능력과 기본적인 교육 수준을 갖추고 영어를 공부하기 위한 목적으로 프로그램에 참여한 사람들이 대부분이다. 그러므로 대부분은 아이들이 있는 여성들이었으며 특별한 기술이나 교육이 없는 관계로 일은 하지 않는 사람들이었다. 참가자들 개인의 영어 유창성 정도는 다르지만, 스페인어 모국어 화자라는 점과, 육아, 미국이민, 그리고 미국에서의 비숫한 사회경제적 위치라는 측면에서는 공통점을 갖고 있었다.

교육프로그램의 목적은 자신들이 여성으로서 당면한 문제에 대해 저항하고 조직화할 수 있는 능력을 배양해 주며 동시에 영어리터러시를 갖출 수 있도록 해주는 것 이었다. 주로 개인의 경험을 소개하고 나누는 내용을 활용하여 스페인어 모국어를 활용한 스토리텔링을 수업에 사용하였다. 이를 바탕으로 자신들이 교육 받지 못하고 현재 상황에 처해 있는 현실에 대해서 이를 참가자 개인의 책임으로만 만들기 보다는 사회에서 여성이기 때문에 교육으로부터 소외 받았음을 생각하도록 일깨워 주었다. 영어수업 시간임에도 모국어를 많이 사용하여 참가자들이 자신의 가족이나 개인에 대해 갖고 있는 생각에 대해 좀 더 원활하게 이야기 할 수 있었으며 사회적 정치적 내용들을 다루는데 좀 더 수월하게 하였다. 뿐만 아니라 적절한 모국어 사용을 통해 참가자들이 지식을 생산해 내고 성찰적인(reflective) 사고를 하게 되어, 지식의 사회적 전환(social transformation)을 성취할 수 있도록 유도하였다.

연구의 프레임은 Tandon(1988)이 제시한 참여연구(participatory research)를 근거로 하였는데, 교과내용의 주제를 크게 영역별로 나눈 후 대주제에서 참가자들이 자신의 생활과 직접적인 관련이 있는 질문을 이끌어 내게 하고 이 질문을 바탕으로 데이터를 수집한 후, 결과에 해당하는 내용을 짧은 영상 형태로 제작하여 발표하도록 하였다. 문제해결식 수업방법을 통해 무엇을 배웠냐는 질문에 한 참가자는 "자신이 정말 많은 것을 할 수 있는 잠재력을 가졌음에도 불구하고 그 동안 이러한 것들을 할 수 있는 기회가 주어지지 않아왔다."라고 답하여 사고의 전환이 이뤄졌음을 보여주기도 하였다.

3.3 이주민 여성의 ESL 수업에서의 비판적 교수법

본 연구는 남미에서 미국으로 이민 온 이주민 여성들만을 대상으로 비판적교수법을 사용하여 영어교육을 한 결과를 보고한다. 연구자는 자신의 보고서에서 언어를 이론가들에 의해 만들어지고 교사가 학생들에게 전달해 주는 객관적 시스템으로서의 개념을 거부하고, Freire(1970a)가 "자신에게 정체성을 심어준 문화를 비판적으로 관찰하는 행위를 통한 배움"이라고 정의한 리터러시의 개념화(conceptualization of literacy)에 의거하여 교육 및 연구를 실시했다. 연구자는 자신의 실험에서 참가자들이 자신들의 경험을 바탕으로 스스로의 '목소리'를 낼 수 있는 교실환경을 만들어 주려고 하였다.

참가자들은 주로 남미, 중앙아메리카, 그리고 캐리비안에서 이민 온 17명의 여성들이었으며 이들은 교육을 받지 못했고 집에서 아이들을 돌보며 집안일을 하는 전형적인 여성들이라고 하는 공통분모를 갖는다. 연구자는 수업과 자신의 성찰을 하는 과정을 글로 남기거나 녹음하였고 이를 바탕으로 데이터를 수집하였으며, 연구의 프레임은 대화적 접근법 (Wong, 1994)을 사용하였다.

수업의 주제는 학생의 현실문제와 관련된 1) 좀 더 좋은 직장 얻기 2) 영어를 사용한 의사소통 능력 신장 3) 학교의 시스템을 이해하고 자녀들이 학교에서 성공할 수 있도록 도와주기 4) 지속적인 교육 5) 문화적, 사회적 규범 익히기 등에 중점을 맞추었다. 수업이 진행 되면서 학생들과 관련된 다른 주제들을 다루었으며, 그러한 주제들로는 가족, 대인관계, 남녀평등, 부당한 고용상황, 영어 화자와 소통할 수 있는 기회부족, 인종 편견, 차별문제 등이 있었다. 수업에 참여한 여성들은 주로 스토리텔링 방식을 선호하였으며, 이들은 주로 자신들이 경험한 인생의 내용을 바탕으로 서로 교류하기 위한 목적으로 영어를 사용하였다. 연구자는 학생들의 대화 속에 사회적 계층, 종교, 성 정체성 등에 대한 주제를 제공하며 이들이 서로 의견을 교환하도록 이끌기도 하였다.

본 연구의 구성원들은 스페인어라고 하는 모국어만 공통적일 뿐 모든 면에서 같은 점이 거의 없었다. 연구자는 참가자들의 이러한 다양한 모습을 오히려 이들 위계질서나 불평등에 대해 갖고 있는 의식구조를 변화시키기 위한 원동력으로 활용하였다. 서로 다른 모습들을 교실에서 대면하면서 타인을 이해하고, 자신과 다른 모습과 협상하는 노력 등을 지도하는데 사용하였다. 참가자들은 지식에 의해서 자신들의 힘이 강화되는 과정(empowerment)에 대해 이야기 할 때 더 많은 관심을 갖고 참여하는 모습을 보였다. 참가자들은 수업이 진행될수록 점점 억압적인 문화나 자신들이 느낀 강압적 사회분위기 등에 대해 이야기하기 시작하였다. 또한 그들은 영어모국어 화자들이 자신들의 제한적인 영어능력을 악용하려 한다는 사실에 우려를 표현했고, 자신들의 제한적 영어실력으로 인해 사회공동체에 잘 참여하지 못함을 이야기했다. 연구자는 본 수업의 목적이 언어교육을 통한 의식강화에 있었음을 상기시키면서 진정한 사회변화와 여성의 권리 신장은 개인 스스로 자신의 위치에 대해 알아차리고 인식하는 것이 변화의 시작이라고 주장하였다. 본 연구는 학습자들이 주체적으로 수업에 참여하고 비판적 사고를 통해 자신들의 입장에 대해 생각이 바뀌고 이 바뀐 생각이 달라진 행동으로 연결된다는 점에서 학습자 중심 접근법과 연관성이 있다고 할 수 있다.

3.4 프레이리 관점에서 본 학습자 자율성

Nicolaides와 Fernandes(2008)는 학습자 자율성을 Freire가 말한 비판적 교수법 관점에서 소개한다. 이들은 우선 학습자 자율성의 의미에 대해 여러 가지로 규정하고, 두 명의 다른 연구자(Nicolaides 2003, Fernandes 2005)가 실시한 사례 연구 중에서 OTAVIO라고 하는 한 사람의 공통적인 참가자에 대한 사례를 통해 비판적 교수법 관점에서 갖는 학습자 자율성의 의미에 대해 설명하고자 시도한다.

본 연구는 우선 자율성(autonomy)에 대해 Nicholaides(2003)가 정의한 개념을 채용하였다. Nicholaides(2003)가 규정한 자율성은 1) 자신의 목표를 스스로 정의할 수 있고 2) 자신에게 필요한 지식을 습득하고 조사하는 과정에 대해 스스로 책임감을 가져야 하는 학습자의 역할을 이해하며 3) 학구적이지 않은 환경에서도 독립적으로 자신의 지식을 계발시키고 능력과 기술을 얻기 위한 방법을 선택할 수 있으며 4) 자신의 배움을 추구하는 동안 만나게 되는 장애물을 인지할 수 있으며 이를 해결하기 위한 방법을 추구할 수 있을 뿐 아니라 5) 배움의 중간 과정과 후반에 스스로 상태를 평가할 수 있으며 6) 주어진 환경에서 책임 있는 학습자의 자세로 자율성을 행사할 수 있는 능력을 배양하고, 그 결과 자신의 사회적 환경에 대해 스스로 변화를 가져 올 수 있는 사람으로서 자신의 역할을 인지할 수 있는 능력을 포함한다.

본 연구는 자율성(autonomy)의 의미를 규정한 후 이 개념을 Freire의 비판적 교수법과 연결하여 설명한다. 세 가지 이유를 들어 두 개념간의 연관성을 설명하는데, 첫 번째 연관성은 우선 스스로 생각할 수 있는 능력은 실천을 위해 반드시 필요한 요소이며, 우리의 실천은 사회변화에 영향을 준다는 것이다. 본 연구는 Freire의 저서인 *Pedagogy of Freedom*을 인용하며, Freire는 희망이 없는 상태를 비정상적인 상황이라고 규정하였으며, Freire 자신은 설령 희망을 잃어버릴 위험에 처하더라도 끝까지 희망을 가진 존재이며, 우리 모두는 스스로를 무기력화시킬 수 있는 절망의 상태로 가지 않기 위해 희망을 위협할 수 있는 이유를 제거하기 위해 노력해야 함을 주장했다. 두 번째 이유는 가르침이 단순히 사실을 전달하는 것만이 아님을 이야기 했다. Freire는 배움이 가르침을 선행하며, 배움 없는 가르침은 의미가 없는 활동이라고 했다. 그러므로 교육자와 피교육자는 서로 다른 존재가 아니며, 이 둘은 양방향으로 서로 가르치고 배우는 관계라고 규정했다. 이러한 관계 속에서 학습자들은 지식의 원천이며, 학습자는 자신의 경험을 교실로 가져올 수 있을 만큼 자율성을 가져야 한다고 했다. 세 번째로 학습자들은 교수자를 권위적 모델로 생각하지 말고 억압으로 부터의 해방자로 생각해야 함을 주장했다. Freire는 학생들이 좀 더 자율적이 되도록 도와주는 것이 학생을 지식의 공동 생산자로 생각하는 교사의 역할이라고 말했다.

본 연구는 Nicholaides(2003)의 연구와 Ferandes(2005)의 연구에 공통으로 등장하는 피실험자인 Otavio의 사례를 소개한다. Otavio는 배움의 세계에 적응하는 데 많은 어려움을 보여주었지만, 영어에 있어서는 개인의 취향을 갖고 있는 학생이다. 학습에서 그가 겪은 어려움은 배우는 과정에서 자신에게 요청되는 책임감이나 과제를 수행하는데 영향을 주었다. 그 결과 Otavio는 '반항아(rebel)'라고 이름 붙은 학생이었다. 학습의 자율성 측면에 있어서 그는 매우 흥미로운 참가자였는데, 그 이유는

Otavio가 영어를 배운 장소가 공식적인 학습 환경이 아니고 완전히 혼자 스스로 배웠다는데 있다. Otavio는 외동아들로 아버지는 항상 일을 하느라 밖에 있었다. 홀로 남겨진 그는 5살부터 16살까지 주로 비디오를 보며 언어를 배웠다고 했다. 그는 주위에 함께 놀아줄 형이나 동생이 없었으므로 혼자 있는 시간에 주로 비디오를 봤다고 했으며, 비디오를 통해 영어를 배웠다. 처음에는 교사가 될 생각에 관심이 없었다. 하지만 Otavio가 교육을 받고 현장에서 연습을 해 볼 기회가 생김에 따라 그의 의식에 변화가 생겼는데, 자신이 수업하는 것을 특별하게 좋아하기 보다는 학생들에게서 질문을 받는 것이 좋고, 자기는 연구 보다는 수업하는 것이 더 잘 맞기 때문에 교사가 되기를 희망한다고 밝혔다. 또한 타인에게 무엇인가를 설명해 주는 것이 그리 크게 귀찮은 일이 아니라 교사가 되는 것이 좋을 것 같다고 했다. 한편 Otavio를 지도한 교사에 따르면 교실환경에서 Otavio가 갖는 이미지는 여전히 별로 협력적이지 않고, 활발하지도 않은 학생이다. 하지만 그가 개인적인 차원에서는 점점 교사로서 장래의 희망에 비중을 키우고 있음을 알 수 있었는데, 이는 Otavio가 수업 시간을 통해 무엇인가를 크게 배웠다라기 보다는, 수업 장소에서 무엇인가를 연습할 기회를 가졌다는 사실 만으로도 그의 의식에 전환이 일어났음을 알 수 있다. 한 가지 알 수 있는 사실은 Otavio가 자신이 가지고 있는 능력을 연습해 볼 수 있는 기회를 가졌고, 그러한 필요를 느꼈다는 사실이 스스로 변하도록 만들었다는 것이다. 또한 Otavio의 사례는 자율성이 기회와도 연관이 있음을 보여준다. 그는 자신의 학습 환경이 유익하다고 느꼈고, 자신의 상황이 다른 관점에서 생각해 볼 수 도 있음을 깨달았다. 이것은 앞서 언급한 Freire의 프레임과 연결해서 생각해 볼 수 있다. 즉,

Otavio는 자신에 대해 스스로 생각해 보는 과정을 가졌고, 이것이 그의 변화라고 하는 행동으로 이어졌다. 그리고 그의 행동이 사회에 영향을 주었는데 왜냐하면, 그의 동료들이 Otavio의 사례를 통해 새로운 것을 배웠기 때문이다. Otavio는 또 다른 인터뷰에서 자신이 학생들로 하여금 질문을 하도록 유도하며, 학생들 스스로의 의심을 해결하도록 격려한다고 했다. Otavio는 학생들 스스로가 배움의 과정에 많이 참여하도록 해서, 스스로의 의심에 대해 해결하도록 허락해 주고 있었는데, 이는 Freire가 앞서 말한 내용 중 교사와 학생이 서로 상호작용하며 배우는 관계임을 주장한 것과 연결 된다. 또 다른 인터뷰에서 Otavio는 자신이 모든 학생들을 공평하게 대하고 있으며, 학생들에게 수업 시간을 통해 편안한 분위기를 만들어 주고 있고, 학생들의 요청에 의해 시험도 일주일 미루어 주는 모습을 보여준다. 이는 Freire가 말한 권위자로서의 교육자의 모습이 아닌 억압으로부터 학생들을 해방시켜주는 해방자의 모습으로 교육을 하고 있는 것으로 연결해 볼 수 있다.

본 연구는 Otavio의 사례 연구를 통해 학습자 중심교육에 있어 자율성이 강조되는 교육을 통해 학생이 변화된 모습을 보여줬다고 보고했다.

3.5 비판적 리터러시를 바탕으로 실시한 EFL 읽기 수업의 역동성

Izadinia와 Abednia(2010)는 비판적 리터러시를 적용한 읽기 수업 연구 결과를 보고하였는데, 본 연구는 두 가지 목적을 가지고 있다. 우선, 비판적 교수법이 수업에 어떻게 활용되어 질 수 있는지 방법을 제시하고, 두 번째로 학생들이 자신들의 자가평가를 통해 비판적 교수법 수업에 대해 어떻게 생각하는지 탐색함을 목적으로 하였다.

본 연구는 테헤란에 있는 대학교 1학년 학생들을 대상으로 하였으며, English Reading Comprehension 1 수업으로 21명의 학생을 대상으로 2008년 2월부터 6월까지 1주일에 3차시씩 12주간 진행되었다. 이란의 EFL 환경도 전통적인 영어교육 방식에 익숙해 있었으므로 연구자는 학생들뿐 아니라 동료 교수들에게도 환영 받지 못하는 상황에서 비판적 교수법을 도입하였다. 학생들은 대부분 테헤란 출신이며 몇몇 학생만 이란의 지방 출신 학생이었다. 참가 학생 전원은 이슬람교도였으며, 종교가 학생들의 독해 수업 이해 양상에 어느 정도 영향을 주고 있었다. 이란의 학생들은 전통적인 강의식 수업방식에 익숙해 있었으므로 수업시간에 수동적이고 대체로 조용한 태도를 보였다. 이들은 많은 부분에서 종교에 반대하는 의견을 내는 것은 곧 자신들의 정부에 반대한다고 생각했기 때문에 수업시간에 정치, 종교 그리고 또 다른 민감한 소재에 대해서는 스스로 거리를 두고 가까이 다가가지 않으려는 자세를 보여줬다.

수업에서 주로 다루는 텍스트는 학기가 시작되고 학생들과 함께 선택했다. 교수는 학생들에게 처음에 텍스트를 고르는 가이드라인만 주고 학생들이 스스로 흥미를 느끼는 텍스트를 골라왔다. 후에 학생들의 선택에 의해 2~3개 텍스트를 수업시간에 활용하였고, 처음에는 기본적인 질문을 활용하여 텍스트의 이해를 도왔으며, 학생들이 조금 익숙해진 후 비판적 질문을 제시해 주며 학생들에게 서로 이야기해 보도록 하였다. 첫 한 달이 지난 후와 학기말에 각각 한 번씩 학생들은 스스로를 평가하는 저널을 작성했다.

저널에 자주 등장한 주제와 그에 대한 해석은 <표6>과 같이 정리해 볼 수 있다.

표 4 저널에 자주 등장한 주제와 의미

주제		내용
freedom of speech		학생들의 생각을 적극적으로 표현하도록 유도한 결과 학생들이 언론의 자유에 대해 많이 생각을 하였음
friendly teacher		학생들과 많은 의사소통을 한 결과 학생들이 교사에게 보다 친근하게 다가감
teacher as a role model		교사가 수업시간에 학생들에게 솔선수범을 하는 자세를 보이며 개방된 모습으로 접근하였고, 이는 학생들에게 긍정적인 효과로 작용하여 학생들이 교사를 보며 스스로 성장하는 결과를 만들어냄
teacher's helpful feedback on student's work		수업을 통해 학생들과 교사의 대화가 글을 통해 이루어졌고, 교사가 학생들에게 피드백을 주는 과정에서 학생들이 언어적 측면의 문법과 정확성에 도움을 받음
uninteresting topics		수업의 소재를 학생들이 고르도록 했는데, 어떤 학생에게 흥미로운 소재가 다른 학생에게는 별로 흥미롭지 못한 소재가 되기도 하였음
big talker		수업 시간을 통해 주도적으로 발언하고 영향력을 행사하는 학생들이 나머지 학생들에게 지대한 영향을 주었음
Themes from self-assessments	improvement of critical thinking ability	학생들의 비판적 사고능력이 계발됨
	improvement of self-confidence	학생들의 자신감이 향상됨
	development of self-awareness	자존감이 계발됨
	development of speaking, writing and reading skills	말하기, 쓰기, 읽기 능력이 계발됨

표에 제시된 내용을 간단히 말하자면 교사가 권위적인 태도를 없애고 학생들의 생각을 친절하게 물어보는 과정을 통하고, 학생들이 배우는 주제에 대해 학생들 스스로 생각해 볼 수 있도록 만들어 준다면 학생들의 비판적 사고능력 향상을 기대해 볼 수 있다는 것이다.

본 연구는 긍정적인 측면과 한계에 대해 언급하며 끝을 맺는다. 학생들이 인지적으로, 정서적으로 비판적 교수법에 대해 좀 더 익숙해지는 변화를 겪었으며, 학생들의 비판적 사고능력과 읽기 능력이 향상된 것은 긍정적으로 평가할 만한데 이는 학습자 중심교육의 접근이 학생들로 하여금 비판적 사고능력에 긍정적 영향을 준다고 보고하였다.

4. 외국어 교육에 있어 학습자 중심 교육의 한국 사례

4.1 비판적 리터러시를 활용한 '백설공주' 읽기교육

본 연구에서 최석무(2009)는 전래동화인 '백설공주' 텍스트를 활용하여 비판적 리터러시 교육의 효과를 측정한다. 국내의 대학생을 대상으로 '백설공주' 오리지널 텍스트와 세 가지 다른 버전의 텍스트를 비교하며, 작품에 등장하는 인물과 그들이 갖고 있는 관계에 대해 인종, 젠더, 계급적 관점으로 접근하여 텍스트를 비교하는 시도를 한다. 이러한 읽기를 하며 수업시간에 비판적 리터러시를 배양하기 위해 활용할 수 있는 질문을 소개하였고, 또한 이러한 교육방법이 얼마나 효과적인지 알아보기 위해 설문을 통해 학생들에게 직접 다른 수업과 효과를 비교하는 의견을 듣기도 하였다. 비판적 리터러시를 활용한 질문의 내용적 특성은 단순한 지식이나 사실을 묻거나 확인하는 내용이 아니라 문제해결식 질문이 특징이다. 교사와 학생이 함께 질문에 대해 묻고 답하고 생각하며 문제 해결을 모색해 나가는 관계인데, 이를 위해서는 전통적 교사, 학생 간의 권위적이고 계층적인 관계를 떠나 교사도 학생의 입장이 될 수 있고, 학생도 교사의 입장이 될 수 있는 평등한 관계에서 존재할 수 있다.

본 연구에서 사용한 텍스트는 그림형제가 1857년에 편집한 『백설공주』의 마지막 개정판을 오리지널 텍스트로 삼았고, 그 이외에 디즈니 애니메이션인 <백설공주와 일곱 난장이(Snow White and the Seven Dwarfs)>, 현대 영미단편소설인 「스노우 나이트(Snow Night)」와 「스노우 드롭(Snow-Drop)」과의 차이를 비교하였으며 모두 영어 원서를 활용하였다. 총 36명의 학생들을 3~4명씩 한 조로 10개 그룹으로 나눠주었고, 문제해결식 질문에 대해 그룹별 토론과 그룹 간 토론을 모두 사용하였다. 수업은 4주간 영어로 진행되었고, 수업이 진행된 후 수업의 내용 및 효과에 대해 학생들에게 설문을 실시하였다.

질문의 내용은 주로 이야기에 나오는 등장인물에 대해 기존에 우리가 가지고 있었던 통념을 인종과 젠더, 그리고 계급의 문제 측면에서 다시 한 번 생각해 볼 수 있게 유도한 질문이 대부분이었다. 예를 들어 디즈니 애니메이션의 경우 제목이 <백설공주와 일곱 난장이>인데 이 작품에서 난장이의 존재와 개념에 대해 원작과 비교하여 생각해 보도록 질문하였다. 원작의 제목에서는 난장이의 존재는 언급조차되지 않는데, 이는 원작에서는 난장이들의 존재가 일반인들과는 차별적으로 소외되고 무시되었음을 알 수 있다. 또한 원작에서는 난장이들이 무조건 함께 다니며 개인의 모습이 전혀 나오고 있지 않은 반면 디즈니 애니메이션에서는 난장이들이 개별적 주체로 묘사되며 이름까지 부여되어 있어 원작보다는 그들의 존재가 좀 더 인정받고 있음을 알 수 있다. 비록 이들의 별명이 '게으름이', '투덜이', '잠꾸러기' 등 다소 유아적이고 부정적인 이름으로 호명되어 일반적인 성인으로 인정받지 못하고, 희화화되어 있음을 알 수 있지만 그래도 원작에 비해서는 그 존재가 많이 인정받고 있음을 생각해 볼 수 있다. 이 외에도 남성과 여성의 가정에서의 성 역할에 대한 편견, 사회에서 여성에 대한 편견, 외모중심주의 등 다양한 사회의 편견에 대해 등장인물들을 중심으로 생각해 보고 토론 한다.

본 연구는 수업에 대한 학생들의 반응을 알아본 결과, 비판적 리터러시가 흥미도를 높였으며, 비판적 리터러시를 활용한 영어수업이 필요하다고 생각한다고 보고하였다.

4.2 영어과 예비교사를 위한 '거꾸로 교실' 수업 모형과 적용

이번 섹션에서는 '거꾸로 교실'과 관련된 국내 연구 사례를 두 가지 소개한다. 하나는 대학생을 대상으로 한 수업이고, 다른 하나는 중학생을 대상으로 한 수업이다. '거꾸로 교실' 수업 모델이 비판적 교수법과 연관을 갖는 부분은 교사의 역할 변화와 학생들의 인식변화 부분에서 찾아 볼 수 있다. 비판적 교수법은 기본적으로 학생들로 하여금 더욱 더 많은 생각을 하도록 요구하는데, 거꾸로 교실 수업은 지식전달 부분에 해당하는 강의는 동영상을 통해 학생들이 각자 해야 하고, 수업시간을 통해서는 교사-학생/학생-학생 간 토론과 의견교환을 통해 좀 더 고등사고 활동의 비중을 높일 수 있다는 점에서 관계가 있다 할 수 있다.

우선은, 대학생 대상 사례연구를 먼저 소개하고자 한다. 임정완(2015)은 영어과 교사가 되고자 하는 대학생들을 대상으로 '거꾸로 교실(flipped classroom)' 모델을 적용하고 사례를 보고 하였다. 경북지역의 4년제 사립 대학교 영어교육과 4학년 학생 35명으로 대상으로 '거꾸로 교실' 모델을 적용하여 '교재연구 및 지도법' 수업을 통해 한 학기 동안 수업을 진행하였고, 참가학생들은 영어수업모델에 대해 조별로 계획하고 발표하며 수업의 효과 및 결과를 서로 토론하고 공유하였다.

수업에 활용된 구체적인 활동지도 계획은 아래 표와 같다.

표 5 영어과 거꾸로 교실 활동지도 계획

(출처: 영어과 예비교사를 위한 '거꾸로 교실' 수업 모형과 적용, p. 166)

단계	문제중심 학습단계	활동 영역	학습활동지도계획
수업 전	학습 문제 연구 시작을 위한 탐색	동영상 자료 준비/시청	강의내용: 단원 내용에 관한 핵심 원리와 개념 강의 제작방법: 1차시 수업에서 20분 이내 자료를 제공하고 반복해서 볼 수 있게 함 강의시청후: 성찰 일지를 적어 학습자의 강의 이해 정도를 확인하게 함
		성찰일지 작성	알게 된 것, 모르는 것, 더 알고 싶은 것 등으로 구분하여 작성함
		인터넷 상호작용 공간 활용	항상 접근 가능한 강의 자료실, 퀴즈, 과제, 질의-응답 등을 위한 인터넷 사이트를 제공함
수업 중	학습 문제에 대한 실험 및 결론	교실-외 학습 활동 점검	동기유발을 위한 자료 제공 학생들의 성찰 일지 점검을 통해 학습 문제를 선정할 수 있게 함
		교실환경 구성	모둠 내, 모둠 간 원활한 의사소통 및 분화학

			습이 가능한 보조 환경으로 교실 배열을 함
		팀/개별 구성	동료학습을 통하여 창의적 문제해결과 활발한 의사소통이 이루어지게 함
		학습 활동 수행	동영상 강의를 통해 배운 핵심 주제 및 내용 적용 활동을 함 문제-중심 학습, 협동학습, 동료-수업 등의 방법을 활용함
수업 후	학생발달과 수행에 대한 평가	추가 학습 활동	팀별 모의 수업 발표에 대한 평가
		질의-응답 피드백	학생들이 지식을 구성해 나가는 데 필요한 정보 또는 교사의 도움이 요청될 때 온오프라인 매체를 통해 상호작용을 함
		학습 활동 평가	창의적인 활동 산출물, 수행 과정에 대해 평가함
연구실			학생들이 깊이 이해할 수 있도록 계속해서 안내함

학생들은 수업이 시작하기 전에 강의영상을 보고 이에 대한 성찰노트와 함께 질문을 한 가지씩 만들어서 웹사이트에 올려 공유해야 했다. 첫 동영상을 보고 올린 질문의 개수는 18개였는데, 질문의 내용은 단순 사실에 대한 질문이나, 교재를 자세히 읽으면 혼자서도 해결할 수 있는 유형의 질문이었다. 그래서 연구자가 첫 번째 질문에 대해 답변을 하고, 다음 질문부터는 사실 확인형 질문은 지양하고 좀 더 사고를 요구하는 질문을 올리도록 안내하였는데, 그 이후부터는 질문의 숫자가 5개 이하로 눈에 띄게 줄었다고 보고했다. 이를 통해 학생들은 사고를 요구하는 질문을 하는 데 어려움을 겪는다는 것을 알 수 있었다.

학기가 끝나 가면서 학생들의 거꾸로 교실 수업에 대한 반응을 조사해 보았고, 학생들이 보여준 반응은 자발적 학습이 이뤄져서 좋았고, 질문이 많아지고 교사와 의사소통이 많아졌다 등으로 나타났다. 반면 한 강의에 너무 많은 시간이 투자되는 것 같다는 것과 수업시간을 준비하지 못 한 학생은 수업을 아예 따라 갈 수 없다는 반응도 있었다.

4.3 거꾸로 교실 (영어과 중학생 대상)

김광수(2014)는 중학교에서 거꾸로 교실 모델을 활용하여 영어수업을 하였고, 대상은 2학년, 3학년 학생이었다. 그가 사용한 수업의 흐름은 아래 표와 같다.

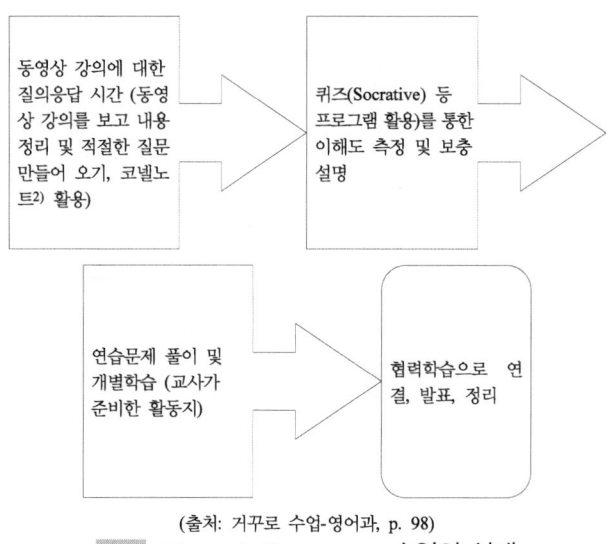

(출처: 거꾸로 수업-영어과, p. 98)
표 6 Flipped Classroom 수업의 실제

---

2) Cornell note-taking system: 코넬 대학교 교육학 교수 Walter Pauk가 고안한 노트 필기법으로 노트 한 페이지를 date, title(objectives), cues, notes, questioin, summary 섹션으로 나누어 그날 배운 내용을 정리할 수 있도록 고안한 노트 정리 방법이다.

본 연구에서는 경험을 바탕으로 한 거꾸로 교실의 좋은 점과 힘든 점을 소개해 놓았는데 강의내용을 학생 본인의 말로 요약하는 과정에서 이해력 및 논리적 사고가 형성되는 점, 수업 중 시간적 여유가 확보되어 다양한 학생활동중심 수업 가능하다는 점은 좋은 점으로 소개하였고 동영상 강의 제작이 심리적으로 부담된다는 점, 강의를 미리보고 오게 하는 일이 쉽지 않다는 점을 어려운 점으로 소개하였다.

대학교와 중학교에서 실시한 거꾸로 수업 모델 연구에 대한 사례를 위에서 언급해 보았다. 앞서 소개된 거꾸로 수업은 비판적 교수법에 있어 주로 교사와 학생들의 역할 변화에만 치중된 연구이다. 사실 비판적 교수법이 제대로 실천되려면 교사와 학생들의 역할 변화 이외에도, 비판적 영역, 사회언어적(sociolinguistic) 요소, 학생들의 변화(transformation), 그리고 이러한 변화를 이끌어 내기 위한 수업 실천(praxis) 등의 요소가 포함되어 있어야 한다. 하지만 위의 사례들은 그러한 점에서 한계를 갖는다고 할 수 있다. 그럼에도 거꾸로 교실을 통해 학습자 중심 교육을 할 수 있고, 이러한 수업 방식이 학생들로 하여금 비판적 사고능력에 영향을 준다는 점에서 의의가 있다.

4.4 비판적 이론 / 비판적 교수법을 기반으로 한 대학원 EFL 프로그램 개발

성기완(2007)은 비판적 이론과 비판적 교수법를 활용하여 대학원의 영어교육 프로그램을 고안하는 연구를 하였다. 연구의 목적은 네 가지로 1) 비판적 이론과 비판적 교수법 측면에서 어떠한 교육적, 교육 프로그램적 요소가 프로그램에서 활용되고 인지되어지는지 알아보고 2) 교사와 학생들이 이 프로그램에 대해 어떻게 느꼈는지 알아보고 3) 프로그램의 장단점이 무엇인지 알아보고 4) EFL 환경에서 본 프로그램과 비슷한 프로그램을 개발 할 때 어떠한 문제들이 있을지 조사하였다.

본 연구는 6년간 연구자가 대학의 MA TESOL 프로그램에서 지도하였던 수업을 통해 얻은 경험을 바탕으로 이루어졌다. 이 프레임을 통해 연구자가 얻은 다양한 형태의 데이터 들, 즉, 현존하는 비판적 이론과 비판적 교수법 관련 자료들, 교육과정 내용, 수업부교재, 격식/비격식적 교사/학생 인터뷰, 연구자 개인의 이미크적(emic) 경험과 개인의 성찰 노트 등을 분석하였다. 추가적으로 학생들이 프로그램에 대해 어떻게 알게 되었고, 이에 대해 어떻게 생각하며, 어떤 제안을 추가적으로 하고 싶은지 등의 내용을 포함한 10개의 문항을 포함한 설문조사도 참가자들을 대상으로 실시하였다.

수업의 특징은 크게 다섯 가지 정도로 나눠볼 수 있는데, 우선 수업언어를 모두 영어로 했다는 것이다. 학생들이 어렵게 생각할 수도 있었는데 기본 의사소통능력 이상의 영어 실력 배양을 위해 영어를 수업 매개어로 사용하였다. 영어권에서 온 원어민 교사 중 한국에서 지도하기를 염두에 두고 있는 학생들도 함께 수업에 참여하였다. 세 번째로 주변에서 흔히 접할 수 있는 IT 장치들을 많이 활용하여 수업에 사용하도록 했다. 네 번째 교육과정에는 비판적 이론과 비판적 교수법 내용을 많이 활용하려 의도하였다. 예를 들어 CELT 590: Postmodernity & English Language Teaching, CELT 500R: Critical Sociolinguistics 등의 수업을 개설하였고 이 수업을 통해 사회언어학, 사회학, 문화연구 등을 ELT 와 연결시키기 위하여 다양한 지문을 읽었다. 학생들의 흥미와 관심이 늘어나면서 수업의 종류도 다양해 졌고, 2007년 기준으로 TESOL CELT 512: Literature, Film and Issues in TESOL Education, TESOL 597C: Language Policy and Planning, CELT 500: Introduction to Critical English Language Teaching (CELT), MALL CELT 598B: Media Literacy 등과 같은 수업도 개설되었다. 다섯 번째로, 외국에서 방문하는 다양한 방문교수들을 수업시간에 활용하여 학생들에게 여러 다른 교수들의 지도와 교류를 제공하였다.

본 연구는 수업에 대한 학생 설문 조사와 학생/교사 인터뷰를 소개하였다. 학생들은 처음에 비판적 이론과 비판적 교수법에 대해 잘 몰랐지만 수업이 진행되면서 그 내용을 알아갈수록 점점 흥미를 느끼는 모습을 설문결과를 통해 보여주었다. 영어권 국가의 학생과 한국인 학생들 사이에 문화차이로 인한 반응도 발생했는데, 영어권 국가의 학생들은 한국 학생들이 수업 시간에 너무 조용하고 의견을 개진하지 않는다고 느낀 것으로 나타났다. 하지만 교수들의 의견을 들어 보았을 때는 한국학생들이 수업에 대한 준비와 참여는 열심히 성실하게 한다고 평가하였고, 다만 자신이 사용한 영어가 옳지 못한 영어일 수 있다는 사실에 너무 부담을 많이 느껴서 생각을 잘 이야기 하지 못하는 것이라고 하였다. 또 한 가지 의미 있는 결과는 학생들이 쓴 학위논문에서 비판적 이론과 비판적 교수법 관련 논문들이 많이 나왔다는 사실이다. 수업을 하면서 학생들이 그 분야에 대해 흥미를 많이 느낀 결과 논문으로 연결이 된 것이다.

본 연구가 비판적 이론과 비판적 교수법를 활용하여 진행될 수 있게 된 데는 우선 학교의 행정적 여건을 꼽았다. 비교적 신설학교이고 학부

간 경쟁이 아직 치열하지 않은 상태에서 학교의 지원이 있었기 때문에 비판적 이론과 비판적 교수법 프로그램이 가능했다고 평가하고 있다. 또한 해외 다른 학교와의 교류가 긴밀하게 잘 이루어진 탓에 학생과 방문교수를 공급하는데 용이했다고 보고한다. 또한 수업을 영어로 했다는 점이 본 프로그램을 다른 교육프로그램과 차별화 시키는데 기여했다고 본다. 마지막으로 학생들이 편안한 학문적 환경에서 비판적 이론과 비판적 교수법와 ELT를 연결시킬 수 있는 환경이 조성되었기 때문에 프로그램이 차별성이 있다고 보고했다.

5. 저자제언

결론적으로 비판적 교수법을 이용한 학습자 중심 교육은 교육의 패러다임에 대한 변화를 의미한다. 다시 말하면, 학생들로 하여금 지식만을 수동적으로 습득하도록 하는 방식에서 벗어나서, 학생들이 주체적으로 이러한 지식을 활용하여 생각할 수 있는 능력을 배양해 주는 교육을 의미한다. 학생들이 주체적으로 사고할 수 있게 해 주려면 우선 주변의 모든 상황에 대해 질문하고 생각하도록 이끌어 주어야 하며, 생각하는데 사용할 수 있는 방법을 알려 주어야 한다. 또한 교사들이 학생들을 바라보는 관점에 있어서, 학생들을 약자로 파악하고 일방적으로 지식을 전달하거나 무엇인가를 지도하는 것이 아니라 교사와 학생이 협력하여 함께 생각하고 함께 공부하는 관계로 나아가야 함을 요구한다. 학생들의 능력과 생각을 인정해 주고 학생들이 수업시간을 통해 자신이 가지고 있는 생각과 아이디어에 대해 능동적으로 생각하고, 표현하고, 토의하도록 이끌어 줄 때 진정한 비판적 교수법을 활용한 학습자 중심 교육을 실천할 수 있을 것이다.

신현필
신현필 교사는 경기외국어고등학교 영어교사로 2009년부터 현재까지 재직 중이다. 고려대학교 영문학부에서 학사, 연세대학교 교육대학원에서 영어교육 전공으로 석사학위를 받았다.

■ 참고문헌

강인애, 주현재. (2009). '학습자 중심 교육'의 의미에 대한 재조명: 현직 교사들의 이해와 실천을 중심으로. 『학습자중심교과교육연구』 9(2), 1-34.

권낙원. (2001). 학습자중심교육의 성격과 이론. 『학습자중심교과교육연구』 1(1), 29-40.

권낙원. (2003). 학습자중심 심리원리와 그 의의. 『학습자중심교과교육연구』 3(1), 67-83.

김광수. (2014). 거꾸로 수업(영어과), 『서울교육』 56(3), 94-100.

길형석. (2001). 학습자중심의 교과교육을 위한 철학적 연구. 『학습자중심교과교육연구』 1(1), 1-27.

신은정. (2011). 학습자중심교육의 의미에 관한 고찰 – 학습자요인연구의 개관을 중심으로. 『동일어문학회』 25/26, 79-96.

임정완. (2015). 영어과 예비교사를 위한 '거꾸로 교실' 수업 모형과 적용. 『영어어문교육』 21(2), 157-173.

최석무. (2009). 크리티컬 리터러시를 활용한 "백설공주" 읽기교육-원작과 영화, 패러디 작품을 중심으로. 『영어영문학』 55(5), 885-906.

Au, W., Bigelow, B., & Karp, S. (2007). *Rethinking our classrooms, teaching for equity and justice, Volume I.* Milwaukee: Rethinking Schools, Ltd.

Bandura, A. (1986). *Social foundations of thought and action: A social cognitive theory.* Englewood Cliffs, NJ: Prentice-Hall.

Bandura, A. (1997). *Self-efficacy: The exercise of control.* New York: W. H. Freeman.

Beach, R., & Myers, J. (2001). *Inquiry-based English instruction: English students in life and literature.* New York: Teachers College Press.

Bloom, B. S., Engelhart, M., Furst, E., Hill, W., & Krathwohl, D. R. (1956).

Taxonomy of educational objectives: The classification of educational goals by a committee of college and university examiners. Handbook I: Cognitive domain. New York: Longmans, Green.

Critical Pedagogy. (2011, April 4). Retrieved April 15, 2011, from Wikipedia: http://en.wikipedia.org/wiki/Critical_pedagogy

Christine, S. N., & Vera, F.(2008) Learner autonomy in the light of Friere. *DELTA vol. 24*, no.spe Sao Paulo

Dana, F. (1999). Participatory education as a critical framework for an immigrant women's ESL class. *TESOL Quarterly, 33*(3), 501-513.

Doyle, T. (2011). *Learner-centered teaching: Putting the research on learning into practice.* Sterling, Virginia; Stylus.

Edward, M. G. (1941). *An experiment in the development of critical thinking.* Teacher's College, Columbia University.

Forehand, M. (2005). Bloom's taxonomy: Original and revised. In M. Orey (Ed.), *Emerging perspectives on learning, teaching, and technology.* From http://projects.coe.uga.edu/epltt/

Freire, P. (1970). *Pedagogy of the oppressed.* New York: Header & Header.

Gardner, H. (1983). *Frames of mind. The theory of multiple intelligences.* New York. Basic Books.

Izadinia, M., & Abednia, A. (2010). Dynamics of an EFL reading course with a critical literacy orientation. *Journal of Language and Literacy Education [Online], 6*(2), 51-67.

Sung, K. (2007). Developing a graduate EFL program based on critical theory and pedagogy. *English Teaching, 14*(3), 95-124.

Klaudia, M. R. (1999) Popular research and social transformation: A community-based approach to critical pedagogy. *TESOL Quarterly, 33*(3), 485-500.

Krathwohl, D. R. (2002). A revision of Bloom's taxonomy: An overview. *Theory into Practice, 41*(4), 212-218.

Maureen, J. L., & Glenn, J. P., & Michael, T. (2000). Inverting the classroom: A gateway to creating an inclusive learning environment. *The Journal of Economic Education, 31*(1), 30-43.

Moreno-Lopez, I. (2004). Critical pedagogy in the Spanish language classroom: A liberatory process.: *The Journal of Culture and Education, 8*(1), 77-84.

Na, Y-H., & Kim, S-J. (2003). Critical literacy in the EFL classroom. *English Teaching, 58*(3), 143-163.

Sung, K. (2002). Critical theory and pedagogy: Remapping English teaching in Korea. *English Teaching, 57*(2), 65-89.

제6장
비판적 교수법을 이용한 교사 교육:
교사 정체성을 중심으로

김혜경 (한국산업기술대학교)

1. 교사 정체성이란 무엇인가?

　10여년 이상 전부터 TESOL 분야에서는 정체성을 한 개념으로 인식하여, 학습과 학습자를 사회문화적 관점에서 이해하고, 교수법(pedagogy)과 언어 이데올로기(ideology)를 탐구하고,[1] 언어와 담화(discourse)가 어떻게 말하는 화자를 주변화(marginalization)시키고 권력을 부여하는지 이해하는 데 이용해 왔다(Miller, 2009). James Gee(2001)도 오늘날 점점 더 많은 연구

---

[1] 여기서 이데올로기란 특정 집단이 기본적으로 갖고 있는 사회적 신념(social beliefs)이지만 그 사회나 문화 전체의 일반적인 신념(general beliefs)인 지식, 의견, 가치 등등에 근거를 두므로 규범과 가치의 전제가 되는 것을 말한다(van Dijk, 1998).

자들이 학교와 사회를 이해하는 방법으로 정체성을 활용하고 있음을 잘 지적하고 있다. 이에 맞추어 학습자 정체성에 대한 활발한 연구가 진행되어 왔던 것에 비해서 교사 정체성, 특히 언어교사 정체성에 대한 연구는 떠오르고 있는 분야라고 볼 수 있다. 언어교사 정체성과 정체성 형성이 연구의 중요한 주제로 떠오르면서 여러 학자들(Duff & Uchida, 1997; Johnston, 1999; Varghese, Morgan, Johnston, & Johnson, 2005)은 언어교사를 단순히 교실에서 언어기술을 가르치는 교실 기술자(technician) 이상으로 보기 시작했다.

언어교사 정체성에 대한 정의는 학자들마다 다양하게 제시되고 있다. Duff와 Uchida(1997)에 따르면 언어교사는 주어진 환경에서 교사로서, 성과 문화를 가진 개인으로서, 원어민 화자나 비원어민 화자로서, 영어전문가로서, 정치적 신념을 가진 개인으로서, 가족과 기관, 그리고 사회의 구성원으로서, 다양한 사회적·문화적 역할(role)과 정체성을 나타낸다고 본다(p. 451). Manka Varhese(2006)는 교사 정체성은 교사 개개인이 자신을 어떻게 보는지 그리고 주어진 환경에서 자신의 직업을 어떻게 규정하는지에 의해 정의된다고 보았고(p. 212), Brian Morgan(2004)은 사회적 가치를 규정하는 권력과 지식체계와 담화, 그리고 그러한 사회적 가치에 의해 특정 기관이나 학교 내의 온갖 형태의 인간 행동이 결정되는 것으로서 교사의 전문적 정체성(professional identity)을 설명하고 있다(p. 173).

Varghese, Morgan, Johnston과 Johnson(2005)은 언어교사 정체성을 이론적으로 이해하는 세 가지 주요 주제를 제시하는데, 정체성은 다중적(multiple)이고, 변화하고, 갈등을 일으키며, 사회적·문화적·정치적 상황과 상당히 관련 있으며, 주로 담화 속에서 형성되고, 유지되고, 협상된다고 보았다. 따라서 언어교사 정체성에 대한 연구는 주로 주변화, 비원어민 영어교사(nonnative English-speaking teachers)의 입장, 언어를 가르치는 직업의 사회적 지위 그리고 교사·학생 간의 관계를 다룬다고 보았다.

현재까지 이루어진 교사 정체성에 관한 연구가 제안하는 세 가지 주요 이슈는 다음과 같다(Tsui, 2007). 첫째, 교사 정체성은 교사로서 가지는 전문적 정체성의 다중적 측면과 이러한 측면들 사이의 관계들을 다루어야 한다. 둘째, 정체성 형성에 대한 연구는 자신이 누구인가에 대한 자아 성찰적인 면과 자신이 되기를 희망하는 것이 무엇이고 교사의 개인적 지식에만 초점을 맞출 게 아니라 자신이 처한 교육 환경이 더 넓은 사회적·문화적·정치적인 환경의 일부라는 것과 그것이 교사 정체성을 형성하고 있다는 것을 인식하는 것이 중요하므로 개인적 측면과 사회적 측면 사이의 관계를 모두 들여다보아야 한다(Duff & Uchida, 1997). 셋째, 정체성 연구는 정체성 형성에 있어서 행위자성(agency)과 구조 사이의 관계를 보아야 하는데, 이는 자신이 속한 사회적 공간 속에서 교사의 주체적 행동이 순응을 요구하는 정책이나 기관에 의해 약화될 수 있어서 결과적으로 자신이 처한 공간에서의 입지가 주변화 될 수 있기 때문이다(Moore, Edwards, Halpin, & George, 2002). 특히 Deborah Britzman(1986, 1992, 2003)은 포스트 구조주의자(poststructuralist) 관점으로 교사 정체성을 논하는 대표적인 학자로서, 포스트 구조주의자들은 정체성이 어떻게 경험과 의미의 교차지점에서 생산되는가를 본다(deLauretis, 1986). 그녀는 정체성의 개념과 역할의 개념을 구분하여, 역할은 교사가 해야 하는 것을 말하는 반면 정체성은 경험과 상호작용을 통해서 발전하는 투자(investment)를 표현한 것으로 이해한다. 따라서 역할은 할당되지만, 정체성을 가지는 것은 지속적으로 일어나는 사회적 협상(social negotiation)이라고 볼 수 있으며(Britzman, 1992), 이러한 협상은 개인적이면서 사회적인 과정이라고 주장한다. Britzman(1992)은 여기서 의미를 현실이 구성되고 진실이 생산되며 권력(power)이 영향 받는 곳이라고 보았다. 결국 Britzman (1992)은 시간, 장소, 사회성에 의해서 정체성이 결정되며, 현재의 우리의 모습과 우리가 미래에 될 수 있는 사람을 이해하기 위해 우리가 활용하는 담화나 지식을 통해서 정체성이 형성된다고 결론짓는다. 다시 말하면, 정체성 형성은 우리의 경험이 가지는 의미와 관련지어 논의되어야 한다는 것이다.

이러한 관점은 자아가 고정될 수 없다는 것을 강조하며 어떻게 정체성이 지속적으로 이루어져 가는가(becoming)에 초점을 맞추고 있는데, 이는 정체성의 불완전성을 말해주며, 정체성 형성이 다이내믹한 과정임을 보여준다(Zembylas, 2003b). Chris Weedon(1997) 역시 정체성은 항상 다른 사람들과의 관계 속에서 이루어지므로 협상되어져야 하는 것이라고 주장한다. 이러한 상황에서 교사들은 그들이 교사가 되어가는 과정에서 고군분투하면서 겪게 되는 살아있는 경험들이 다양한 의미를 지닐 수 있다는 것을 깨닫게 되는데, 이것은 Britzman(1992)이 교사를 "신체적으로 정서적으로 상처받기 쉬운 사회적 대상(vulnerable social subjects)"(p. 28)으로 본 것과도 밀접한 관계가 있다. 따라서 정체성을 포스트 구조주의적 관점으로 접근하려는 입장에서는 정체성이 사회적 규범, 가치와 규칙에 따라 변화한다는 해답을 제시하면서 교사가 어떠한 입장을 취하게 되는가에 집중하는데, 이런 의미에서 교사는 다른 사람들과의 관계를 통해서 자신을 비판적으로 이해할 필요가 있다.

이러한 Britzman의 주장에 근거하여, Michalinos Zembylas(2003a, b)는 정체성의 개념을 감정(emotion)과 연결하는데 이는 사람의 감정이 그의 생각, 판단, 그리고 믿음과 연결되어 있기 때문이다. Zembylas는 정체성을 상호주관적인 담화, 경험, 그리고 감정의 다이내믹한 한 과정으로 보며, 정체성이 생각, 판단, 믿음, 그리고 감정의 형성과 관계하여 사회적·정치적인 상황에서 점진적으로 발달한다고 주장한다. 즉 Britzman의 주장처럼, Zembylas 역시 정체성은 점진적으로 발달하는 것이고, 대화적(dialogic)이라는 것이다. 그러므로 교사들은 자신의 실제수업(practice)에 대해 비판적으로 성찰하고, 연구자(inquirer)가 되며, 학생들, 학부모들, 그리고 동료들과 의미 있는 대화를 하도록 격려 받아야 한다고 강조한다.

Britzman(1986, 2003)은 모든 예비교사가 마주쳐야 하는 세 가지 문화적 신화(cultural myth)를 소개하는데,[2] 첫 번째는 "모든 것이 교사에 달려 있다(everything depends on the teacher)"는 잘못된 믿음이다. 이 신화는 교사와 학생 모두의 학습은 교사의 통제가 필요하다는 문화적 요구를 내면화하려는 경향을 말하며, 이러한 믿음은 예비교사의 실제 수업에 강한 영향을 미치게 된다. 즉, 수업을 통제하는 것이 교사의 전문적인 능력의 표시로 인식되어서 교사가 고립된 채로 교실에 존재하는 것을 정상적인 것으로 간주한다. 학습을 통제해야 한다는 이러한 압박감은 예비교사가 교실에서 생기는 갈등을 교사로서 가르치면서 만나게 되는 복잡한 문제로 여기고 그 문제에 대해 성찰하거나 갈등의 가능성을 기회로 여기기보다는

---

[2] 정확히 말하면, Britzman은 여기서의 "예비교사"를 정식교사가 되기 전의 학생신분으로서의 교사(student teacher)로 표현하고 있는데, 본고에서는 편의상 좀 더 포괄적인 용어인 "예비교사"로 표현하기로 한다.

자신의 책임으로 돌리고 스스로를 비난하기 쉽게 만든다. 이에 대해 Britzman(2003)은 예비교사가 미지의 영역을 학생들과 탐구하기 위해서는 교사 자신이 가진 권력을 낮춰야 한다고 제안한다(p. 224). 따라서 Britzman(2003)은 교실수업은 복잡하고 예측이 어려우므로 가르치는 일을 단일화되고 모순이 없는 활동이라고 보기가 힘들며, 모든 것을 한 명의 단일화된 자아(a unitary self)가 재현해 내는 것에 의존하는 것을 받아들일 수 없다고 주장한다(p. 226). 결국 Britzman은 모순 없이는 구현될 수 없는 것이 정체성이므로 모든 것을 단일화된 권위자인 교사에게 의존한다는 신화는 잘못된 것으로 본다.

두 번째는 "교사는 전문가다(the teacher is the expert)"라는 근거 없는 믿음인데, Britzman(2003)은 교사를 전문가로 보는 신화가 예비교사가 가지는 가장 흔한 불안 중의 하나가 되는 원인이라고 주장한다. 이러한 잘못된 믿음은 교사는 자신의 지식에 대해 확신하고 있어야 하며 지식은 그러한 확신을 잘 표현해내야 한다는 문화적 기대감을 반영하는데, 이것은 자율적 개인으로서의 교사의 이미지를 강화한다. 이러한 신화적 관점에서 볼 때, 교사는 모든 관련 지식을 소유하고 있는 것처럼 보여야 하고, 불확실성을 만드는 어떠한 조건도 일종의 협박으로 간주된다. 전문가로서의 교사의 정체성은 특히 초보교사들에게 문제가 되는데, 그 이유는 아는 것이 "지적이고, 감정적이며, 심미적인 도전"이 아니라 "교실경험의 축적과 함수관계에 있다"는 것을 암시하기 때문이다(p. 229). 아울러, 교사가 갖고 있는 교수법에 대한 전문기술이 축적된 교실 경험의 결과라는 관점은 지식이 통제되고 학생들에게 주입되는 상품이라는 믿음을 강화시키기 쉬우므로, 지식은 무한하고 변화하며, 가치관이나 흥미, 이데올로기에 의해 영향 받는 것으로 개념화되어야 한다고 주장한다.

세 번째는 "교사는 스스로 만들어진다(teachers are self-made)"는 신화다. Britzman(2003)은 이러한 신화가 교사가 되어가는 복잡한 과정을 단순화시키고 있다고 보는데, 그것은 교수법을 교사 개인이 가지는 성격의 산물로 간주하기 때문이다. 가르치는 스타일로 표현되는 이것은 가르쳐질 수 있는 것이 아니며 개인의 선택에 의해서만 중재되는, 자신에 의해 형성된 산물이라는 것이다. 그러나 실제상황에서 가르치는 행위는 학생과 교사 간의 복잡한 관계에 의해 크게 영향 받는다. 따라서 교사가 스스로 만들어진다는 신화는 개인적 자율성을 과장해서 표현하는 것이고, 교사 교육을 의미 있게 설계하려는 시도의 가치를 폄하하는 것이다.

요약하면, Britzman(1986, 2003)은 사회가 이러한 잘못된 믿음의 형태로 교사에게 부가하는 문화적 기대를 인식하게 해주는 동시에, 예비교사에게 자신의 경험을 더 비판적으로 성찰할 수 있는 기회를 제공해 주는 것이 중요하다고 주장한다. 결국, 정체성이란 무엇을 하는 방식이지만 사회 속에서 다른 사람들이 적법하다고 보는 것에 의해 영향을 받는다. 이러한 교사 정체성을 연구함에 있어서 권력과 행위자성(agency)의 문제는 간과할 수 없는 것이어서 점차 비판적인 관점으로 접근하는 연구가 늘고 있는 추세이다(Miller, 2009).

2. 비판적 교수법과 교사 정체성의 관계

교육이나 응용언어학에서 '비판적 접근(critical approach)'이라고 할 때 '비판적'이라는 것은 무엇을 의미하는가를 먼저 이해할 필요가 있다. 실제로, 우리는 교육과 관련해서 비판 이론(critical theory), 비판적 교수법(critical pedagogy), 비판적 리터러시(critical literacy), 비판적 언어인식(critical language awareness), 비판적 담화분석(critical discourse analysis), 비판적 성찰(critical reflection) 등 다양한 용어를 접할 수 있다. 본 장에서 다루는 주제는 비판적 교수법이므로 이 중에서 비판 이론과의 관계 위주로 논의해 보도록 하겠다. 비판적 교수법은 Frankfurt 학파의 "비판 이론"에서 기인하며, 우리가 세상을 이해하는 방식은 이데올로기에 의해 영향을 받는 맥락적 요인(contextual factor)에 의해 정해진다고 주장한다. 비판 이론은 우리의 생각이나 언어사용이 중립적이거나 객관적이지 않고, 오히려 일부 사람들이 다른 사람들에 비해서 더 이득을 얻는 사회관계 내에서 제도적으로 형성되어 사회에서 권력의 불평등한 관계가 (재)생산된다는 것을 알도록 해 준다. 이러한 비판 이론이 대개 추상적인 데 비해 비판적 교수법은 사회적 행동(social action)과 교육적 변화와 직접 관계가 있다. 비판적 교수법의 목표는 학습자들에게 권한을 주는 것이다.

브라질 교육학자인 Paulo Freire에 그 근거를 두고 있는 비판적 교수법은 억눌린 상황에 놓여있는 사람들이 그들의 삶 속에서 권한을 부여받게 하려고 노력한다. Freire의 주장에서 강조되는 한 가지 주요 원리는 프락시스(praxis)인데, 이것은 사회적·정치적 변화를 이끌어 내는 행동을 만들어내기 위해 이론(theory)과 실천(practice)이 함께 가는 것을 말한다(Freire, 1970). Freire는 이데올로기와 권력의 관계를 가시적으로 보이게 하는 수단으로서의 대화 과정에 참여하는 것이 중요하다고 주장한다. 따라서 '비판적'이라는 것은 특정 그룹의 사람들에게는 특권(privilege)을 부여하면서 다른 그룹의 사람들은 주변적인 존재로 만드는 방식으로 그 사회를 지배하는 이데올로기들이 어떻게 이해되고 의미를 형성해 나가는가에 초점을 맞추는 것을 의미한다(Hawkins & Norton, 2009).

이러한 '비판적' 개념은 특히 언어교사에게 가장 두드러지게 나타나는데, 그 이유는 언어와 문화는 정체성과 서로 필수적으로 관련이 있을 뿐만 아니라 언어교사가 지도하는 학습자 중 많은 학생이 그들이 속한 공동체 속에서 주변적인 역할을 하는 구성원이고, 그들이 가르치는 내용이 권한을 부여하거나 주변화시킬 수 있는 매개체(medium)가 되는 언어이기 때문에 무엇보다 교육적 불평등에 대해 고심해야 하는 중요한 위치에 있기 때문이다. 미국의 상황에서 볼 때 종종 언어교사는 이민자나 난민 가족들이 미국으로 건너 와서 미국 내 공동체에 속하게 되면서 만나게 되는 최초의 사람이 될 수 있으며, 따라서 언어교사는 학습자들이 미국이라는 자신의 새로운 고향이 된 곳에 대한 시각을 형성하고, 그 곳의 낯선 믿음 체계와 가치관, 그리고 실제 그들이 받는 수업을 이해하며, 그들이 부딪치는 새로운 사회관계를 협상하는 데에 있어서 중요한 역할을 한다고 볼 수 있다.

비록 언어가 내용을 가르치는 데 사용되는 주요 매개체이지만, 언어교사에게는 언어가 매개체도 되고 내용도 된다. 언어는 표현과 의미를 형성하고 협상하는 도구이고 이데올로기가 전달되는 주요 수단이 되므로, 언어자체는 의미, 어조, 의도나 추측으로 가득 차 있고 중립적이지 않은 특징을 가진다. 따라서 Hawkins와 Norton(2009)에 따르면, 언어교사는 학습자들이 그러한 의미를 정상적이고 옳다고 내면화하도록 하기보다는, 비판적 언어교사가 되어서 학생들이 접하는 언어, 텍스트, 그리고 담화 속에서 누구의 이익이 대변되고 무슨 메시지가 직·간접적으로 전달되고 있는지 알 수 있도록 학생들과 함께 그러한 언어, 텍스트, 그리고 담화를 분석하는 일을 해야 한다.

Hawkins와 Norton(2009)은 언어교사 교육에서 그러한 비판적 실천(critical practices)은 상당히 중요하다고 간주하며 그 방법을 비판적 인식(critical awareness), 비판적 자아성찰(critical self-reflection), 그리고 비판적 교수 관계(critical pedagogical relations) 세 가지로 제시하고 있다.

첫째, 비판적 교사를 양성하는 교육자들에게 가장 중요한 것은 예비교사들이 비판적 인식을 할 수 있도록 돕는 일인데, 그것은 권력 관계가 형성되어 사회에서 기능하는 방식에 대한 경각심을 일깨워주고, 역사적·사회적·정치적 실천이 교육의 불평등을 구성하는 정도에 대한 의식을 끌어올림으로써 가능하다. 실제로 Hawkins와 Norton(2009)는 교사 교육자들이 예비교사들에게 그들이 속한 공동체에서의 불평등한 권력 관계를 보여주고, 이것이 그들이 가르치는 언어학습자들에게 어떻게 영향을 미치는지 알게 하는 사례를 소개한다. 한 가지 사례로, Tara Goldstein(2004)은 여러 언어와 여러 문화로 이루어진 고등학교 현장에서 경험한 갈등을 다룬 연극 <Hong Kong Canada>를 기반으로 예비교사들과 함께 민족지학(ethnography)을 수행하면서, 예비교사들이 그 연극을 어떻게 수행하였고 그들의 정서적인 반응을 끌어내기 위해 자신은 어떻게 논의를 이끌었는지를 소개하고 있다. Goldstein는 특히 언어가 가지는 권력에 초점을 맞춰서 연극을 수행하고 논의하는 과정에서 제기되는 문제나 딜레마를 생각해 보게 하고, 그 논의에서 일어나는 교육적 문제나 딜레마를 성찰하도록 하였다. 이러한 예에서 프락시스는 불평등한 사회적 조건이 존재한다는 것에 대한 인식에서 시작하고, 이러한 비판적 인식이 교육적 변화를 가져 올 수 있도록 예비교사가 자신의 능력을 실현하는 것이다.

둘째, 비판적 자아성찰은 비판적 언어교사 교육자들이 교육적 불평등을 다루면서 예비교사에게 자신이 속한 사회에서의 정체성에 대해 스스로 비판적으로 성찰해 보는 기회를 갖도록 격려하는 것이다. 이러한 자아성찰은 사회 변화에 대한 제약과 가능성을 모두 강조하면서 개인과 사회 혹은 세계 사이의 관계에 기회의 장을 마련해 준다. 예를 들면, Aneta Pavlenko(2003)는 미국의 대학원 언어교육에서 권한을 부여하는 방법으로 언어교육 이론을 어떻게 사용했는지를 보여준다. Pavlenko는 예비교사들에게 언어에 관한 자서전(autobiography)을 쓰게 하여 그들 스스로 비판적으로 성찰할 수 있게 도와주는 과정에서 그들이 원어민 화자(native speaker)와 비원어민 화자(nonnative speaker)에 대한 전통적인 담화를 내면화하고 있다는 것을 알게 된다. 그러나 Pavlenko는 두 개 이상의 언어 지식을 보유한 사람들은 적법한 제2언어 사용자라는 것을 제안하는 Vivian Cook(1992, 1999)의 다중언어 능력(multicompetence) 개념을 예비교사들에게 소개함으로써 그들이 스스로를 원어민 화자처럼 되는 것에 실패했다고 생각하기보다는 "영어의 적법한 사용자"로 여기게 한다. 이러한 예에서 프락시스는 사회적 담화가 어떻게 예비교사들의 자아인식을 형성하는 데 영향을 미쳤는지 점차 인식하게 되는 것이라 볼 수 있다.

마지막으로 비판적 교수 관계는 교사 교육자와 예비교사 간의 교수 관계가 평등하게 형성되어 비판적 교육의 실천이 모델로 주어지고, 예비교사는 교실에서 언어 학습자들에게 주어지는 기회를 늘릴 수 있는 교수법을 고려해 보도록 격려하는 것이다. 가령, Graham Crooks와 Al

Lehner(1998)는 하와이에서 가르친 언어교사 교육 수업에서 Paulo Freire가 전통적인 교육 시스템을 비판하기 위해 언급한 은행저금식 모델(banking model) 교육—즉 교사들은 학생들에게 억압적으로 정보나 지식을 예치하고, 학생들은 그에 대한 비판적 사고와 지식의 소유권(ownership)이 부족한 교육—방식을 붕괴시킬 목적으로 모든 참여자가 배움을 디자인하는 데 있어서 동등하게 참여할 수 있는 수업을 하도록 혁신적인 교과과정을 개발했다. 강의계획서에서부터 교실의 구조에 이르기까지 변화를 주려고 했는데 이것은 전통적인 교육 환경에 비판적 교과과정을 시행하려는 노력이었고, 교육자가 가지는 권위적 위치와 참여하는 교육을 만들어 가려는 희망 사이의 갈등에 대한 성찰이었다. 여기서의 프락시스는 교과과정과 교실의 구조에 대한 비판적 검토라 볼 수 있다.

비판적 교수법에 관심을 가지고 있는 교육자나 연구자들은 Hawkins와 Norton(2009)이 제안하는 비판적 실제수업을 이끄는 비판적 인식, 비판적 자아성찰, 그리고 비판적 교수 관계를 잘 이해하여 실제 수업이나 연구에 활용하는 방안을 모색할 필요가 있다(Kim, 2012).

3. 교사 정체성과 관련된 교사 교육 외국 사례

교사 정체성 형성과 관련된 연구는 국내보다는 국외에서 ESL 교육이나 이중언어 교육(Bilingual Education) 중심으로 훨씬 더 활발히 진행되어 왔으며 그 연구대상은 비원어민 영어교사뿐만 아니라 원어민 영어교사를 포함하고 있다. 본 장에서는 영어교사 정체성과 관련된 교사 교육의 외국 사례를 미국뿐만 아니라 홍콩과 중국에서의 다양한 교육환경이나 학교

현장—예를 들면, 대학교의 일반 학부 과정, TESOL 프로그램 석사 과정, 영어교육 프로그램의 석사 혹은 박사 과정, 중등 ESL 교실—에서 살펴보고자 한다. 특히 비원어민 영어화자로서의 (예비)영어교사가 가지는 정체성을 중심으로 가장 최근에 연구된 다섯 가지 사례(Huang, 2013; Kim, 2014; Park, 2012; Trent, 2011; Tsui, 2007)를 선별하여 각 연구의 목적, 이론적 배경, 연구방법, 그리고 연구결과 중심으로 소개한다.

3.1 중국 대학의 사례

Amy Tsui(2007)는 중국의 한 대학교에서 EFL을 가르치는 비원어민 영어교사인 Minfang의 전문적 정체성의 형성과정을 내러티브 형식(narrative inquiry)으로 탐구한다. 중국이 1978년도에 문호를 개방하는 경제정책을 채택하게 되면서 외국인과 직접 영어로 의사소통할 기회가 늘어나게 되고 그러는 가운데 기존 EFL 교수법에 의문을 가지게 된다. 기존 교수법으로 교육받은 대학생들은 영어쓰기와 문법에는 뛰어난 능력을 보이지만 말하기와 듣기에는 서툴렀기 때문이다. 중학교 졸업생들 대부분이 오랜 시간의 영어수업을 받고도 쉬운 영어로 대화하는 게 어렵게 되자 중국 대학교와 학교에서 교육받은 영어는 귀머거리 말더듬이 영어(deaf-and-dumb English)라는 공격을 받게 된다. 80년대 이후 이러한 문제를 해결하기 위해 수많은 원어민 영어화자들이 영어를 가르치기 위해 대학교에 고용되는데 이때 의사소통 중심의 교수법(communicative language teaching)이 도입되고 일부 대학교에서는 이러한 새로운 교수법을 활성화시키게 되면서 기존에 보급된 교수법들은 전통적 교수법으로 인식하게 되었다.

본 연구는 이러한 EFL 상황 속에서 Minfang이 학습자로서 영어를 배우고 교사로서 영어를 가르치면서 겪은 경험을 통해서 자신의 다중적 정체성과 고군분투하는 과정, 그러한 경험 속에서 의미를 구체화하고 협상하는 상호작용, 그리고 정체성이 자신이 일하는 기관과 관련하여 어떻게 영향을 받고 개인적인 삶과 관련하여 어떻게 형성되는지를 탐구한다.

본 연구의 바탕이 되는 이론적 틀은 Wenger(1998)가 제안한 정체성 형성의 이중 과정으로 신분 확인(identification)과 의미 협상(negotiation of meanings)에 의해 정체성이 형성된다는 것이다. 먼저, 정체성 형성의 한 과정으로서의 신분 확인은 자아를 어느 공동체에 연계 짓고 차별화하면서 가능한데 우리는 사회적으로 구성된 범주나 역할에 속하면서 스스로의 신분을 확인하거나 혹은 다른 사람들로부터 확인받는다고 본다. 이러한 신분 확인은 참여적이라고도 보는데 우리가 누구인지를 구성하는 어딘가에 속하는, 살아있는 경험을 의미하기 때문이다. 정체성 형성의 다른 과정인 의미 협상은 신분 확인과정에 의해 정의되며 의미 협상은 정체성 형성의 핵심적인 부분이다.

수집된 자료 분석은 세 가지 방법으로 이루어졌다. 먼저, Minfang이 어린 시절 영어를 배우던 시점부터 대학원 공부(석사학위)를 위해 유학을 떠나기 전까지 대학교에서 영어를 가르친 경험을 순차적으로 분류했다. 또한, Minfang이 의사소통 중심의 교수법으로 영어를 배운 EFL 학습자로서 경험한 갈등과 학부 졸업만으로 대학교에서 EFL를 가르치는 교수자로서 겪는 갈등에 따라 자료를 분류하여, 최종적으로 Wenger(1998)가 제안한 정체성 형성의 이중 과정인 신분 확인과 의미 협상이라는 이론적 틀에 근거하여 자료를 분석했다.

Wenger(1998)가 지적한 것처럼, Minfang의 이야기는 정체성이 신분 확인과 의미 협상에 의해서 형성된다는 것을 보여준다. 특히 신분 확인 과정과 의미 협상 과정에서 참여(participation)뿐만 아니라 비참여(nonparticipation)가 중요한 역할을 하는데, 신분 확인은 다양한 공동체에 멤버십으로 포함(inclusion)되는가 아니면 배제(exclusion)되는가의 구체화(reification)를 통해 참여적일 수도 비참여적일 수도 있다. 의미 협상은 자신이 속한 공동체에서 중요한 의미를 형성할 수 있고 그 의미의 소유권을 주장할 수 있는 것을 포함하는데, 의미 협상에서의 참여는 실제 수업에 접근가능한 적법성(legitimacy)을 가지는가에 따라 결정된다. 비대칭적인 권력 관계로 인해 의미 협상이나 의미의 소유권 주장을 할 수 없을 경우에 자신이 속한 공동체에 참여하지 못하게 되고 주변에 머무르게 되면서, 비참여와 주변성(marginality)의 정체성을 만들어 낼 수 있다. 결국, 이것은 신분 확인 과정과 의미 협상 과정의 참여뿐만 아니라 비참여도 정체성 형성에 중요하다는 것을 잘 보여준다.

내러티브 형식을 통해 본 Minfang이 겪은 EFL 학습자로서 그리고 EFL 교사로서의 경험은 교사의 정체성 형성이 상당히 복잡하다는 것을 보여주고, Minfang의 이야기는 정체성이 개인적이면서 사회적으로 형성되고, 관계와 경험 속에서 이루어지며, 구체화하고 참여하는 과정에서 구성된다는 것을 시사한다. 결론적으로, Tsui(2007)는 신분 확인과 의미 협상의 상호작용이 교사 정체성을 어떻게 형성하는지를 보여주고 그러한 두 가지 과정에서 참여 혹은 비참여가 중심적 역할을 한다는 것을 강조하는데, Tsui(2007)는 이러한 참여 가능성은 공동체가 가지는 사회

구조 속의 권력 관계에 영향을 받으며 이는 보다 넓은 사회정치적 상황과 분리될 수 없다는 것을 강조한다.

3.2 홍콩 영어교육 프로그램(학부 과정)의 사례

John Trent(2011)는 중국에서 홍콩의 한 영어교사 교육프로그램으로 유학 온 대학생들을 세 차례에 걸쳐 인터뷰하여 자국을 떠나 해외에서의 영어 학습 경험에 대한 인식을 통해 그들의 정체성 형성 과정을 탐구한다. 본 연구는 외국대학 유학생으로서의 경험을 통해 다중적 정체성을 가지게 되고 그 결과 서로 다른 정체성 간의 갈등과 적대감을 가지게 되는데 이것을 어떻게 이겨내는지 잘 그려내고 있다.

본 연구의 배경은 중국 대학생들이 중국의 고등 교육이 아직 세계화(globalization)가 덜 되고 자국에서 외국어 기술을 향상시키는 데 어려움이 있다고 인식하여 중국을 벗어나 홍콩이나 마카오로 유학을 떠나는 연구 보고(Li & Bray, 2007)에서 시작한다. 다른 몇몇 연구에서도 중국 대학생들이 교사 교육을 위해 홍콩 영어교육 프로그램으로 유학 가는데 그 이유가 예비영어교사들이 자신의 영어 능숙도(English language proficiency)를 향상시킬 수 있는 기회를 가지려는 것이며 해외유학을 고려할 때 영어를 사용할 수 있는 환경이 가장 중요한 요인 중의 하나가 되기 때문이라고 보고한다. 따라서 본 연구도 홍콩의 교육기관으로 해외 유학을 한 중국 대학생들의 영어 학습과 사용 경험을 연구하는 분야에 이바지 할 수 있다는 데서 시작되었다.

연구의 이론적 틀은 정체성의 포괄적인 이해를 위해 Varghese 외 3인

(2005)에서 주장한 "담화상의 정체성(identity-in-discourse)"과 "실행상의 정체성(identity-in-practice)"으로 정체성의 개념을 구분한다. 담화상의 정체성은 주로 언어를 통해 담화 상에서 정체성이 구성된다는 것으로 예를 들어, 포스트 구조주의 이론에서 말하는 개인이 담화 속에서 자신의 위치를 확인하면서 정체성 형성이 이루어진다고 보는 것이다. 한편, 실행상의 정체성은 정체성 형성이 구체적인 실행과 임무를 통해 이루어지는 사회적 문제로 보아야 함을 강조하면서 행동에 기반을 두고 정체성을 이해하려는 접근법을 말한다. 요약하면, 이러한 이론적 틀은 정체성 형성을 탐구하는 데 있어서 담화와 실행 두 가지를 강조하면서 정체성 형성의 다중적인 측면을 분석하려는 것이다.

본 연구에는 영어로만 수업하는 홍콩의 한 교사 교육프로그램 학부 과정에 등록한 네 명의 여학생과 네 명의 남학생이 참여했고, 여덟 명 모두 영어교육 전공자로서 4년 과정의 1년을 마친 상태였다. 이 기관은 학위 과정을 마치면 졸업생들이 홍콩 지역의 초등학교와 중학교에서 영어교사로서 일할 수 있도록 준비시키는 일을 하며 학습자들이 영어듣기와 읽기와 함께 학문적 목적의 말하기와 쓰기 기술(academic speaking and writing skills)을 익힐 수 있도록 교육하는 데 중점을 두고 있다. 여덟 명의 참여자 모두 이 교육기관에 유학 와서 교육 받기 전에 중국을 벗어나 교육 받은 적이 없는 중국 태생이며 성비율에 맞춰 남녀 네 명씩 연구에 초대되었다. 자료 수집을 위한 반구조적 인터뷰(semi-structured interview)를 3회 실시했는데 1회 때는 예비교사들의 중국에서의 영어 학습경험과 홍콩에서 공부하게 된 동기, 홍콩에서의 영어기술 향상에 대한 기대감에 대한 인터뷰를 실시했고, 2회 때는 외국 기관에서 공부하면서 경험한 언어학습, 그러면서 마주친 도전과 그러한 어려움을 어떻게 극복할 수 있었는지에 대한 인터뷰를 실시했다. 마지막 3회에서는 홍콩에서 영어를 배우고 사용하면서 맞닥뜨린 도전과 기회들에 대해 성찰해 보는 시간을 가졌다.

교차 사례 분석(cross-case analysis)을 통해서 끌어낸 연구 결과는 정체성이 고정되거나 단일화된(unitary) 모습이 아니라는 것을 강조한다. 중국에서의 영어 학습은 영어수업에 참여하고 영어교재에서 배운 표현을 사용하고 시험을 잘 보는 "좋은 영어 학습자"로서의 정체성을 형성했고 이러한 좋은 영어 학습자의 정체성은 시험에 성공하기 위해 도움이 되는 바람직한 모습으로 인식되었다. 그러나 이렇게 학교에서 배운 것만으로는 충분하지 않고 교재에서 배운 것에서 벗어나 의사소통에 영어를 사용할 수 있는 "독립적인 영어 학습자"로서의 정체성을 보이는 것을 통해서 정체성이 고정되어 있지 않다는 것을 잘 보여준다. 독립적인 영어 학습자의 정체성은 교실 밖에서 영어로 된 영화, 신문, 소설을 보고 읽는 것이 영어를 말하는 나라의 문화를 이해하고 자신들의 영어 듣기와 말하기 기술을 향상시키는 데 도움이 된다는 입장을 취하면서 얻어진다. 이러한 영어 학습자로서의 정체성은 홍콩으로 유학 가서 경험하는 학습에서도 지속되어 홍콩에서 영어를 배워서 "학문적 목적의 영어(academic English) 학습자"로서의 정체성을 형성하게 되고 그러한 학문적 영어를 마스터할 필요성을 강하게 느끼는 것으로 나타난다. 이러한 입장은 중국에서 홍콩의 영어 교사 교육프로그램이라는 더 넓은 공동체에 유학 와서 학문적 목적의 영어를 배우는 데 더욱 전념하게 할 뿐만 아니라 교실 밖에서 영어를 배우고 사용하는 경험, 가령 캠퍼스에서 영어로 의사소통하고 학문적 성공만을 위해서 영어를 배우는 것에서 벗어나서 원어민 화자와 대화하고 영어로 텔레비전을 시청하고 친구와 영어로 잡담하는 것을 포함하는 다중적 모습의 영어 학습자로서의 정체성을 형성한다고 보았다. 본 연구는 예비영어교사인 연구 참여자들이 교사가 되어가는 과정 중의 일부인 영어 학습자로서의 인식에 대한 조명이 주를 이루기는 하지만 비원어민 영어교사로서 영어를 배워가면서 형성하는 학습자 정체성도 교사 정체성 형성에 영향을 미치고 상호 밀접한 관계를 보인다고 볼 때 본 연구는 교사 정체성 형성과 관련된 연구라고 볼 수 있다.

3.3 미국 TESOL 프로그램(석사 과정)의 사례

Gloria Park(2012)은 미국 대학 TESOL 프로그램에서 교육받는 외국인들의 수가 점차 증가하는 추세는 미국 표준 영어(American Standard English)가 가지는 권력이나 명성과 관계가 있다고 지적한다. 실제로 모국어가 영어가 아닌 나라의 많은 비원어민 교사들이 미국 대학 TESOL 프로그램에서 자신의 영어 능숙도를 향상시킴과 동시에 세계화의 영향으로 인해 가능해진 전 세계 어디에서든지 영어를 가르칠 준비를 하기 위해서 유학을 택한다. 그러나 이러한 비원어민 영어교사들이 자국에서 미국의 교육 기관으로 이동하여 영어교육 기관에서 겪는 경험들에 대한 관심이 거의 없었다는 점에서 연구의 필요성을 언급한다.

본 연구는 다섯 명의 동아시아 여성들이 TESOL 프로그램에 참여하기 전과 참여 후에 영어 전문가가 되기 위해 학문적으로 다양하게 경험하는 것을 탐구한다. 특히 다섯 명의 여성 중에서 한 명의 참여자인 Xia의 정체성이 변화해 가는 이야기를 통해, TESOL 프로그램에서 공부하는 학생들의 수가 증가하는 추세에 맞춰 그들의 필요(needs)를 충족시킬 수 있도록 교과과정을 조정해 나가고 그들이 전 세계로 뻗어 나가서 영어를 가르칠 수 있도록 도움을 주고자 하는 것이 연구의 목적이다.

본 연구의 자료 수집은 자서전과 저널 쓰기, 그리고 인터뷰로 이루어졌다. 참여자들은 TESOL 프로그램에 참여하기 전의 영어 학습과 가르친 경험을 중심으로 자서전(autobiography)을 작성하여 이메일로 보내고, 실제 프로그램에서 수업을 듣는 동안 수업 담당 교수들과 수업동료들과의 상호작용을 하면서 가지게 된 생각과 경험을 저널로 작성하며, 개인당 6개월 이상씩 인터뷰에 참여했다.

중국 출신의 Xia의 이야기는 놀라운데 처음에는 비원어민 영어화자로서 자신을 주변화된 존재로 보았던 그녀는 원어민 영어화자와 비원어민 화자와 관련된 문제들을 진지하게 생각해 보게 하는 수업을 듣고, 세계영어(World Englishes) 화자들의 다양한 영어를 통해 자신의 비원어민 영어교사로서의 정체성을 받아들이게 되는 변화의 과정을 잘 보여준다.

Park(2012)은 연구 결과를 중국에서 영어라는 언어가 갖는 헤게모니(hegemony)와 미국에서 비원어민 영어화자가 사용하는 영어의 적법성(legitimacy)과 함께 비원어민 영어 교사로서 가지는 정체성에 대한 내용으로 풀어나간다. 연구자가 Xia를 처음 만났을 때는 미국 대학의 TESOL 프로그램에서 석사 과정을 거의 끝낼 즈음이었는데 그녀는 자신을 언어적으로 무력한 존재로 느끼고 있었고, 그 이유를 자신의 영어 능숙도의 부족으로 돌렸고 그것은 자신이 미국에서 단기 방문자라는 사실과도 관계있었다. 먼저 중국에서 Xia는 대학 입학시험 중심으로 운영되는 학교 시험을 잘 보기 위해 영어를 열심히 공부했지만 공립 교육 시스템에서는 실제 대화에서 영어를 사용할 기회는 거의 없었기 때문에 영어사용 능력에 한계를 느꼈다. 그런 Xia는 우수한 영어성적으로 주말 영어 사용 프로그램에 들어갈 기회를 가지게 되어 원어민 영어교사와 소통할 수 있게 되었다.

그 이후에 중국 대학의 영어영문학과에 입학해서 공부하게 된 Xia는 영어교육에 대해 더 배우기 위해 영어권 나라에서 공부하고자 하는 소망을 갖게 되었고 마침내 그녀는 미국의 영어 교사 교육 프로그램의 석사과정에 입학하게 된다. 이러한 미국에서의 교육은 이데올로기의 영향으로 영어의 합법적인 사용자로 간주되는 원어민 교사와 자신을 계속해서 비교하게 만들고 자신의 언어적 정체성(linguistic identity)에 변화를 가져온다. Xia는 자신의 영어가 원어민 영어화자처럼 들리기를 소망하며 언어적으로 무력하다고 느끼는 것이 자신의 영어발음과 관계있다고 생각했다. 그러는 가운데 프로그램에서 제공하는 수업을 통해 비판적인 시각으로 원어민 화자와 비원어민 화자의 구분에 대해 논의하게 되고 세상에는 다양한 영어를 말하는 화자들이 많다는 것을 인식하게 되는 경험을 하게 된다. 더 나아가서 멘토(mentor)인 Tomiko교수의 지도로 이루어진 교사 양성을 위한 실습과목(practicum)을 통해서 그녀의 교사 정체성은 새롭게 재형성되는 기회를 맞이하게 된다. Xia는 실제로 영어를 가르치는 수업을 하게 되면서 교사로서의 자신감은 낮았는데 그것은 자신의 영어가 미국 표준영어가 아니라 중국영어(Cinglish)라는 생각 때문이었다. 그녀는 수업에서 가르치기에 적합한 언어인 미국 표준영어를 사용해야 한다는 선입견에 사로잡혀 완벽한 영어를 구사하여 학생들에게 믿음을 줄 수 있는 교사(credible teacher)가 되기를 희망했다. 그러나 Tomiko교수의 지도하에 수업을 하면서 Xia는 영어에 대한 자신감을 높이게 된다. 이것은 자신의 모국어가 영어가 아닌 Tomiko교수가 자격을 갖춘 비원어민 영어교사로서의 적법성을 확립하기 위해 원어민 화자에 비해 몇 배 더 열심히 일하는 것을 알게 되면서부터다. 결국, 멘토 교수의 수업을 통해 교사로서 학생들의 요구에 진정으로 관심을 가지고 신경 쓰는 것이 얼마나 중요한가를 배우게 되면서 비원어민 영어교사로서의 정체성에 변화가 일어난 것을 본 연구는 잘 드러내고 있다.

3.4 미국 ESL교실(중등 과정)의 사례

I-Chen Huang(2013)은 교사 정체성에 대한 연구가 언어 교사와 그들의 실제수업을 이해하는 데 중요해짐에 따라 대부분의 교사 정체성 연구가 상황 의존적이고 다중적이고 역동적(dynamic)이다는 데 초점이 맞추어져 왔지만 많은 연구에서 비원어민 영어 교사에 대한 이미지는 경직되고 양극화된 경향이 있다는 데 문제를 제기하면서 비원어민 화자가 가지는 다양성 탐구의 필요성을 강조한다. 따라서 본 연구는 비교적 연구가 덜 이루어진 미국의 중등 ESL 수업환경에서 교사 정체성을 개인적이면서 사회적인 문제로 개념화하려는 목적을 가지고 다음과 같은 세 가지 연구 문제를 제기한다. 비원어민 화자가 전임 ESL 교직원으로 고용된 지역학교의 상황은 어떠한가? ESL 프로그램 관리자와 학생들은 비원어민 화자를 어떻게 생각하는가? 비원어민 화자는 자신의 비원어민 신분을 어떻게 생각하고 수업에서의 역할을 어떻게 수행하는가?

본 연구는 Bakhtin(1981)의 대화식 토론법(dialogism)을 이론적 틀로 사용하고 민족지학(ethnography) 방법론을 이용하는데, 대화식 토론법에서는 다른 사람들의 관점에 따라 의미가 만들어지고 그러한 의미는 사회적 가치에 따라 계층화된다고 본다. 자료 수집은 두 개의 북서부지역의 중학교에서 이루어졌으며 두 학교 모두 이민자 가정이 많은 지역적인 특징상 대부분의 교사들이 외국에서 태어난 비원어민 화자들로 구성되어 있다. 세 명의 비원어민 전임 영어교사들(홍콩 출신의 Wang, 러시아 출신의 Popov, 폴란드 출신의 Curie), 네 명의 학교 관리자들, 여섯 명의 학생들을 2회 인터뷰하고 수업을 관찰하여 2년(2006~2007)에 걸쳐 자료 수집을 하였다. 자료 분석은 개인의 자서전, 교사로서의 경험, 좋은 교사에 대한 견해라는 주제별로 구분되어 이루어졌다.

연구 결과는 먼저, 학교 관리인과 학생들의 비원어민 화자에 대한 인식과 비원어민 화자 자신 스스로에 대한 인식을 보여준다. 학교 관리인들은 모두 제2언어를 배운 경험이 있고 수십 년 동안 ESL 분야에서 일해오고 있으며 미국 아닌 다른 나라에서 살아 본 경험이 있었는데 그들은 현재 고용된 비원어민 영어 교사의 능력을 높이 평가했다. 비원어민 화자들이 원어민 화자들보다 더 많은 노력을 한다는 점을 강조했고 잘 훈련받은 ESL 교사라면 비원어민 화자라는 이유로 전문적 자질을 의심해서는 안 된다고 보았다. 그러나 비원어민 화자가 가지는 억양(accent)은 영어를 가르치는 데 있어서 장벽이라고 보았다. 한편, ESL 학생들은 교사들이 가지고 있는 억양을 비원어민 교사들의 특징 중의 하나로 볼 만큼 부수적인 문제로 여겼고 영어의 사용 능력과 교수법에 대한 지식이 더 중요하다고 생각했는데 학생들 중 한 명만 비원어민 교사 수업에서 의사소통과 내용 이해에 어려움을 겪었다고 말했다. 요약하면, 다양한 언어가 사용되는 환경에 놓여 있는 학생들은 사회적으로 그리고 학문적으로 받아들여지는 형태의 영어에 대해 예민하면서도 다양한 배경을 가진 영어 화자들에게 노출되는 것이 영어의 다양한 사용법을 이해하는 데 도움이 되고, 결국 이러한 경험이 비원어민 화자의 억양에 대한 자신들의 태도에 긍정적인 영향을 미쳤다고 보았다.

비원어민 화자 자신들에 대한 인식은 세 명의 교사들의 개인적 역사와 관련 있는데, 먼저 Wang은 고등학교 때 홍콩에서 미국으로 이민 온 경우로 자신이 원어민 화자인지 비원어민 화자인지는 문제되지 않는다고 보았으며 그녀 자신에게 중요한 것은 영어로 효과적으로 의사소통할 수 있는 능력이라고 강조했다. 러시아에서 온 Popov는 비원어민 화자인 자신을 한 개 언어만을 구사하는 원어민 화자들이 높이 평가하는 이중언어 구사자(bilingual)로 보기를 원했다. 폴란드 출신의 Curie는 초등학교 때부터 영어를 배우고 미국 대학에서 교환 학생으로 공부한 적이 있고 독일에서 석사과정을 밟은 개인적 경험으로 자신이 다중 언어를 구사하는 것을 당연하게 여겼다.

세 명의 교사들이 실제 수업에서 하는 역할과 가르치는 데 있어서의 외부 영향을 논의한 결과에 대한 요약은 다음과 같다. Wang은 자신의 일은 ESL 교사가 아니라 상담자, 간호사라고 보기 때문에 자신을 두 번째 엄마(second mother)라고 불렀으며 ESL 학과에서 유일하게 수학을 가르치는 Wang은 자신의 수업과 관련하여 대학의 지원을 거의 받고 있지 않았다. Popov는 언어에 대한 개인적인 흥미와 직업상의 관심으로 인해서 읽기, 쓰기와 문법을 가르치는 자신의 수업에서는 여러 다른 나라 출신의 외국어 학습자인 ESL 학생들의 영어 기술을 향상시키는 것에 집중

하며 스스로의 학습 경험에 비추어서 가장 좋아했던 어휘 게임(vocabulary game)을 수업의 준비 활동으로 포함하는 데 그 이유는 언어 학습은 재미있고 상호작용적이어야 한다고 믿기 때문이다. Curie는 수업에 학생 토론을 포함시키고 교사와 학생 간의 상호작용을 늘 중요시하는 언어교사라는 인식을 갖고 있지만 자신은 학교의 일부로서 중요한 존재라고 여기지 않고 있었으며 중요 과목을 가르치는 교사들과는 친구 관계를 형성하고 있지 않은 상황이었다. 요약하면, 본 연구는 사회 구조와 그것에 대한 인간 대응(human responses)의 상호작용에 근거하여 비원어민 화자의 자아인식과 실제 교실수업을 분석함으로써 비원어민 화자가 가지는 다양한 정체성을 개념화했다고 볼 수 있다.

3.5 미국 영어교육 프로그램(석·박사 과정)의 사례

Hye-Kyung Kim(2014)은 아시아지역(한국과 대만)에서 미국 영어교사 교육프로그램에 유학 온 다섯 명의 대학원생의 영어 학습과 강의 경험 이야기를 네 가지 정체성 이론에 근거하여 풀어내면서 그들의 비원어민 예비영어교사로서의 정체성 형성을 탐구한다. 비원어민 예비영어교사들 스스로가 자신을 어떻게 정의내리고 인식하는지 살핌으로써 언어교사 정체성 이론에 기여하고자 하는 시도가 엿보인다.

본 연구의 이론적 배경은 James Gee(2001, 2004, 2005, 2007), Bonny Norton(1995, 1997, 2000), Etienne Wenger(1998) 그리고 Deborah Britzman(1986, 1992, 2003)의 정체성 이론이다. 먼저, Gee는 담화 상의 정체성 형성을 논의하면서 정체성의 다중적 측면을 'N-정체성(Nature identity)', 'I-정체성(Institution identity)', 'D-정체성(Discourse identity)', 'A-정체성(Affinity identity)'으로 구분하고 있는데 이러한 정체성들은 각각 따로 존재하는 것이 아니라 복잡하게 서로 관련되어 있다고 보았다. N-정체성은 생물학적 특질을 물려받은 자연적 정체성을 말하는 것으로 본 연구 참여자들은 아시아인이라는 N-정체성을 가진다. I-정체성은 우리가 속한 기관에서 부여받는, 사회에서의 우리의 위치를 말하는데 참여자들은 미국 영어 교사 교육프로그램에서 석·박사 학위를 받기 위해 한국과 대만이라는 아시아에서 온 영어교사들로 미국 대학원에 등록한 대학원생이라는 I-정체성을 가진다고 볼 수 있다. D-정체성은 함께 대화에 참여하는 다른 사람들에 의해 주어지는 것으로 영어를 모국어로 사용하지 않는 아시아에서 온 연구 참여자들은 비원어민 영어화자라는 D-정체성을 가지는데, 원어민 화자중심의 담화 속에 존재하는 권력의 상하관계를 통해서 비원어민 화자는 영어교사로서 부정적인 특징을 포함하는 원어민 영어화자의 이데올로기(native-speaker ideology)를 내면화하게 된다(Kim, 2011). 마지막으로 특정 그룹이나 공동체, 문화에 소속되어 얻는 A-정체성은 연구 참여자들이 아시아에서 미국의 한 학문 공동체인 대학으로 유학 와서 겪는 고군분투와 도전을 함께 공유하면서 얻어진다.

Norton은 사회적 정체성(social identity)을 권력과 지위와 관계있는 인종, 국적, 계급이 존재하는 사회에서 형성되는 것으로 보고, 캐나다 이민자의 정체성 연구를 통해 학습자 정체성은 다중적이고 고군분투하며 변한다고 말한다. 결국 정체성은 복잡하고 모순적이고 시대와 공간에 따라 역동적으로 변한다고 본다. Norton의 정체성 이론은 본 연구가 보려는 아시아에서 유학 온 영어 교사의 정체성이 비원어민 영어화자라는 주관성과 미국 대학교에서 원어민 영어화자와 매일 일어나는 상호작용에 의해 어떻게 영향을 받는지를 관찰하는 렌즈의 역할을 한다.

Wenger는 실습 공동체(communities of practice)의 일원으로 소속되는 과정을 통해 학습의 사회 이론을 제안했는데, '실습 공동체'는 새로운 멤버가 들어와서 능력을 키우고, 그런 개인적 경험을 통해 그 능력을 참여의 정체성과 통합할 수 있는 살아있는 환경을 말한다(p. 214). Wenger는 실습 공동체를 의미(meaning), 실습(practice), 공동체(community), 정체성(identity)이라는 네 가지 학습 영역으로 보고, 의미는 우리의 삶과 세상을 의미 있게 경험하는 능력이고, 실습은 공유된 역사적이고 사회적인 자료, 틀, 그리고 관점을 사용하는 것이며, 공동체는 우리의 참여가 능력으로 인식되고 우리의 기업이 추구할 가치가 있다고 보는 사회 환경이며, 마지막으로 정체성이란 학습이 우리가 누군지를 바꾸는 방식이라고 본다. 특히 Wenger는 학습과 교사 교육을 참여의 정체성을 통해 정의되어지는 과정이라고 보았는데 이러한 관점은 본 연구가 언어교사 교육을 '발전하는 실습 공동체'라고 볼 수 있게 하고 교사의 복잡한 정체성 형성을 탐구하는 데 도움을 준다.

Britzman은 포스트 구조주의자의 관점에서 교사 정체성을 설명하는데, 교실수업은 복잡하고 예측이 어려우므로 가르치는 일을 단일화되고 모순이 없는 활동이라고 보기가 힘들고, 모든 것을 한 명의 단일화된 자아가 재현해 내는 것에 의존하는 것을 받아들이는 것이 불가능하다고 주장한다.[3] 따라서 예비교사에게 자신의 경험을 더 비판적으로 성찰할 수 있는 기회를 제공해 주는 것이 중요하다고 강조한다. 이러한 교사 정체성

---

3) Britzman의 더 자세한 논의는 1. 교사 정체성은 무엇인가를 참고하길 바란다.

에 대한 포스트 구조주의 관점은 아시아인으로서 영어교사를 꿈꾸는 연구 참여자들이 미국 영어 교사교육 프로그램에서 경험하는 고군분투, 도전과 긴장을 이해하는 데 적절한 모델이 된다고 보았다.

본 연구의 참여자는 미국 대학의 영어교사 교육프로그램에 등록한 다섯 명의 석·박사과정 대학원생으로 모두 아시아권에서 유학 온 비원어민 영어화자이며, 자료 수집은 2회의 개인 인터뷰, 참여자들이 모두 참여한 2회의 그룹 대화, 그리고 연구에 참여하면서 느낀 참여자의 성찰적 메모로 이루어졌다. 자료 분석은 정체성, 이데올로기, 그리고 사회와 관련하여 언어를 바라보는 비판적 담화 분석(critical discourse analysis)(Gee, 2004, 2005)을 사용했다.

연구 결과는 영어 예비교사들의 미국과 자국에서의 영어 학습과 영어를 가르친 경험과 관련하여 시간과 공간에 따라 바뀌는 유동적이며 다중적인 정체성을 보여준다. 첫째, 교사 정체성은 미국 대학의 학습 공동체에서 겪은 개인적 경험에 의해 형성되며, 둘째, 교사 정체성은 사회, 문화적, 그리고 정치적 상황에 영향을 받아서 고정되어 있지 않고 다양하고, 역동적이고 모순적이며 다중적이고 변화가능하다. 마지막으로, 비원어민 영어화자로서의 교사 정체성은 언어와 담화 속에서 형성되고 협상되어진다는 것을 잘 보여준다. 결론적으로, 언어 교사는 자신들이 가지고 있는 지식, 기술, 가치관과 태도를 지속적으로 평가하여 궁극적으로 교육뿐만 아니라 사회의 구조적 불평등을 변화시키는 주체로서 행동해야 한다는 것을 강조한다.

4. 교사 정체성과 관련된 교사 교육 한국 사례

현재 국내에서 진행된 교사 정체성과 관련된 교사 교육에 대한 연구는 안타깝게도 국외에 비해서 그리 활성화되어 있지 않은 편이다. 더욱이 비판적 교사 교육을 활용한 교사 정체성 형성에 대한 연구의 중요성에도 불구하고 그러한 연구를 찾기가 쉽지 않다. 따라서 한국에서의 영어교사 교육과 관련된 교사 정체성 사례는 한국 초등학교에서 가르치는 비원어민 영어교사의 교사 정체성을 연구한 홍영숙(2013)과 대학 영어수업을 진행하는 한국 영어교사의 정체성 형성 과정을 비판적 관점에서 연구한 Kim(2013)을 중심으로 연구의 이론적 배경, 연구방법, 그리고 연구결과를 소개하면서 비판적 교사 교육의 필요성을 다시 확인해 보고자 한다.

4.1 한국 초등학교의 사례

홍영숙(2013)은 한국 초등학교에서 일하는 비원어민 영어교사의 교사 정체성 형성과정을 소개한다. 표면상으로는 한국 비원어민 영어교사는 주교사가 되고 원어민 영어교사는 보조교사의 관계성을 띄지만, 사회적으로 형성된 영어에 대한 관념, 교사 개인의 영어에 대한 관념, 학생태도, 교사가 처한 학교상황과 환경 등과 맞물려서 비원어민 영어교사 정체성이 어떠한 심리적 관계성에 의해 형성되는지에 관심을 가지고, 영어를 가르치는 교사로서 유창한 영어 사용능력이 요구되는 교육현장에서 비원어민 영어교사로 살아가는 교사들의 실제 경험 이야기를 통해 영어교사로서의 정체성이 어떻게 형성되는가를 탐구한다.

한국의 거의 모든 초등학교에는 원어민 영어교사를 배치하여 한국인 초등영어 전담교사와 협동수업을 해오고 있는데 영어라는 한 언어를 가르치는 교실에서 원어민 영어화자인 보조교사와 비원어민 영어화자인 한국인 주교사가 함께 협동수업을 하는 초등영어 교육현장에서 비원어민 한국인 영어교사가 어떠한 삶을 살아가는지를 알아보기 위해 다음과 같은 연구 문제를 제기한다. 비원어민 영어교사가 지니고 있는 영어 관념은 무엇인가?; 비원어민 영어교사의 영어 관념이 원어민 영어 보조교사와 맺는 관계성에 어떤 영향을 미치는가? 원어민 교사에 대한 인식과 관계성이 비원어민 영어교사로서의 정체성 형성에 어떻게 작용하는가? 비원어민 영어교사가 교사의 직을 가지고 생활하고 있는 곳인 학교의 모습과 상황이 그의 영어교사 정체성 형성에 어떻게 영향을 미치는가?

연구 방법은 개별 인터뷰와 현장노트, 연구자 리서치 저널을 포함한다. 먼저, 초등학교에서 초등 정규교사로서 원어민 영어 보조교사와 함께 영어를 지도하는 세 명의 연구 참여자와 학교 교실에서 비형식적이고 격식 없이 편안한 상태에서 개별 인터뷰를 가졌다. 또한 연구자는 참여자의 학교나 교실을 방문했을 때, 참여자의 학교 상황과 교수의 실제적 환경을 보고 느낀 것을 현장 노트로 기록하고, 연구자 개인의 리서치 저널을 썼으며, 참여자에게도 비원어민 영어교사로의 삶 속에서 자신이 과연 누구이고 무엇이 되어가고 있는지에 대한 저널쓰기를 권고하고, 참여자에게 그들이 비원어민 영어교사로 살아가면서 교사 정체성을 느끼게 했던 중요한 사건이나 시간, 느낌, 사람 등에 대한 기억을 떠오르게 하는 물건이나 사진, 서류 등을 가지고 대화를 나누는 시간을 가지면서 자료를 수집했다.

내러티브 분석을 통해 얻은 연구 결과는 첫째, "영어는 곧 능력이고 힘"이라는 사회적 영어 관념은 교사의 영어 관념 형성에 영향을 미치며 아울러 그들의 교사 정체성에도 영향을 주었다. 교실 밖에선 동료교사들의 부러움 속에 영어를 할 수 있는 "능력 있는 교사"의 정체성으로, 교실 안에선 기대되고 전제된 영어유창성의 강박으로 고통 받는 "영어능력 부족교사" 정체성으로 살아가는데, 영어라는 언어 자체가 힘으로 표현될 수 있는 환경에서 비원어민 영어교사에게 영어는 의사소통의 도구 이상의 의미를 가지게 된다(Kim, 2013)고 보았다.

둘째, 사회적 영어 관념이 전달하는 영어의 가치를 고려할 때 비원어민 영어교사는 강력한 "학습자 정체성"을 형성하는데 두 명의 영어전담교사들의 경우, 초창기에는 유창한 영어습득의 열망으로 원어민 영어 보조교사를 통한 자신의 영어능력향상을 희망하였으나 영어교수-학습의 본질에 다가가면서 그들의 영어학습자 정체성은 다른 모습을 띄게 되는 것을 보여 주었다.

셋째, 영어교사로서의 기대되고 전제된 영어유창성은 비원어민 영어교사들에게 끊임없는 긴장과 학습자 정체성을 선사하는데 영어유창성 부분은 시간의 흐름과 장소의 변화, 영어 관념의 변화에도 불구하고 한결같이 영어교사에게 강박으로 따라다니면서 영어유창성으로 인한 열등감의 인식은 관리교사와 보조교사의 권력 관계성에도 혼란을 주었다.

넷째, 비원어민 영어전담교사가 처한 학교 환경, 특히 학습자 영어수준에 따라 형성되는 영어교사 정체성은 매우 달랐는데 학습자 영어수준이 매우 높은 학교에서는 열패감을 느끼며 "영어를 가르칠 능력이 모자란 교사" 정체성으로, 학습자 영어수준이 낮은 학교에서는 가르쳐줄 것이 있는 "능력 있는 교사" 정체성으로 정체성 형성이 유동적이었다.

다섯째, 비원어민 영어전담교사는 원어민 영어보조교사 사업의 본질을 인식하면서 영어유창성으로 인한 긴장과 고통에서 벗어나 영어교사 본래의 정체성과 원어민교사 교육자의 정체성을 가지게 되었다. 원어민 영어교사는 비원어민 영어교사를 도와 영어교수의 효율성을 높이기 위해 채용된 보조교사임에 대한 명확한 인식은 비원어민 영어교사로서 교수법 및 학생 이해와 통제, 교사됨의 부분에서 월등히 우수하다는 자신감의 회복으로 이끌었고 원어민 영어교사에게 교수법을 가르치고 이끄는 "원어민교사 교육자"의 정체성으로 거듭났다.

결론적으로, 홍영숙(2013)은 한국 초등학교에서 비원어민 영어교사로 살아가는 영어전담교사는 시간의 흐름과 환경의 변화, 예를 들면 학생 영어수준, 원어민 교사와의 관계성, 동료교사, 학교분위기 등에 따라 형성하는 영어에 대한 관념도 다르고, 또 이에 의해 형성되는 교사 정체성도 (재)구성을 반복하며 다중적, 유동적으로 변화한다고 보았다. 홍영숙(2013)은 이러한 유동적인 교사 정체성의 형성은 시간의 흐름과 교사가 처한 환경의 변화에 따라 그 구성을 달리하게 된다고 보고, 이러한 연구를 통해 비원어민 영어교사 정체성 형성에 관한 이해를 넓힐 수 있다고 강조한다.

4.2 한국 대학의 사례

Young Mi Kim(2013)은 두 명의 교사 정체성이 주어진 교육 현장에서 어떻게 협상되고, 영어로 진행되는 수업에서 한국 대학생의 정체성 형성에 어떠한 영향을 미치는지 탐구한다. 교사 정체성은 학생과의 협상을 다루는 데 중요한 요인이므로 교수법으로서의 교사 정체성(teacher identity as pedagogy)을 보는 연구가 점점 늘고 있는 추세에 발맞춰 본 연구는 서울의 한 대학교에서 학제 간 강좌(interdisciplinary course)의 하나로 두 명의 교수(한국인 교수와 재미교포 교수)가 팀 티칭으로 운영하는 간문화 의사소통(Intercultural Communication)이라는 수업을 통해서 교사 정체성을 관찰한다.

본 연구의 이론적 배경은 언어 교수법에서의 정체성, 교사 정체성, 그리고 정체성 협상과정으로서의 언어 교수(language teaching)이다. 다중적이고 변화하는 정체성의 개념이 언어 교육에서 중요한 이유는 수업에서 이루어지는 실습이 학습자들의 정체성의 변화를 가져올 수 있기 때문이고, 따라서 외국어 교육의 목적은 학생들의 "간문화 정체성(intercultural identity)"을 발전시키는 데 있다고 본다. 교사는 다른 사람이 부여한 "할당된 정체성(assigned identity)"과 자신이 스스로에게 인정하는 "주장된 정체성(claimed identity)"을 가질 수 있는 것으로 보고 이러한 교사 정체성은 사회적 상황과 교실에서의 상호작용 과정에서 형성될 수 있다고 본다. 언어 학습뿐만 아니라 언어 교수도 교사와 학생들 간의 정체성 협상 과정으로 보고, 특히 교사 정체성을 교실 담화로 이해하는 연구를 진행한다.

연구 자료는 교실 관찰과 교사와 학생들의 인터뷰를 통해서 얻었으며, 두 명의 참여자는 같은 대학에서 한 과목을 공동으로 가르치는 교수다. Yun은 응용언어학과 영어교육을 전공한 영어과 소속의 전임교수인 반면에 Kimberly는 미국교포로 계약교수 신분이다. 가르치는 수업은 세상을 바라보고, 다양한 기술, 태도와 가치관을 접하는 과정에서 학생들의 비판적 관점을 키우려는 목적으로 Yun에 의해 디자인되었고, 수업자료는 두 사람이 함께 개발했다. 본 수업을 수강한 학생들은 14명으로 다양한 전공과 학년으로 구성되어 있는데 네 명을 제외한 모든 학생은 영어를 사용하는 해외 거주 경험이 있는 학생들이었다. 학생들은 영어로 진행되는 본 수업을 통해서 자신의 영어실력을 유지하거나 향상시키기를 원했다. 수집된 자료는 담화 분석(discourse analysis)과 비판적 교실담화 분석(critical classroom discourse analysis)에 의해 분석되었다.

연구결과는 두 가지로 요약되는데 하나는 교사 정체성은 사회문화적 담화로 구성된 실제 상에서 형성되며 교사의 정체성은 수업 디자인과 방법에 영향을 주는 교수법으로서 역할한다는 것이고, 다른 하나는 학생들이 취하는 서로 다른 다양한 정체성 사이의 저항이나 변화에 따라 협상이 이루어질 때 교사의 다양한 정체성이 역할 모델(role model)이 된다는 것이다. 즉, 교사의 "상황 지어진 정체성(situated identity)"은 문화적인 요인뿐만 아니라, 교사의 지위, 급여, 특정 문화에 대한 존중, 그리고 다른 사람들과 같은 사회·정치적 요인에 영향을 받는다는 것으로 이것이 시사하는 바는 교사 정체성은 개인적이고 심리적인 문제일 뿐만 아니라 사회-정치적인 문제라는 것이다. 본 연구에 참여한 두 명의 교사 정체성은 학생-교사간의 상호작용과 자신의 사회적 지위, 그리고 교실에서 팀 티칭하는 역할을 담당하면서 함께 형성되어 갔는데 이것은 교사 정체성이 특히 특정 상황의 담화 속에서 협상된다는 것을 의미한다. 또한 교수법으로서의 교사 정체성은 교사의 수업과 학생들에게 강한 영향을 줄 수 있는데, 두 교수의 정체성이 수업을 이끌어가는 교수법, 교사-학생 사이의 상호작용 유형, 그리고 학생들의 비판적인 간문화 정체성 형성에 영향을 준다고 보았다. 실제로 수집 자료에서 교사의 정체성이 학생들이 사회에 변화를 가져오는 사회적 행동(social action)을 하도록 격려하는 것을 보여준다. 또한 학생들은 학문적 지식과 사회와 권력 불평등에 대한 비판적 호기심을 이용하여 자신의 정체성 형성과정에서 협상할 뿐만 아니라 어떤 특정 정체성에 대해서는 저항한다는 것을 나타내준다. Young Mi Kim(2013)은 이러한 협상과 저항은 스스로에게 변화를 가져올 뿐만 아니라 그들을 둘러싸고 있는 사회에도 변화를 가져올 수 있는 것이라고 강조한다.

5. 저자 제언

이제까지 비판적 교수법을 이용한 교사 교육에 관하여 교사 정체성의 정의를 시작으로 비판적 교수법이 교사 정체성과 어떤 관계가 있는지를 논의해 보고, 교사 정체성과 관련된 교사 교육의 외국 사례를 다섯 가지 살펴본 후 한국 사례 두 가지를 차례로 살펴보았다. 제시된 사례에서도 드러나듯이 외국에서는 비판적 교수법이 활발히 진행되고 있는 데 비해 한국에서는 그 사례를 찾아보기가 쉽지 않다. 이것은 한국 대학의 영어 교사 교육프로그램에서 비판적 교수법을 활용한 수업이 거의 없고, 그런 프로그램에서조차 비판적 교수법과 교사 정체성 형성 문제를 교과과정에 포함시키고 있지 않은 현실의 반영이라고 분석할 수 있겠다.

현재 많은 연구에서 기존의 언어 교사 교육에 대한 연구가 가지는 한계인 언어 학습, 교수, 가르치는 내용과 교수법을 별개의 영역으로 보려는 입장을 사회 문화적 관점의 이론들로 다루면서 언어 학습을 정체성 형성의 과정으로 이해하는 것으로 보완하고 있다. 즉 언어 교사 교육이 이루어지는 교실과 교사의 정체성 형성 사이에 관련성이 있고 교사의 학습을 담화, 사회적 상호작용, 그리고 교사의 참여가 이루어지는 구조를 모두 포함하는 사회적 실제로 보는 비판적인 사회·문화적 관점에 대한 관심이 늘어나고 있다. 이러한 담화, 사회적 상호작용, 교사의 참여가 이루어지는 구조는 교사 자신과 그 수업을 운영하는 기관이 가지는—학습은 무엇이고 학습은 어떻게 이루어져야 하는지에 대한—이데올로기의 영향을 받는다는 인식의 중요성을 점점 부각시키고 있다(Singh & Richards, 2006).

실제로 언어교사 교육에서 비판적 실습(critical practice)은 상당히 중요하며(Kim, 2015), 앞서 살펴보았듯이 Hawkins와 Norton(2009)은 그 방법을 비판적 인식(critical awareness), 비판적 자아성찰(critical self-reflection), 그리고 비판적 교수 관계(critical pedagogical relations) 세 가지로 보았다. 먼저, 교사 교육 담당자들은 예비교사들이 비판적 인식을 키울 수 있도록 도와야 한다. 이것은 권력 관계의 형성이 사회에서 기능하는 방식에 대한 경각심을 키우고, 교육의 불평등을 구성하는 정도에 대한 역사적·사회적·정치적 실천의 중요성에 대한 의식을 고취시킴으로써 가능하다. 또한, 교육자들은 교육적 불평등을 다루면서 예비교사에게 사회에서의 자신의 정체성에 대해 스스로 비판적으로 성찰해 보는 기회를 갖도록 해야 한다. 이러한 자아성찰은 사회 변화에 대한 제약과 가능성을 모두 강조하면서 개인과 사회 혹은 세계 사이의 관계에 기회의 장을 마련해 줄 것이다. 마지막으로, 교사 교육자와 예비교사 사이의 교수 관계가 평등하게 형성되어 실제적인 비판적 교수 수업이 모델로 주어지고, 예비교사는 교실에서 학습자들에게 더 많은 기회를 줄 수 있는 교수법을 열과 성의를 다해 찾아야 한다.

세계화의 영향으로 영어의 보급이 계속 확장되고, 그러한 영향으로 전 세계의 많은 나라에서 영어 교사가 되려는 비원어민 화자들이 점점 늘어나는 가운데 미국뿐만 아니라 전 세계의 영어 교사 교육프로그램은 그 어느 때보다도 더 활기를 띠고 있으며 한국도 예외는 아니다. 이러한 현상과 더불어 영어 교사 교육프로그램의 역할도 점점 더 중요해지는 상황이다. 더 많은 비원어민 화자들이 영어 사용권 나라인 미국, 영국, 캐나다 등의 영어 교사 교육프로그램을 찾아서 몰려 갈 뿐만 아니라 한국의 각 대학에서 제공하는 영어 교사 교육프로그램에도 많은 한국 학생들이 몰리고 있는 추세를 고려할 때 비판적 제2언어 교육(critical second language education)의 실행을 더 미루는 것은 시대착오적이다. 교사 교육 전문가들 스스로가 이러한 비판적 교사 교육에 관심을 가지고 영어를 모국어로 사용하지 않는 한국 예비영어교사들을 어떻게 지도하고 이끌어 나갈 것인가를 진지하게 고민할 때가 되었다.

김혜경
김혜경 교수는 한국산업기술대학교 전자공학부 조교수로 재직 중이며 공학도들을 위한 영어교육 개발에 힘쓰고 있다. 1996년부터 대학강의를 시작으로 이화여자대학교, 서울시립대학교, 국민대학교 등 국내 유수대학과 미국 Indiana University at Bloomington에서 다양한 강의경험을 갖고 있으며, 이화여자대학교에서 Postdoctoral fellow로 일한 후 Indiana University at Bloomington 언어학과에서 Research Scholar로서 폭넓은 연구경험을 쌓았다. 이화여자대학교에서 영어영문학 학사, 동 대학원에서 영어학 전공으로 석사와 박사, 그리고 Indiana University at Bloomington에서 영어교육학 전공으로 박사학위를 받았으며, 현재 영어교사교육, 교사/학습자 정체성, 영어쓰기교육 및 세계영어 분야의 질적연구를 진행하고 있다.

■ 참고문헌

홍영숙. (2013).「한국초등학교에서 비원어민 영어교사로 살아가기: 교사정체성 형성을 중심으로」.『영어어문교육』 *19*(4), 427-453.

Britzman, D. P. (1986). Cultural myths in the making of a teacher: Biography and social structure in teacher education. Harvard Educational Review, 56(4), 442-456.

Britzman, D. P. (1992). The terrible problem of knowing thyself: Toward a poststructural account of teacher identity. *Journal of Curriculum Theorizing, 9* (3), 23-46.

Britzman, D. P. (2003). *Practice makes practice: A critical study of learning to teach* (Rev. ed.). Albany, New York: State University of New York Press.

Cook, V. (1992). Evidence for multicompetence. *Language Learning, 42,* 557-591.

Cook, V. (1999). Going beyond the native speaker in language teaching. *TESOL Quarterly, 33*, 185-209.

Crookes, G. & Lehner, A. (1998). Aspects of process in an ESL critical pedagogy teacher education course. *TESOL Quarterly, 32*(2), 319-328.

deLauretis, T. (1986). Feminist studies/critical studies: Issues, terms, and contexts. In T. deLauretis (Ed.), Feminist studies/critical studies (pp. 1-19), Bloomington: Indiana University Press.

Duff, P. A., & Uchida, Y. (1997). The negotiation of teachers' sociocultural identities and practices in postsecondary EFL classrooms. *TESOL Quarterly, 31*(3), 580-583.

Freire, P. (1970). *Pedagogy of the oppressed*. New York: Continuum.

Gee, J. P. (2001). Identity as an analytic lens for research in education. *Review of*

Research in Education, 25, 99-125.

Gee, J. P. (2004). Discourse analysis: What makes it critical? In R. Rogers (Ed.), An introduction to critical discourse analysis in education (pp. 19-50). Mahwah, NJ: Lawrence Erlbaum Associates.

Gee, J. P. (2005). *An introduction to discourse analysis: Theory and method* (2nd ed.). London and New York: Routledge.

Gee, J. P. (2007). *Social linguistics and literacies: Ideology in discourses* (3rd ed.), New York, NY: Routledge.

Goldstein, T. (2004). Performed ethnography for critical language teacher education. In B. Norton & K. Toohey (Eds.). Critical pedagogies and language learning (pp. 311-326). Cambridge: Cambridge University Press.

Hawkins, M., & Norton, B. (2009). Critical language teacher education. In A. Burns & J. Richards (Eds.), The Cambridge guide to second language teacher education (pp. 30-39). Cambridge: Cambridge University Press

Huang, I-C. (2013). Contextualizing teacher identity of non-native-English speakers in U. S. secondary ESL classrooms: A Bakhtinian perspective. *Linguistics and Education, 25*(1), 119-128

Kim, H. K. (2011). Native speakerism affecting nonnative English teachers' identity formation: A critical perspective. *English Teaching, 66*(4), 53-71.

Kim, H. K. (2012). Understanding the interplay between language, power, and ideology in the identity formation of Asian English teachers. Unpublished doctoral dissertation, Indiana University, Bloomington, IN.

Kim, H. K. (2013). "English is power": Narratives of Asian English teachers in language education. *English Language & Literature Teaching, 19*(1),

89-109.

Kim, H. K. (2014). Between discourses: Constructing a language teacher identity as a nonnative English speaker. *English Language & Literature Teaching, 20*(2), 43-58.

Kim, H. K. (2015). The impact of critical practices on Korean English teachers' positioning vis a vis World Englishes. *English Language & Literature Teaching, 21*(3), 65-88.

Kim, Y. M. (2013). Teacher identity as pedagogy in an EMI course at a Korean university. *English Teaching, 68*(3), 85-107.

Li, M., & Bray, M. (2007). Cross-border flows of students for higher education: Push-pull factors and motivations of mainland Chinese students in Hong Kong and Macau. *Higher Education, 53*, 791-818.

Miller, J. M. (2009). Teacher identity. In Anne Burns & Jack C. Richards, eds., *The Cambridge Guide to Second Language Teacher Education* (pp. 172-181). Cambridge: Cambridge University Press.

Moore, A., Edwards, G., Halpin, D., & George, R. (2002). Compliance, resistance and pragmatism: the (re)construction of school teacher identities in a period of intensive educational reform. *British Educational Research Journal, 28*(4). 551-565.

Morgan, B. (2004). Teacher identity as pedagogy: Towards a field-internal conceptualization in bilingual and second language education. *International Journal of Bilingual Education and Bilingualism, 7*(2&3), 172-188.

Norton, B. (1995). Social identity, investment, and language learning. *TESOL Quarterly, 29*(1), 9-31.

Norton, B. (1997). Language, identity, and the ownership of English. *TESOL Quarterly, 31*(3), 409-429.

Norton, B. (2000). Identity and language learning: Gender, ethnicity and educational Change. Harlow, England: Pearson Education Limited.

Park, G. (2012). "I am never afraid of being recognized as an NNES": One teacher's journey in claiming and embracing her nonnative-speaker identity. *TESOL Quarterly, 46*(1), 127-151.

Pavlenko, A. (2003). "I never knew I was a bilingual": Re-imagining teacher identities in TESOL. *Journal of Language, Identity, and Education, 2*(4), 251-268.

Singh, G., & Richards, J. (2006). Teaching and learning in the language teacher education course Room. *RELC, 37*(2), 149–175.

Trent, J. (2011). Mainland Chinese students' perceptions of language, learning and identity in an English language teacher education program in Hong Kong. *The Journal of Asia TEFL, 8*(3), 243-270.

Tsui, A. B. M. (2007). Complexities of identity formation: A narrative inquiry of an EFL teacher. *TESOL Quarterly, 41*(4), 657-680.

van Dijk, T. A. (1998). *Ideology: A multidisciplinary approach*. London: Sage Publications.

Varghese, M. (2006). Bilingual teachers-in-the-making in Urbantown. *Journal of Multilingual and Multicultural Development, 27*(3), 211-224.

Varghese, M., Morgan, B., Johnston, B., & Johnson, K. A. (2005). Theorizing language teacher identity: Three perspectives and beyond. *Journal of Language, Identity, and Education, 4*(1), 21-44.

Weedon, C. (1997). *Feminist practice and poststructuralist theory*. Oxford: Blackwell.

Wenger, E. (1998). *Communities of practice: Learning, meaning, and identity*. New York: Cambridge University Press.

Zembylas, M. (2003a). Interrogating "teacher identity": Emotion, resistance, and self-formation. *Educational Theory, 53*(1), 107-127.

Zembylas, M. (2003b). Emotions and teacher identity: A poststructural perspective. *Teachers and Teaching: Theory and Practice, 9*(3), 213-238.

제7장
비판적 교수법을 통한 비판적 사고 함양

안성호(계명, 한양대학교)

1. 비판적 사고란?

교수·학습을 지식 전달의 문제로 보는 '주입식' 견해에 따라 우리는 지금도 무의식적으로 지식을 '심어준다'고 말한다. 선별된 사실, 규칙, 구호(slogans) 등이 전달된다고 보는 것이다(Murphy, 2000). 비판적 사고는 소크라테스 시대부터 주로 철학자들이나 소위 지성인들에 의하여 이루어져 왔는데, 민주화와 다원화 그리고 정보화가 전지구적으로 확산되면서 모든 '(세계) 시민'은 비판적으로 사고하는 등의 역량을 필요하게 되었다(Trilling & Fadel, 2012). 이러한 역량이 지식과 창조성을 근간으로 하는 새로운 경제 체제로 인하여 요구된다 함도 상당히 큰 설득력을 지닌다.

그렇다면 '비판적 사고(critical thinking)'란 무엇인가? 사고는 정보를 처리하여 지식을 형성하는 과정이다. 본 절에서는 비판적 사고를 심도있게 이해하기 위하여, 1.1절에서 비판적 사고에 대한 다양한 정의들을 살펴보고, 그에 필요하다고 여겨지는 기량, 성향 등을 논의하겠다. 그리고 1.2절에서는 비판적 사고의 근간이 되는 인간의 인식론이 어떻게 발달해 가는지 논의하겠다. 그리고 마지막으로 비판적 사고와 관련하여 어떤 쟁점이 존재해 왔는지 살펴봄으로써 비판적 사고에 대한 이해의 폭을 넓혀 보도록 한다.

1.1 비판적 사고: 정의

비판적 사고는 다양하게 정의된다. Ennis(1962)는 비판적 사고를 "진술들에 대한 올바른 평가"로(p. 83) 보면서 그 사고 과정의 12가지 측면을 제시하였다.

> (1) 비판적 사고의 12 측면: (가) 진술의 의미 파악, (나) 추론 과정의 명확성 판단, (다) 진술들 사이의 모순성 판단, (라) 진술의 논리적 귀결성 여부 판단, (마) 진술의 특정성 여부 판단, (바) 진술에 적용된 원리 판단, (사) 관찰 진술의 신뢰성 판단, (아) 귀납적 결론의 개연성 판단, (자) 문제 파악, (차) 전제 파악, (카) 정의의 적절성 판단, (타) 권위 있는 진술의 수용성 여부 판단

즉 그는 비판적 사고의 대상이 '진술'임과 그 산출물은 '평가'임을 명백하게 하면서 '제대로 된' 평가를 내려야 한다고 제안하고 있는 것이다. 이와 함께 그는 그 비판적 사고 기량을, 논리적·표준적·실용적 차원의 고려사항들과 관련하여, 적절한 상황에서 적절한 시간에 적절한 방법으

로 사용할 줄 알아야 함을 지적한다.

나중에 Ennis(1985)는 자신(1962)의 정의를 "무엇을 믿거나 무엇을 할지를 결정하는 데 초점이 맞추어진 반성적인 일리있는 사고"로(p. 45) 확장한다. 강조점이 사고의 산출물인 평가에서 목적, 즉 관련된 신념의 확립과 행동에의 결정으로 옮겨갔다. 그리고 '성찰성(reflectiveness)'과 '일리있음(reasonableness)'을 핵심적인 속성으로 명시하였다.

이러한 확장 사이에는 다른 학자들에 의한 문제 제기와 개선 제안이 있었다. D'Angelo(1971)는 비판적 사고를 "진술·논증·경험을 평가하는 과정"이라고(조용기 외, 2013, p. 140) 정의하며, 비판적 사고란 그 과정에서 사용된 모든 기량과 태도로 구성되어 있다고 한다. 그는 Ennis(1962)의 12가지 측면을 50가지의 기량으로 상세화·확장하고 다음의 10가지 태도를 첨부한다.

(2) '비판적 태도': 지적 호기심, 객관성, 개방성, 융통성, 지적 회의성, 지적 정직성, 체계성, 지속성, 결단성, 다른 관점에 대한 존중 (조용기 외, 2013, pp. 141-3).

여기에서 우리는 평가의 대상이 진술뿐 아니라 논증과 경험으로 확장되었고 기량뿐 아니라 비판적 태도가 중요한 구성요소로 첨가된 것을 볼 수 있다.

McPeck(1981)은 Ennis의 소위 '일반론'을 비판하며 '특수론'을 지지한다. 조용기 외(2013)에서 상세히 소개되듯이, 그는 (비판적) 사고가 항상 무엇에 대한 것이고, 그 무엇은 교과에서 다루며, 각종 '사고 형식'으로서의 교과들은 서로 다른 지식, 나름의 내적 논리와 인식론을 지니고 있으므로 사고를 그 내용과 분리시킬 수 없다고 주장한다. 그리고 비판적 사고를 "반성적 회의를 가지고 어떤 활동에 참여하는 성향과 기량"이라고 (1981, p. 10) 정의한다.

이와 같은 입장을 수용·발전시키면서, Paul(2012)은 비판적 사고를 '약한 의미'와 '강한 의미'로 구분한다. 그는 약한 의미의 비판적 사고자에서 강한 의미의 비판적 사고자로 발전해 가야 하는데, 강한 의미의 비판적 사고란 사람들의 말과 행동에 내포된 '세계관'에 대한 판단도 할 수 있어서, 이러한 사고를 하도록 교육 받게 되면 사람들은 자신의 편견을 인식하고 윤리적인 민감성을 고양할 수 있게 됨을 지적한다. 그렇지 않은 약한 의미의 비판적 사고 교육은 자아중심적 신념·헌신 등은 도외시하고 개별적인 사고 기량만 다룸으로써 편견을 강화하게 될 수도 있다는 것이다. 이런 견지에서 비판적으로 사고함은 비판적인 가치·성향 등의 '정신(spirit)'을 지닌 사람이 되는 것을 의미한다.

Paul의 중요한 공헌은 비판적 사고의 대상을 진술, 행동, 경험뿐 아니라 그 뒤에 존재하는 가치관, 세계관으로 확장하였을 뿐 아니라 자기중심성 혹은 사회중심성에서 벗어나서 가장 일리 있는 방안을 탐구하는 과정으로 개념화한 것이라고 할 수 있겠다. 이는 다문화주의나 다문화교육 운동의 중요한 초석이 되기도 한다.

이와 같이 기량뿐 아니라 태도나 성향을 포함시켜야 함에는 Siegel(1997)도 동의한다. 비판적으로 사고함이 대상을 평가함 혹은 반성적 회의를 포함함은 그 대상에 대한 이유를 검토함을 의미하는데, 조용기 외(2013, 7장)에서 배상식이 설명하듯이, Siegel은 특히 기량 측면을 '이유 평가 요소'로 보면서 이유를 평가하는 것은 합리성(rationality)을 추구하는 것이므로, 또 모든 이유가 평가 대상이 된다면, McPeck이 주장하듯이 비판적 사고를 합리성의 일부로 볼 것이 아니라 더 일반화하여 합리성과 같다고 보는 것이 합당함을 제안하기에 이른다. 비판적 사고자는 '합리적인 사람'의 다른 말이라는 것이다.

Lipman(2003)은 비판적 사고의 요소로 '기준에 의거함'과 '맥락적임'을 강조한다. 그래서 그는 비판적 사고를 '기준에 의거하여 판단을 이끌어내는 과정'으로 정의하며, 자기 수정을 할 수 있고, 맥락에서 분리될 수 없는 것으로 본다. 우선 자기 수정을 할 수 있음은 Paul(2012)이 말하는 자기중심성으로부터의 해방을 가져온다는 강한 의미의 비판적 사고 개념과 맞닿는다고 하겠다. 그리고 비판적 사고가 맥락에서 분리될 수 없음은 나중에 다루게 될, 비판적 사고 함양 교육의 문제에 대한 그의 생각에 매우 중요한 점을 시사한다. 논리학이나 교과가 탈맥락적으로 논리학의 규칙이나 지식을 다룰 때에 진정한 사고 교육은 이루어질 수 없다는 것이다.

조용기 외(2013, 9장)의 황미향은 Paul이나 Lipman이 추구한 것이 Siegel 등이 추구한 합리성과 구별될 수 있는 '일리있음(reasonableness)'이고, 이는 또 맥락에의 적합성 문제임을 지적한다. 그리고 이것은 나의 입장 뿐 아니라 상대의 입장도 고려해야 하는 것이므로, 다문화적이고 다원화된 현대 사회에서 학생들이 추구해야 할 것이라고 한다.

다른 한편으로 위의 Paul 등이 창립한 미국의 '비판적 사고의 수월성을 위한 전국 위원회'(The National Council for Excellence in Critical Thinking (NCECT); www.criticalthinking.org)는 1987년에 동 기관의 제8차 연례 국제학술대회에서 비판적 사고에 대한 정의로 다음을 제시한다.

(3) 비판적 사고는, 신념과 행동에의 안내자로서, 관찰, 경험, 성찰, 추론, 혹은 의사소통에서 수집된 혹은 생성된 정보를 적극적이고 능숙하게 개념화·적용·분석·종합·평가하는 지적으로 훈련된 과정이다. 전형적인 형태에서는, 명확성, 정확성, 정교성, 일관성, 관련성, 견실한 증거, 좋은 이유, 깊이, 넓이, 그리고 공평함 등 개별 교과 구분을 초월하는 보편적인 가치에 근거한다.
(http://www.criticalthinking.org).

이를 보면, 비판적 사고는, 첫째, 이지적으로 훈련된 과정이다. 교육 등을 통한 훈련이 필요함을 시사한다. 둘째로, 관찰, 경험, 성찰, 추론 혹은 소통 등 여러 경로를 통해서 수집·생성된 정보를 다룬다. 앞에서 본 바와 같이 이는 사고의 기본 속성이다. 셋째로, (그런 정보를) 능동적이고 능숙하게 개념화, 적용, 분석, 종합, 그리고 평가하는 것 등을 포함한다. 즉, '고등' 사고 역량을 필요로 한다. 이는 비판적 사고가 분석·추론·종합·대안적 사고 범주를 포괄한다는 김영정(2005a,b)의 생각과 일맥상통한다. 넷째, 비판적 사고는 신념과 행동에의 가이드이다. 김영채(1998, p. 172)도 "무엇을 믿고, 행할 것인지에 대한 현명한 결정"이 비판적 사고의 목적임에 동의한다. 다섯째, 명확성, 정확성, 정교성, 일관성, 관련성, 견실한 증거, 좋은 이유, 깊이, 넓이, 공평함 등의 가치에 의거한다. 이는 보편적인 가치에 비추어 주장이나 정보 등을 판단한다는 것으로 태도·신념·전략적인 측면을 말한다.

Murphy(2000)에 따르면, Beyer(1995)는 비판적 사고를 훨씬 간략하게 '추론된 판단(reasoned judgments)을 형성하는 과정'으로 정의하면서, 세부적으로는 매우 다양한 측면을 탐구하였다. 우선 회의주의(skepticism), 정신적으로 개방적인·공평한 마음가짐, 타 관점에 대한 존중 등의 성향을 필요로 한다. 둘째는 각 학문 분야에서 인정하는 규준(criteria)을 언제 적용할지를 안다. 이는, 믿을 만한 원천에서 온 유관하며 정확한 사실들, 편견이나 논리적 오류의 배제, 논리적 일관성, 조리 정연함 등이다. 셋째는 논지 전개나 추론에 필요한 알아보기(identifying), 평가하기(evaluating), 구성하기(constructing), 전제에서 결론 도출하기 등의 능력이다. 넷째는 관점이다. 여러 관점에서 현상을 볼 수 있는 능력이다.

이렇게 비판적으로 사고할 수 있는 사람은 그에 필요한 '역량'(competencies)을 지니고 있을 것이다. 이런 관점에서, Golding(2011, p. 358)은 비판적 사고자가 필요로 하는 역량 요소를 다음과 같이 제시한다. 첫째, 평가하거나 분석할 수 있는 기량을 지닌다. 이는 전술한 분석·추론·종합·대안적 사고 등 고등사고 기량을 지님을 의미한다.

둘째, (2)에 제시된 바와 같은 합리적이거나 분석적인 성향(dispositions)을 지닌다. Murphy(2000, pp. 158-9)는 별도로 다음과 같은 미국 '캘리포니아 비판적 사고 성향 목록'을 소개한다. 진리 추구(truthseeking), 정신적 개방성(openmindedness), 분석성(analyticity), 조직성(systematicity), 비판적 사고 자기확신(critical thinking self-confidence), 탐구적임(inquisitiveness), 인지적 성숙성(cognitive maturity) 등이다.

셋째, 비판적 사고가 추론된 판단을 구성하고 평가하기를 포함한다는 인식적 이해를 지닌다. 이는 Kuhn(1999)이 말하는 '평가주의적' 인식론을 지녀야 함을 의미한다. 이 인식론적 발달 과정은 다음 절에서 좀 더 자세하게 살펴 볼 것이다. 넷째, 성공적인 비판적 사고를 위한 규준들을 차용하거나 충족한다. 이는 앞에서 살펴 본 (3)의 보편적 기준들, 즉 명확성, 정확성, 정교성, 일관성, 관련성, 좋은 증거, 좋은 이유, 깊이, 넓이, 공평함 등이다.

마지막으로, 다섯째, 사고의 대상이 되는 과목에 대한 이해를 지닌다. 이는 대학 교육에 대한 매우 중요한 시사점을 지닌다. 비판적 사고는 정보, 주장, 지식 등을 다루므로 비판적으로 사고할 '내용'에 대한 충분한 이해가 이루어져야 한다는 것이다. 이는 Lipman(2003)이 말하는 맥락에의 민감성을 말한다.

지금까지 검토한 바와 같이, 비판적 사고에 대한 이해는 점점 정교화·상세화·심화되어 왔다. 비판적 사고자는 그 대상으로 진술, 행동, 경험, 가치관, 세계관 등을 포함하고, 보편적인 기준을 인식하고 그에 따라 판단하며, 자기의 오류도 인정하고 수정하면서 자기중심성에서 벗어나 맥락적으로 일리 있는 판단을 내리는 데 필요한 기량과 성향/정신을 지니는데, 그러한 평가 대상에 대한 상당한 식견을 지니고 있는 사람이라고 하겠다. 본 장에서는 기본적으로 이를 기반으로 하여 논의를 진행하도록 하겠는데, 논의를 더 진행하기 전에 Kuhn(1999)이 말하는 비판적 사고의 기반이 되는 인식론적 이해의 발달에 대하여 좀 더 깊이 있게 고찰할 필요가 있다.

1.2 상위인지적 앎의 발달

'인식론(epistemology)'의 관심 대상은 지식이다: 지식이 무엇이고, 어떻게 형성되고 정당화되는가의 문제인 것이다. 지식에 대하여 논하려면 지식에 대하여 인식할 수 있어야 하는데, 이 과정을 '상위인지(metacognition)'

라 하고 그렇게 알아가는 것을 '상위인지적 앎(metacognitive knowing)'이라 할 수 있다. 이러한 앎에도 발달단계가 있다. 본 절에서는 Kuhn(1999)에 기대어 인간의 '상위-앎(meta-knowing)'의 발달이 인지, 전략, 인식론의 측면에서 어떻게 이루어지는지 고찰해 보자.

약 만 4세 전후까지, 아이들은 사람이 가진 신념과 주장이 외부 실재와 '동형적(isomorphic)'이라고 간주한다. 즉, 거짓말의 개념이 없는 것이다. 이에 대한 증거는 간단한 실험 결과에서 얻을 수 있다: 우선, 연구자가 불투명한 과자 상자를 보여 주면서 그 속에 무엇이 들어 있을까라고 묻는다. 실험에 참가하는 아이들은 당연하게 그 상자에 있는 그림 등을 보고 '과자'라고 대답한다. 그 다음에 뚜껑을 열어 과자가 아닌 연필이 들어 있음을 확인해 준다. 이 내용을 전혀 모르는 제3자가 왔을 때, 실험 참가 아이들은 그 사람이 자기들과 동일한 믿음을 가지고 있다고 간주한다. 사실과 다른 믿음을 지닐 수 있는 가능성을 생각하지 못하는 것이다. 이러한 '가짜 믿음 실험'에서 잘 못하는 것을 보면 그 아이들의 상위-앎이 매우 제한적임을 알 수 있다. 그리고 그러한 '사실주의적(realist)' 입장이 비판적 사고의 가능성을 전혀 허용하지 않음은 매우 분명해 보인다. 왜냐하면, 비판적 사고란 어떤 진술이나 주장에 대한 평가를 반드시 포함하기 때문이다.

개인적인 차이가 있겠지만, 만 4-5세가 되면, 아이들은 주장(assertions)이 누군가의 '신념'이라는 것을 깨닫는다. 즉, 주장과 실세계가 다를 수 있음을 깨닫게 되는 것이다. 예를 들면, 성인들의 거짓말에 직면하면서 이러한 인식론적 '성취'를 이루게 된다. 이를 위해서는, 사람들의 신념·주장 등의 정신적 상태(mental states)를 자신의 마음에 '재현(represent)'하고,[1] 사람들의 행동을 욕망과 의도 등의 개념으로 설명할 수 있게 되어야 한다. "너 이거 먹고 싶구나!"처럼 말할 수 있게 되는 것이다. 결과적으로 주장의 진실성이 평가될 수 있음을 알게 되므로, 비판적 사고를 위한 바탕이 마련되는 것이다. 비록 주장과 실세계를 비교하여 '맞아', '틀려' 등으로만 평가하는 '기초적인' 수준이지만 말이다.

이같이 주장과 실세계의 증거가 별도로 재현된다면, 그 둘은 여러 가지 관계에 놓일 수 있게 된다. '까마귀 날자 배 떨어진다'의 경우에 그 둘을 인과 관계로 단순하게 연결하는 것이 한 예가 된다. 이 같은 연관은 일차적인(first-order) 전략적 인지 작용이므로 상대적으로 쉬울 것이다. 더 어려운 것은 지식과 그 지식의 원천에 대한 '의식(awareness)'에 이르고 그를 유지하는 것인데, 이 당시의 발달 단계에서는 어떤 주장의 타당성에 대한 원천들을, 즉 증거들을 잘 구분하지 못한다. 여러 개의 단서가 제시될 때, 이론적 원천과 직접적 증거를 잘 구분하지 못한다. 예를 들면, 멋진 신발을 신고 있는 그림과 트로피를 들고 웃고 있는 그림을 보여주면서 '무슨 일이 일어났어?'라고 물으면, '그가 경주에서 이겼다'라고 대답하는데, 다시 '어떻게 알아?'라고 물을 때, 트로피를 들고 있기 때문이라고 답하기보다는 종종 '멋진 신발을 신었기 때문이다'라고 대답한다. '어떻게 알아?'라는 증거를 묻는 질문과 설명을 요구하는 '왜 이겼지?'를 잘 구분하지 못한다는 것이다.

6세가 되면, 이 구분을 좀 더 뚜렷하게 하긴 하지만, 아직 더 복잡한 인과 관계에 의거한 설명을 자기 나름의 이론과 구분하지는 못한다. 즉,

---

1) 이는 다른 사람의 재현적(representational) 기능을 정신적으로 모방하는, '상위재현하는'(metarepresent) 능력이다.

여전히 주장과 증거 양상들이 상합하는지 '추론(reasoning)'하는 단계에는 이르지 못한 것이다.

8세가 되어서도 아이들은 상이한 관찰자들이 어떤 자극에 대하여 적법한 그러나 전혀 다른 이해에 이를 수 있다는 사실을 알지 못한다. 모두가 자기들과 같은 이해를 지닐 것으로 여긴다. 즉, 아직 마음에 대한 '구성적인(constructive)' 혹은 해석적인 인식론을 지니지 못하는 것이다.

상위전략적 앎에서도 상응하는 양상이 나타난다고 한다. 아이들은 자신의 기억 과정에 대한 상위전략적 자각과 이해에서 매우 빈약하다. 9세 이전에는, 예를 들면, 범주화 같은 암기 전략들이 기억해내기에 도움이 된다는 점을 이해하지 못한다. 또 독서한 내용의 독해에 대하여 상위전략적 '추적 관찰(monitor)'을 별로 하는 것 같지 않다. 이러한 추적 관찰이 될 때 비로소 우리는 상위전략적 이해를 인지적 수행의 규제와 개선의 수단으로 쓸 수 있는 것이다. 상위인지적 앎과 상위전략적 앎 간에는 양방향적인 긴밀한 관계가 있는 것이다.

이때의 인식론적 입장은 '절대주의적(absolutist)'이다. 이 단계에서 진실이란 직접 포착하거나 전문가의 권위에 의하여 알 수 있는 것으로 여겨진다. 이와 관련하여 신념 상태의 정오가 판단된다. "내가 봤어." 혹은 "우리 아빠가 그랬어!"라고 우기는 것을 상상해 볼 수 있다.

요약하면, '자신이 무엇을 아는지'와 '그것을 어떻게 아는지'를 알기, 그리고 자신의 인지적 자원들을 효과적으로 관리하고 효율적으로 사용하기 등, 기본적인 2차적(second-order) 인지 형식들이 9세 이전에는 상당히 제한되어 있는 듯하다. 그런데 바로 이것들이 비판적 사고 기량의 초석이 되는 것이다. 그리고 그 단계에서는 아직 진실에 대한 절대주의적인 입장을 견지하고 있어서, 그것을 외부에서 직접 포착함으로써 혹은 권위 있는 전문가들로부터 얻으려 한다. 그리고 이 단계에서는 소극적인 (즉 자신의 입장을 방어하는) 비판적 사고를 전개할 수 있다(Paul, 2012).

상위-앎 역량은 유아기 중반 이후, 사춘기, 그리고 성인기에서도 불완전한 발달 상태로 남아 있다. 예를 들어, 분석 능력에 대한 연구를 통하여 새로운 지식의 습득이 이론/증거 간 조정의 과정임을 볼 수 있는데, 여기서 인지적 통제, 즉 비판적 사고의 가능성이 제기되는 것이다. 이론과 증거의 조정 작업에서는 주장을 정당화하기 위하여 상위인지적 기량이 요구되기 때문이다. 그런데 문제는 사춘기나 성인기의 사람들도 미취학 아동들에게서와 같이 이론기반과 증거기반의 원천 간의 차이를 명확히 잘 알지 못한다는 것이다.

과제 해결과 관련하여 사람들은 일련의 전략을 성장함에 따라 점차 다르게 선택하여 사용한다. 즉, 여러 전략이 사용가능할 경우에는 상위전략적으로 어떤 전략을 선택할 것인가가 주요한 과업으로 등장하는 것이다. 그런데 문제는, 전략 영역에서 '신념'이 탐구 전략들의 적용 양상을 결정한다는 것이다. 그래서 무관하다고 생각되는 특성들을 고려하지 않는 경향이 강한 것이다. 자신의 이론에 상합하는 증거를 해석할 때에는 적절한 전략을, 그렇지 않을 경우에는 부적절한 전략을 사용할 수 있다. 이는 약한 상위인지적 자각과 상위전략적 비일관성이 서로 상승작용을 보임을, 즉 상위인지와 상위전략이 상합함을 의미한다.

어떤 사람들은 일생 동안 '사실주의적' 혹은 '절대주의적' 입장을 견지할 수도 있다. 그러나 현대 사회에서는 상충되는 의견들이 종종 직접적인 관찰이나 전문가를 통하여 조정될 수 없음을 볼 수밖에 없게 된다. 사회

경제적인 문제에 대한 정치인들의 상이한 주장이나 전문가들의 토론은 좀처럼 의견일치에 이르지 못한다!

전문가들이 의견 일치에 이르지 않음을 볼 때, 대부분의 사람들은 사춘기 즈음에 '절대주의'를 넘어서 '다중주의(multiplist)' 입장으로 진행한다. 전문가를 믿을 수 없다면, 어떤 종류의 확실성도 부인하면서 모든 사람의 의견이 동등한 가치를 지닌다고 생각할 수 있겠다. "그건 네 생각이구, 내 생각은 달라!"라고 반응해 버리는 것이다. 대부분의 사람들이 정도의 차이는 있겠지만 이 다중주의적 입장을 평생 견지하는 듯싶다.

Kuhn(1999)에 따르면, 소수만이 이 '다중주의' 입장에서 '평가주의(evaluativist)' 입장/인식론으로 옮겨간다. 여기에서는 모든 의견이 옳을 가능성이 있지만 동등하게 옳은 것은 아니고, 앎이란 판단, 평가 그리고 논증을 포함하는 과정이라고 깨닫게 된다. 대안적 주장들을 저울질하는 논증 작업은 조리 있고 정연한 토론에 의하여, 궁극적으로 '정보에 근거한(informed)' 의견에 도달하는 과정이다. 그래서 모든 '논의(arguments)'가 장점에 의거하여 평가되고 비교될 수 있는 것임을 알게 된다. 이때에야 비로소 진정한, 즉 강한 의미의 비판적 사고의 인식론적 기초가 확립되는 것이다.

1.3 비판적 사고 관련 쟁점들

1.1절에서 우리는 비판적 사고에 대한 정의가 그 개념화와 역사적 발전 양상과 깊은 관련이 있음을 보았다. 이를 잘 살펴보면, 몇 가지 주요 쟁점이 드러난다. 이들을 간략하게 다시 요약해 보자. 첫째는 비판적 사

고의 구성요소의 문제이다. 비판적 사고가 고차적 사고 기량(skills)만으로 이루어져 있는가 아니면 비판적 사고자가 지닌 태도나 속성 혹은 역량을 포괄할 것인가이다. Ennis(1962)는 비판적 사고의 구성 요소로 이미 제시한 (1)의 12가지 측면을 기량 중심으로 제시하였다. D'Angelo(1971)는 (2)에 제시된 태도 등을 첨부하였다. 이는 결국 Siegel(1988)로 하여금 비판적 사고가 소위 '이유 평가 요소(a reason assessment component)'와 '비판적 태도 또는 정신 요소(a critical attitude or spirit component)'로 구성되어 있다고 보게 하였다.

둘째는 비판적 사고의 대상(의 범위)이다. 명제나 진술 혹은 텍스트인가 아니면 Paul(2012)이 적시한 바와 같이 (타인과 자신의) 가치와 세계관에게로까지 확장되어야 하는가의 문제이다. 후자는 자기중심성 혹은 사회중심성에서의 '해방'으로 이끌게 된다. 그리고 이는 다양성이 심화되는 21세기를 살아가는데 비판적 사고 능력이 왜 필요한지 알게 해 준다. 텍스트의 범위를 문화와 사회로까지 확장한다면, 문제가 있는 사회적 관습이나 제도에 대하여 문제를 제기하고 그런 문제를 (설사 자신의 이익이 감소하더라도) '일리있게' 해결하려는 태도를 지니게 되는 것이다. 언어의 문제와 관련하여 생각해 보면, 전자는 언어의 형식적·구조적인 측면에 대하여, 후자는 이념이나 권력의 유지를 위한 담론을 생성하는 기능적인 측면에 대하여 사고하는 것으로 볼 수도 있겠다.

셋째는 비판적 사고 기량의 일반화 가능성이다. 이와 관련하여 역사적으로 비판적 사고가 '이유평가적' 측면에서 본질적으로 영역특수성을 지니는가 아닌가의 쟁점이 있어 왔다. 일반론자들이 주장하듯이 논리학 등으로 형식화될 수 있는 측면을 부정할 수 없지만, McPeck(1981) 등은 한 영역에서 비판적으로 사고할 수 있다고 해서 다른 영역에서도 그럴 것이라고 예측할 수 없음을 들어 비판적 사고가 영역특수성을 지님을 지적한다. 해당 영역에 대한 기초적 지식, 즉 인식론이 반드시 있어야 가능하다는 것이다.

비판적 사고를 위하여 일반적인 사고 기량과 영역 고유의 배경지식이 둘 다 필요하기 때문에 이 측면에서 의견을 달리하는 학자들은 어느 측면에 더 큰 방점을 두는가에서 다른 견해를 지닌 것이라고 볼 수 있겠다. 다만 대학교육에서, 논리학 등을 가르치는 것과 함께, 각 학문 영역의 개별 강좌에서 비판적 사고력을 강화하는 것은 여전히 유효하고 상보적으로 필요한 측면이 된다는 시사점을 얻을 수 있다. van Gelder(2005)가 주장하듯이, 각 학문 영역에서도 논증의 논리적 전개에 대한 이론을 가르칠 필요가 있음이 설득력을 지님도 이 때문이다.

2. 비판적 사고와 비판적 교수법

비판적 사고는 저절로 배양되지 않고 학습을 필요로 한다. 그리고 비판적 사고의 배양을 목표로 하는 것은 어느 것이나 넓은 의미에서 '비판적 사고 교수법'이라 하겠다. 그러나 현대 교육학에서 '비판적 교수(법)(critical pedagogy)'은 아주 특별한 종류의 교수법을 지칭한다. 이는, 학교가 '정치적'인 제도이고 그 안에서 실천되는 교육 역시 정치적인 과정임을 인식하고 그를 통하여 좀 더 민주적이고 평등한 사회를 만들려고 하는 접근인 것이다(Freire, 1970). 이는 Paul(2012)과 Lipman(2003) 등의 계열에서 논리적·인지적으로 추구한 바를 학교 교육을 통하여 '사회적'으로 실현하려는 운동이라고 볼 수도 있겠다. 즉, 강한 의미에서의 비판적 사고를 하여 자기중심성에서 해방되고 나와 상대방 둘 다에게 '일리 있는(reasonable)' 판단을 하고 행동에 이를 수 있는 사람들을 양성하고자 하는 것이다.

그렇다면 비판적 교수법은 당연히 비판적 사고력 함양을 그 목표 중 하나로 한다고 할 수 있겠다. 그런데 영어를 외국어로 가르치는 한국과 같은 상황에서 대학에서의 영어 관련 강좌들에 비판적인 교수법을 적용할 수 있겠는가? 그것이 가능하다면, 이것은 어떤 양상을 보일까? 그리고 대학의 전공 교육과 관련하여서는 Paul(2012)이나 Lipman(2003)이 추구한 강한 의미에서의 비판적 사고나 고차적 사고력 교육이 어떻게 실현될 것인가? 그리고 그것은 현대적 의미의 비판적 교수법과 어떻게 관련을 맺을 수 있을 것인가? 이와 같은 질문에 대한 대답을 찾아 볼 필요가 있겠다.

본 절에서 우리는 비판적 사고 함양은 '(비판적) 언어 의식'((critical) language awareness, (C)LA) 운동을 매개로 하여 비판적 교수법과 관련을 맺음을 보게 될 것이다. 따라서 먼저 (비판적) 언어 의식 운동에 대하여 간략하게 살펴보고, 그 다음에 그것이 비판적 교수법을 통한 비판적 사고력 교육과 어떻게 관련될 수 있을지 논의하도록 하겠다.

2.1 비판적 사고와 (비판적) 언어 의식

언어는 우리에게 너무나 자연스러운 의사소통 도구이기 때문에 우리는 언어에 대하여 별로 의식하지 못하고 생활한다. 그러나 학교에서 교육의 일환으로 모국어나 외국어의 사용 기량을 익히게 되면 언어를 '의식'하게 된다. 학교에서 언어는 대개 '복잡한' 문법과 외워야할 많은 어휘를 지닌 골치아픈 학습대상으로 인식된다.

언어적 상호작용을 구성하는 의사소통 기능(functions)의 속성이 밝혀지면서, 현재 한국에서는 소위 '의사소통중심교수법'이 가장 바람직한 교수법으로 간주되고 있고, 영어에 대한 교육과정은 문법과 구조에 집중하였던 과거와 달리 현재에는 영어 사용 기량의 향상에 집중하는 '기능주의적' 경향을 띠고 있다.

영어교육자들은 행함을 통하여 언어를 학습하려는 이 접근법이 소통 수행에서의 '정확성'과 관련하여 문제를 지님을 알게 되었고 소위 '형식집중' 기법들을 통하여 그 문제를 해결하려고 하는데, 이는 넓게 보아서 '언어 의식' 운동의 일환인 것이다. 언어의 '구조'를 의식하게 함으로써 그 목표 언어를 좀 더 정확하게 사용할 수 있도록 돕자는 것이다.

이정아(2016)에 따르면, '언어 의식'을 교육의 목표 중 하나로 삼자는 운동은, 영국의 경우에 1960년대에 시작되어 1980년대에 확립되었다. 이 운동은 '정의적', '사회적', '권력', '인지적', 그리고 '수행(performance)' 등 5개 영역에 걸쳐 있는데(James & Garrett, 1991), Svalberg(2007)는 언어 의식 학회(Association for Language Awareness)를 인용하면서 언어 의식을 '언어에 대한 명시적 지식과 언어 학습·교수·사용에 대한 인지(perception)와 민감성'으로 소개한다.

이 의식의 중요성은 제2언어습득 연구에서 많이 논의되었다. '각성(alertness)', '탐지(detection)', 그리고 '지향(orientation)'으로 구성된다는 '주의

(attention)'와(Posner & Petersen, 1990; Schmidt, 2001), 형식집중 교수에서 입력(input)을 '흡입(intake)'로 전환함에 대한 필요충분 조건으로서의 '주목(noticing)' 등이 의식의 중요성을 대변한다(Schmidt, 1990). 논란의 여지가 없지 않으나, 주의와 주목 등 언어 의식이 학습에 도움이 됨은 사실인 듯싶다(Svalberg, 2007).

이 언어 의식 운동은 언어 교수·학습 방법론으로서 다음 몇 가지 특징을 지닌다. 학습자로 하여금 언어를 역동적인 현상으로 계속 탐구하게 하고, 언어에 대하여 분석적으로 이야기하게 하며, 탐색과 발견에 참여하게 하고, 지식 습득뿐 아니라 학습 기량 향상을 도모하여 학습자 자율성을 고취하며, 인지적, 정의적 수준에서 참여를 하도록 하는 것이다(Borg, 1994). 이러한 특징은 비판적 사고 향상을 위한 교수의 일반적인 특징과 유사하다. 즉, 언어 의식 운동은 비판적 사고의 어떤 측면을 함양시키고자 하는 점을 분명히 지닌다 하겠다.

Svalberg(2007)는 '의식 인상(consciousness raising)', '딕토글로스(dictogloss)'나 '텍스트 재구성(text reconstruction)', '입력 향상(input enhancement)' 등을 구체적인 언어 의식 과업으로 논의하는데, 그 구체적인 효과에 대하여는 계속적인 연구가 필요해 보인다. 그러나 적어도 이와 같은 언어 (사용)의 속성에 대해 의식하고 민감함을 지니는 것은 언어를 비판적으로 좀 더 잘 사용하게 하며 그에 따라 삶을 더 윤택하게 살도록 도와 줄 것임은 분명해 보인다.

사람들은 언어를 사용하여 텍스트 혹은 담론/담화(discourse)를 구성한다. 이 분야에 대하여 연구한 사람들은 언어적 상호작용이 '사회적 실천(social practice)'임을 발견하게 되었다. 즉, 사회의 권력 관계나 이념이 담론 형성에 영향을 미치고 또 그것들이 담론에 의하여 형성·유지됨을 보게 된 것이다. 사회·경제 구조 등의 형성, 유지, 및 변화 등이 담론의 형성과 밀접한 관계가 있음을 알게 될 것이다. 예를 들어, Fairclough(1999)는 담론이 실재(reality)의 필요불가결한 일부분이라고 하면서, 그것이 어떤 계제에 그 실재를 바꾸려고 할 때에 사용할 수 있는 '상징적 무기(symbolic weapon)'가 됨을 예시한다. 그렇다면 이 21세기를 잘 살려면, 그 담론(들)의 정체가 무엇인지 알 필요가 있지 않겠는가! 특정한 담론이 사회·경제가 작동되는 방식에 대하여 어떤 통찰력을 주는지, 어떤 통찰력을 빼앗아 가는지, 그것이 누구의 담론인지, 그들이 그것을 사용하여 어떤 이익을 얻는지, 어떤 다른 담론이 있는지, 왜 그 특정 담론이 지배적이게 되었는지, 등등에 대하여 알게 되면 사람들은 좀 더 규모 있는 삶을 살아갈 수 있을 것이다.

이는 언어 의식 운동에 대하여 매우 중요한 시사점을 지닌다. Fairclough(1999)가 지적하듯이, 담론의 그러한 측면들을 저절로 알기가 쉽지 않기 때문에 그에 대한 이론과 연구의 결과를 교육을 통하여 알려 주어야 하기 때문이다.

좀 더 구체적으로, Fairclough는 현대 사회에서 지식이 점점 더 '다중기호학적(multisemiotic)' 방식으로 형성됨을 지적한다. 지식기반 사회는 점점 소위 '재귀성(reflexivity)'이 높아지는데, 사회적 실천에 대한 지식을 바탕으로 하여 그 실천을 개선한다는 것이다. 그런데 현대에는 과학자 등 '전문가 체제(expert systems)'가 기존 지식을 평가하여 새 지식들을 산출하고, 그것들을 담론으로 형성한다. 따라서 학문 연구란 담론 평가와 수정의 과정이라고 볼 수 있다는 것이다. 그런데 사실상 일반인들도 삶의 현장에서 지식과 담론을 평가하고 고친다. 그래서 '학습하기를 학습하기'가 그렇게 중요한 시대가 된 것이다.

Fairclough는 이런 지식기반 사회에서는 지식/담론에 대한 비판적 의식이 반드시 필요함을 지적한다. 담론이 사회적 실천과 어떤 관련을 맺는지, 지식이 담론으로 형성된다는, 상이한 담론들이 상이한 관점과 상이한 이해관계와 관련된다는, 담론이 사회적 권력 관계에서 이념적으로 어떻게 작용하는지, 등등에 대한 의식을 가질 필요가 있다는 것이다.

학습자가 필요로 하는 언어 의식은 언어/담론의 이러한 사회·정치적, 즉 권력과 관련된 측면을 중요하게 포함하여야 한다. 이 측면에 대하여 '의식'을 갖게 교수·학습하는 것은 언어/담론, 그리고 그와 밀접한 관계를 맺고 있는 사회·문화·경제 질서에 대하여 '비판적'으로 검토·논의함을 포함하게 된다. 그래서 사회·정치적 측면을 포함한 언어에 대한 의식을 '비판적 언어 의식(Critical Language Awareness, CLA)'라고 하고 그러한 의식을 갖도록 교육이 이루어져야 한다는 것이 CLA 운동이라고 할 수 있다. 의식은 행동을 함의하므로, CLA는 자연스럽게 '사회 변화'와 '해방'을 가져오며 좀 더 평등하고 민주적인 학교와 사회를 만드는 것을 지향하게 되었다. 그리고 여기에서 비판적 교수법과 만나는 것이다. 환언하면, CLA는 언어의 속성에 대한 가장 포괄적인 의식 및 이해를 지향하는 것이다.

이러한 CLA 운동이 가능하게 된 것은 비판적인 담화 분석의 연구 결과가 있었기 때문이었다. 그런데 이는 사회적 자원(social resources)의 배분과 직접적으로 관련될 수 있고 따라서 사회적 긴장 관계를 유발할 수도 있고, 경우에 따라서는 실제적인 저항에 직면할 수 있는 것이다.

이러한 견지에서 보면 비판적 언어 의식은 언어의 매우 중요한 측면에 대한 학습을 통한 '의식화'의 결과로 지닐 수 있게 되는데, 이는 논리적·인지적 비판적 사고와 사회개혁적인 비판적 사고와 실천을 연결하는 중요한 다리 역할을 한다고 하겠다.

2.2 비판적 언어 의식과 비판적 교수법

Wallace(1999)는 '비판적 언어 의식'이 '비판적 담화분석(critical discourse analysis, CDA)'으로부터 담론이 권력 관계에 의하여 형성됨을 배웠고 그를 통하여 전통적인 '언어 의식'을 더 풍부하게 하였음을 지적하면서 이는 '비판적'의 약한 의미보다는 강한 의미를 따르는 것임을 지적하였다.[2] 그리고 그는 CLA가 CDA를 교수·학습 상황에서 예시하게 됨을, 그리고 실제적으로는 비판적 교수법(CP) 내에 위치할 필요가 있음을 지적한다.

이 맥락에서 Wallace는 비판적 교수법을 개념화함에 있어서 '해방으로서의 교수(teaching as emancipatory)', '차이지향적(difference-oriented)'임, 그리고 '대립적(oppositional)'임을 그 핵심원리로 제시한다. 그리고 한 걸음 더 나아가, 학생들의 인구학적 분포를 고려하여 비판적 교수법을 주변화되지 않도록 하기 위하여 장기 프로젝트로서의 '권한부여(empowerment)', 차이가 아닌 '공통성(commonality)', 대립보다는 '저항(resistance)'을 채택하여 비판적 읽기 수업을 실시한 필요가 있음을 제안하고 그 사례를 보고한다.

이보다 좀 더 자세한 CLA와 비판적 교수법의 관계에 대한 개념적 이해

---

[2] 이 구분은 참고 문헌으로 제시되지는 않았지만 Paul(2012)의 약한/강한 의미의 비판적 사고라는 개념 구분과 기본적으로 동일한 듯하다.

는 Darder, Baltodano와 Torres(2001)를 통하여 얻을 수 있다. 그들은 진보 교육의 아버지로 추앙되는 Dewey(1916)에서 Freire(1971) 등에 걸친 사상·실천적 영향과 발전을 약술한 후, CP의 철학적 원리로 다음 9가지를 제시한다. 첫째, 문화정치학(cultural politics)의 원리이다. 비판적 교수법은 해방적인 '학교교육(schooling)' 문화를 추구하여 학생들의 경험이나 인식들이 주변화·억압되지 않고 적절한 지식으로 연결되게 한다. 이는 CLA가 추구하는 바이기도 하다. 둘째, 정치경제학(political economy)의 원리이다. 공립학교의 교육은 기존의 사회경제질서를 재생산하도록 조직되어 있으므로 CP는 공평한 기회와 접근가능성을 모두에게 제공하려고 한다. 셋째, 지식의 역사성(historicity)의 원리이다. 모든 지식은 역사적 맥락에서 창출되고 이 역사적 맥락이 인간 경험에 생기(生氣)와 의미를 부여한다. 이는 CLA의 바탕이기도 하다. 그래서 비판적 교수법은 학생들이 사회적 행동주(social agency)로서 사회를 개선해 나갈 수 있는 역량을 기르게 돕는다. 넷째, 변증법 이론의 원리이다. 지식은 당시 사회의 지배적인 문화 규범·가치·표준에 맞게 형성된다. 그래서 얼마든지 바뀔 수 있다. CLA도 같은 믿음을 공유한다. 다섯째, 이념과 비판의 원리이다. 이념은 사회·정치 세계에 질서와 의미를 부여하는 '사고 틀(frame of thought)'로서 개인성에 깊이 내면화되어 있다. 이 개념을 통하여 교육과정, 교과서, 교육 실천 등을 비판적으로 검토할 수 있다. 이는 담론으로 매개되므로 CLA의 관심사항이기도 하다. 여섯째, 헤게모니의 원리이다. 이는 지배집단의 윤리적·지적 지도력을 통한 사회 통제 과정인데, 이것도 담론으로 매개되고 따라서 CLA의 관심사항이기도 하다. 비판적 교수법은 이 개념을 통하여 지배집단의 이해관계를 유지하는 권력 관계나 사회 질서 등을 드러내려고 한다. 일곱째,

저항과 반-헤게모니의 원리이다. CP는 저항 이론과 방법을 가르쳐서 학생들의 해방적 이해관계를 충족시키고, 역사적으로 주변화된 집단의 목소리와 경험을 중심으로 회복하는 반-헤게모니적 권력 관계를 이루려고 한다. 여덟째, 이론과 실천의 연대로서의 프락시스(praxis)의 원리이다. 이는 스스로는 창조하고 생성하는 자유로운 인간 활동인데, 이는 성찰과 대화 간의 상호작용에서 발생한다. 따라서 비판적 교수법에서는 모든 이론화나 진리에 대한 주장이 비판될 수 있다. 마지막으로 아홉 번째, 대화와 의식화의 원리이다. 비판적 교수법은 교육에 대하여 문제를 제기하는 접근을 하는데, 여기서 대화는 비판적인 사회적 의식의 발달에 초점이 맞추어지며 그 결과로 의식화가 이루어진다.

이러한 견지에서 보면, 비판적 교수법은 Wallace의 제안과 같이 CLA를 필요로 하고 상당한 정도로 포괄하는데, 특히 언어교육과 관련하여서는 CLA를 거의 필요조건으로 지닌다고 할 수 있다.

그리고 위의 9원리에 의거하여 교육에 접근하는 비판적 교수법은 당연히 교사와 학생들에게 비판적 사고를 하도록 끊임없이 요구하게 될 것이고 그에 따라 강한 의미에서의 비판적 사고 역량을 배양하여 비판적 사고자들이 되게 할 것으로 예상된다. 동일한 일이 영어 관련 학문을 교수·학습함에 있어서 비판적 교수법적 접근을 할 때 일어날 것으로 기대가 되는데, 구체적으로 어떤 방식으로 강의가 기획될 수 있는지 그 방안들을 검토할 필요가 있겠다.

3. 비판적 사고 함양 방안들: 외국 사례들

　우리가 1절에서 본 바와 같이 비판적 사고 역량에 대한 탐구는 비판적 사고자가 지니는 속성들에 대한 탐구에 이르게 되었다. 비판적 사고자는 어떻게 분석하고 평가하는지 등을 아는 기량 뿐 아니라, 비판적 성향을 띠게 되고, 추론된 판단을 구성하고 평가하는 데 적합한 정교한 인식론적 이해를 지니며, 성공적인 비판적 사고를 판별할 수 있는 규준을 사용하고 충족할 수 있고, 사고 대상의 내용에 대한 이해를 지녀야 한다(Golding, 2011). 학생들이 이런 비판적 사고자의 복합적 역량을 함양하도록 돕기 위해서는 어떻게 해야 하는 것일까? 비판적 사고의 연구 전통에서는 여러 가지 방안이 제기되었고, 그것들은 영어 관련 학과의 전공과목 운영에 대하여 충분한 시사점을 줄 수 있을 것이다.

　Paul과 Elder(2014)는 대학의 상이한 학문에 입문하는 학생들이 교과 내용을 이해할 뿐 아니라 관련된 소양을 함양해 나가는 데 있어서 비판적 사고 함양이 핵심적인 요소임을 알 수 있게 해 준다. 그래서 우선 우리는 이 짧지만 매우 중요한 내용을 담고 있는 소책자의 내용을 중심으로 하여 3.1절에서는 '자기주도적으로' 비판적 사고를 함양하도록 돕는 방안을 소개하겠다. 다음으로 3.2절에서는 학문적 사고의 실례로서 영어학에서 '과학적으로 사고하기' 혹은 '통사론적으로 사고하기' 등 사고 교수를 지향한 움직임들을 살펴보겠다.

　비판적 사고는 기본적으로 개인적인 역량으로 받아들이기 쉽다. 그러나 그런 역량은 '비판적 사회' 안에서만 뚜렷하게 길러진다. 3.3절에서는 실제적으로 공동체에 '몰입'시킴으로써 비판적 사고를 함양시키는 방안에 대하여 검토하겠다. 그 공동체에서는 학생들이 발달하는 비판적 사고 기량을 실제 주제에 적용할 수 있고, 그와 동시에 비판적 성향을 계발하며, 자신들의 인식론적 개념을 변형시키고, 비판적 판단을 위한 정교한 표준을 형성하며, 교과 내용에 대한 더 깊은 이해를 하도록 서로를 격려한다. 여기서는 Lipman(2003)의 '탐구 공동체'의 아이디어를 바탕으로 하는 Golding(2011)의 방안, 즉 '비판적 사고 공동체'에서의 사고 촉진질문을 이용하여 비판적 사고 역량을 촉진하는 방안에 대하여 살펴보도록 하겠다.

비판적 사고는 비가시적이므로 그에 접하고 함양하기가 쉽지 않다. 그래서 그러한 사고를 가시적으로 보여줄 수 있는 방안들이 추구되었는데, 3.4절에서는 논증을 도식화함으로써 비판적 사고의 함양을 돕고자 한 시도를 살펴보겠다.

3.1 자기주도적 학습 방안

'비판적 사고 재단(Foundation for Critical Thinking; https://www.criticalthinking.org/)'은 풍부한 자료를 제공하는 웹사이트와 교수자와 학생을 위한 도서나 팸플릿 등을 통하여 그들이 자기주도적으로 비판적 사고를 학습해 나갈 수 있게 돕는다. 예를 들면, Paul과 Elder(2014)는 비판적 사고에 대한 핵심적인 개념을 매우 '간명하게' 그래서 '강력하게' 제공하는 팸플릿이다.

3.1.1 사고의 구성요소, 보편적 기준, 지적 성향의 간명한 제시

이 팜플렛은 비판적 사고의 필요성과 훈련 결과를 약술한 뒤에 '사고

(thought)'의 8요소를 제시한다: (가) 목적·목표, (나) 현안 질문·문제·쟁점, (다) 정보·자료·사실·이유·관찰·경험·증거, (라) 해석과 추론·결론·해결안, (마) 개념·이론·정의·법칙·원리·모형, (바) 가정·전제·공리·당연시하기, (사) 결과·결말, (아) 관점·지시틀·전망·지향 등이다. 그리고 이 8요소와 관련하여 자신의 논증 점검 목록을 질문 형태로 제공한다. 이 질문에 대하여 답을 하면 자신의 논증에 대하여 잘 점검할 수 있게 된다는 것이다.

이 방안의 강점은 사고를 재현한 모든 텍스트나 담론의 검토나 보고서 작성 등의 학술적 활동을 이 8가지 측면에서 접근할 수 있음을 적시함으로써 교수자나 학습자가 자기주도적으로 이를 내면화를 할 수 있게 한다는 점이다. 그래서 이 동일한 8가지 측면에서 논문이나 혹은 어떤 책의 개별 장의 논리를 분석하는 '주형(template)'도 다음과 같이 제공한다: "이 논문의 주된 목적은 _____ 이다"; "저자가 답하려는 주요 질문은 _____ 이다" 등이다.

또 (3)에서 언급되었던 9가지의 보편적인 지적 기준이 관련 질문·설명과 함께 제공된다. 반복되지만, 명확성, 정확성, 정교성, 관련성, 깊이, 넓이, 논리성 그리고 공평함 등인데, 각각을 점검할 수 있는 질문들이 매우 유용하다. 명확성은 진술의 의미가 명확할 것을 요구하는데 그래야 판단이 가능하기 때문이다. 정확성은 그 진술이 사실에 부합하는가의 문제이고, 정교성은 진술이 세부적이고 구체적이어야 판단할 만한 가치가 있다는 것이다. 관련성은 현안 문제와 유관해야 한다는 것이며, 깊이는 현안 문제의 복잡성을 깊이 있게 다루어서 가장 중요한 요인들을 놓치지 말아야 한다는 것이다. 넓이는 대안적인 관점의 고려 없이 좁은 시야에서만 문제를 해결하려 하지 말아야 함을 의미하고, 논리성은 여러 진술들 간의 일관성, 논리적 연결을 의미하고, 마지막으로 공평성은 정보를 왜곡시키거나 편견을 가지고 대하지 않으며 관련 이해당사자들의 공통적인 선을 일리 있게 추구함을 의미한다.

그리고 필요한 기본적인 지적 성향들 8가지가 간단하고 자세하게 제시·설명된다. 겸손, 용기, 감정이입, 자율성, 성실성(integrity), 인내, 추론에의 확신, 공평한 마음가짐 등이다.

3.1.2 자아중심성과 사회중심성에 대한 경계

이에 더하여 문제해결을 위한 주형도 매우 유용하지만, 무엇보다 뛰어난 것은 '자아중심적(egocentric)' 사고와 '사회중심적(sociocentric)' 사고의 문제점들이 제시되어 있다는 것이다. 이들을 통하여 교수자나 학생들은 강한 의미의 비판적 사고 (교육) 역량 함양과 관련하여 충분한 안내를 받을 수 있는 것이다.

그들에 따르면 사람들은 다른 사람들의 권리나 필요, 관점 등을 고려하지 않고 자신의 시각의 제한점도 모른다. 자아중심적인 것이다. 자아중심적 가정, 정보나 자료를 처리·해석하는 자아중심적 방식, 자아중심적 개념이나 생각의 원천, 자아중심적 생각의 함의점 등에 대하여 인식하지 못한다. 세상에 대하여 충분히 안다고 생각하고, 자신의 통찰적인 생각을 신뢰한다. 보편적인 기준이 아닌 자기 나름의 심리적 기준에 비추어 자신의 사고를 판단하고 무엇을 믿을지 등을 결정해 버린다.

그래서 잘못하면, 내가, 우리가 그렇게 믿기 때문에 사실이라고 주장하거나 내가 그렇게 믿고 싶기 때문에 사실이라고, 아님 내가 지금까지

믿어왔기 때문에, 심지어는 내 이익이 되기 때문에 사실이라고까지 주장하기도 한다. 다행히, 우리는 자아중심적 사고에서 벗어날 잠재력을 지니고 있으므로 강한 의미의 비판적 사고의 훈련이 필요하다.

대부분의 사람은 자기 사회 중심으로 생각한다. 자신이 태어난 사회나 문화가 지닌 편견을 그것이 편견임을 모른 채 수용한다. 그래서 자기의 문화, 국가, 종교 등이 타 종족의 것보다 더 우월하다고 생각하고, 자신이 속한 사회의 규범·신념을 받아들이고, 집단 정체성을 취하며 그 집단에서 기대하는 바대로 행동한다. 집단의 제약에 맹목적으로 순응하고, 전통적인 편견을 뛰어넘기 어려우며, 다른 문화가 지닌 삶에 대한 통찰을 배우기 어렵고, 보편적인 윤리와 자신의 특수한 문화적 제약을 구분하지 못하고, 대중 매체가 자기 문화의 관점에서 프로그램을 만듦도 의식하지 못하며 현재의 사고방식에 갇혀 있다. 역사적으로도 문화인류학적으로도 사고하지 못한다. 그래서 이러한 사회중심적 사고에서 벗어나야 강한 의미의 비판적 사고자가 될 수 있다는 것이다.

3.1.3 사고와 학습의 자기주도성 요구

또 다른 팸플릿 Paul과 Elder(2003)은 학생을 대상으로 하여 대학에서의 전공과목 수강을 통하여 어떻게 비판적 사고를 함양할지 약술한다. 학습으로의 안내로 백미라고 사료된다. '학습의 달인'이 되기 위한, 매우 실제적인 18가지 아이디어를 제시하는데, 이는 다음 두 가지로 나누어 볼 수 있다. 첫째, 배우는 학문의 사고방식을 파악하고 내면화해야 한다. 해당 강좌의 요구사항·교수방식을 철저히 파악하고, 학문/강좌는 사고하기의 한 형태로, 교과서는 저자의 사고하기를 재현하는 것으로, 수업은 자신의 사고하기의 연습시간으로, 교수자는 코치로 간주한다. 자신의 사고를 보편적인 표준에 따라 점검한다. 그 학문의 핵심 개념을 초기에 파악하여 다른 내용을 그와 관련시키고, 개념 간의 상호관계를 포착하며, 학습내용을 자신의 삶(쟁점·문제·실제상황)과 긴밀하게 연결시킨다.

둘째, '적극적'인 학습자가 되어 소통해야 한다. 적극적 읽기는 읽으면서 질문하기, 이해 못한 것 가려내기 등을 포함한다; 적극적 쓰기는 교과서 등 읽을거리의 요점을 자기 말로 정리하기, 스스로 시험 문제 출제하고 답을 써보기 등을 포함한다. 적극적 말하기는 질문하는 사람이 되어 적극적으로 질문을 제기하고, 배운 바를 수업을 듣지 않는 사람에게 설명할 수 있는지, 배운 개념 등을 예를 들어 상세화할 수 있는지 점검함을 포함한다. 적극적 듣기는 강의의 요점을 찾아 듣고 자기 말로 요약하며 핵심 용어의 의미를 상세화함을 포함한다. 그리고 자신이 약한 공부·학습 기량을 파악하여 보충한다.

3.2 '학문적으로 사고하기'를 명확히 하기

Paul과 Elder(2003; 2014)가 전제하는 학문적으로 사고하기는 McPeck(1981)을 생각나게 하는데, 언어학에서 그 '학문적으로 사고하기'를 명확히 함으로써 학습자로 하여금 과학적 사고 역량을 함양할 수 있게 하려는 시도들이 있어 왔다. 3.2.1절에서는 과학적으로 사고하기를 명확하게 한 시도들을 고찰하고, 3.2.2절에서는 비판적인 문법 교육에서 시사점을 발견하여 대학 전공 과정에서 한 단계 심화된 비판적 교수법을 적용할 가능성을 탐색해 보기로 한다.

3.2.1 '과학적으로 사고하기'를 함양하는 언어학 교수 사례

Haegeman(2006)과 Larson(2010)이 대표적인 사례들이다. 그들은 통사적으로 사고하기가 과학적으로 사고하기의 한 갈래임을 지적한다: "생성언어학자들은 통사론에 대하여 과학적인 방식으로 '사고하려' 한다; 과학적인 방법론으로 자신의 분석을 상세화한다.... 통사적 이론이나 분석을 접했을 때, ... 뒤에 숨겨진 논리를 검토하고 평가하고 장점을 결정한다. 이상적으로는, 그렇다면, 생성 통사론을 배운다는 것은 통사현상에 대한 이러한 사고방식을 배우는 것이다"(Haegeman, 2006, vi).

Larson(2010)은 스토니부르크대학교 학부에서 언어학을 가르친 경험에 의거하여 통사론 강좌가 다양한 배경의 학생들에게 과학적인 이론화와 사고의 원리를 소개하는 탁월한 통로가 된다는 것과, 과학적 이론화와 현대 인지과학에 등장하는 일반적인 지적 주제들에 대하여 보여주는 바가 크다는 것, 그리고 과학적이고 적확한 논증, 즉 가설, 원리, 자료, 논지 전개 과정을 전체로 통합하여 명료화하는 기량을 교수하기에 뛰어난 매개체가 된다고 역설한다.

그는 그 책의 주 목적이 통사론의 전 영역을 섭렵하는 것이 아니라 학생들을 과학적인 '사업'으로서의 문법이론 구축의 과정으로 소개해 들이는 것임을 분명히 한다. 그래서 이론 간에 선택하기(3부), 가설을 위한 논지 전개하기(4부), 언어 현상에 대한 설명의 추구(5부), 결과 따라가기(6부), 개념적 도구 설정의 문제(7부) 등 그 사업의 중요 구성요소들을 중심으로 하여 단원들을 묶어 제시한다.

그리고 Syntactica라는 컴퓨터 응용프로그램을 통하여 가설을 설정하는 과정이 역동적이고 누적적인 작업이며, 객관적이고 정밀한 사고와 표현을 필요로 함을 보인다. 아울러 인간의 통사적 지식과 그 재현에 대하여 고찰할 기회를 제공하고 있다. 그리고 삽화와 도해를 통하여 논증 과정도 매우 명확하게 드러내고 있다.

이러한 접근 방안은 분명히 '과학적 사고'의 함양에 기여할 것이고 이는 비판적 사고를 포함하지 않을 수 없기에 비판적 사고의 함양에도 크게 도움이 될 것이다. 그리고 교수자와 학생 간의 좀 더 수평적이고 민주적인 소통 관계의 형성을 촉진할 것이므로, 학생들이 권위주의에 짓눌리지 않게 될 것이다. 그리고 Paul과 Elder(2014)가 말하는 보편적 기준의 내면화와 적용, 비판적 품성의 함양을 하게 됨으로 인하여 더 유능한 비판적 사고자로 성장하게 될 것을 예상하게 한다. 이는 언어의 형식적·구조적 측면을 다루는 통사론과 같은 전공 학문을 강좌 내용으로 다룰 때에 비판적 교수법이 적용될 수 있는 바람직한 전개 양상을 예시하고 있다.

이를 확장하여, 특히 사범대학의 경우에는, 영어의 형식·구조적 속성과 사용·기능적 측면이 서로 관련되게 강좌 내용을 조정하는 방안을 탐색하는 것도 여전히 가능하다(Celci-Mercia & Larsen-Freeman, 1999). 이 방향에 대한 구체적 시사는 의사소통중심교수법에서 보충적으로 사용하는 형식집중 기법을 적용한 수업에서 찾아 볼 수 있다. 형식집중 기법은 앞에서 본 바와 같이 언어 의식을 높이려고 하는 것인데, 학습자들에게 개인적으로 의미 있는 의사소통을 하는 중에 실시하기 때문에 학습자들이 처한 사회·정치적 맥락과 관련하여 문법을 교수할 수 있고, 따라서 비판적 교수법의 심화된 적용이 가능해지는 것이다.

3.2.2 비판적 문법 교수 사례와 그 시사점

문법 교육에 대한 비판적 접근은 이 학습자 관련성에 의거하여, 언어와 권력의 관계를 더 잘 깨닫게 하고 '담론(discourse)'과 학습자들의 정체성 등의 형성과 관련하여 문법 요소가 지니는 '의미 잠재력(meaning potential)'을 충분히 알게 하는 방향으로 이루어질 수 있다.

Morgan(2004)은 '법성(modality)' 교수 사례를 통하여 문법 항목의 교수가 학습자 상황의 사회·정치적 측면과 어떻게 관련될 수 있으며 결과적으로 학습자들의 '해방'에 기여할 수 있는지 예시한다.

언어 공부가 진정으로 학생들에게 '권한부여(empower)'를 하려면, 당연히 그들 자신이 표현하려고 하는 바를 말할 수 있게 도와서 그들의 목소리가 들려질 수 있게 하여야 한다(Janks, 1991). 이는 언어 공부가 담화/담론에서의 쓰임새와 관련지어져야 함을 의미한다. 우리가 알다시피, '사회적 실천으로서의 언어'인 담화/담론은 항상 구성되어진다. 그 과정에서 여러 가능한 옵션 중에서 특정 단어들과 문법구조들이 선택된다. 그 선택된 옵션들이 지닌 의미가 누적되어 담론적 의미를 결정하는데, 그 개별 옵션들의 의미 잠재력을 좀 더 선명하게 알려면, 그것들을 사용되지 않은 가능한 옵션들과 견주어 보고 그들 간의 의미 차이를 판단해 보아야 한다. 이것이 가능하려면 그 언어에 대한 지식이 필요하고, 또 그를 위해서는 언어 교육이 필요하다.

옵션에 대한 고려는 '계열(系列) 관계'(paradigmatic relations)와 '통합(統合) 관계(syntagmatic relations)'를 살피는 것이다. 전자는 같은 위치에 나타나 동일 범주에 속하는 요소들 간의 관계를 살피는 것이라면 후자는 함께 결합하여 앞뒤로 나타날 수 있는 가능성들을 검토하는 것이다.

그러한 과정을 통하여 개별 요소들의 의미 잠재력을 '파악'하고 그 요소들이 사용되는 텍스트나 담론을 검토하면, 행간에 있는 글쓴이의 입장을 읽어낼 수 있고 독자의 위치지어짐이나 그 글 자체의 입장도 읽어낼 수 있다는 것이다.

Morgan(2004)은 캐나다 토론토에서 성인 중국인을 위한 '공동체기반(community-based)' L2 영어 프로그램의 교수 경험을 보고한다. 그는 맥락성을 살려 학생들의 현재 삶과 관련하여 퀘벡 주의 독립에 대한 국민 투표를 다루는 신문 기사("Parizeau 'lacks courage' federalist leaders insist", *Toronto Star*, 1996. 6. 12)를 다루면서, 그 맥락에서 학생들이 자신의 생각을 표현하는 데 필요한 '법성(modality)'의 문법을 가르친다.

그는 문법 사항 자체를 잘 가르침과 동시에 그 수업이 자기 학생들에게 영향을 미치는 복잡한 사회정치적 맥락을 반영하도록 그 수업을 기획하였다. 구체적으로 그는 자신의 수업을, 교실에서의 '역동(dynamics)'이 상호작용하여 학생들에게 어떤 범위의 의미 만들기가 허용되는지 그 범위를 구조화하는 '사회적 실천'으로 개념화한다. 왜냐하면, "목표 언어에 '투자(investment)'하는 것은, 시간·공간에 따라 변하는, 학습자 자신의 사회적 정체성에 투자하는 것이기도 하기"(Norton, 1997, p. 411) 때문이다.

그는 교실에서의 논의를 통하여 홍콩 출신 학생들이 퀘벡 주 독립과 홍콩의 1997년 중국 반환 문제를 상관시켜 평가하는 것을 보았고, 또 그런 '병치(juxtaposition)'가 많은 학생들에게 자신들의 (홍콩/캐나다의) 병치된 삶을 반영하는 것임을 알았다. 그래서 그 '간텍스트성(intertextuality)'을 살리고, 학생들의 개인적·집단적 정체성의 협상과 긴밀한 관계에 있는 법성을 다룬 것이다. 법성의 사용은 공통적 배경을 지닌 학생들에게 사실로 수용되는 진술들의 생산과 수용을 포함하게 된다. 그러한 진술들은 일단 생산되면 그 메시지를 받는 사람들에게 순응하든지 아니면 (공동체나 사회의) 검열의 위험을 감수할 것을 요구한다. 그래서 그러한 진술의 생산과 사용은 권력/지식과 담론 간의 관계도 포함하는 것이다.

예를 들어, 전 수업에서 (4a)의 쟁점에 대하여 토론할 때 (4b)의 진술이 나왔었다.

    (4) a. Would Quebecers be allowed to keep Canadian passports after a yes vote?
        b. I'm certain that Hong Kongers won't be able to keep two passports.

Morgan은 (4b)가 공개적으로 언급하기 어려워 하던 홍콩 여권 소지 문제에 관하여 언급한 것임을 의미한다고 하면서 몇 학생은 여전히 수업에서조차 홍콩의 정부 형태에 대한 예측 등에 관하여 말하는 것을 조심스러워했다고 보고한다. 그는 (4b)에서와 같은 법성의 사용이 법성의 '다중기능성'을 보여준다고 하면서, certain의 확실성은 무엇인가 이 사태에 대하여 조치가 필요하다는 실제적인 긴급성의 강조를 의미하기도 함을 읽어내었다. 또 이와 같은 측면이 새로운 정치적 정체성을 타협하는 방식으로 이해될 수 있겠음도 포착하였다.

이와 같이 그는 전통적인 ESL 수업이 정체성과 문화의 재개념화를 추구하는 방식으로 구성될 수 있는 가능성을 보여준다. 그 문법 수업을 통하여 학생들 자신이 평소에는 수업 토론에서조차 표현하기 껄끄럽게 생각했던 (4b) 같은 생각들을 표현하며 그 의미 잠재력을 탐색할 수 있었다는 것이다.

이런 방식으로 문법 요소가 그 요소가 지닌 담론과 관련된 의미 잠재력을 중심으로 하여 권력이나 정체성의 문제들과 관련하여 교수될 수 있고 일견 그것이 필요하다면, 통사론 강좌에서도 통사 구조의 사용과 관련하여 그 의미 잠재력을 탐색하고 예문들이 학생들의 삶의 맥락에 맞닿게 할 수 있을 것이다. 정도의 차이는 있겠지만 그 때에 비로소 비판적 교수법이 구현되고 그와 함께 학생들의 사회·정치·문화적 '해방' 혹은 관련 정체성의 재조정을 야기하는 것이 가능하게 될 것이다.

3.3 '비판적 사고 공동체'와 '사고촉진 질문'의 방안

우리는 1.1절에서 Lipman(2003)이 비판적 사고가 맥락에서 분리될 수 없다고 규정한 것과, 그것이 '자기해방성'이나 '일리있음'의 개념과 관련됨을 보았다. 이 맥락과의 밀착성이라는 개념은 그로 하여금 비판적 사고 교육을 위한 방법론으로 소위 '탐구공동체'를 제시하게 한다. 본 절에서는 Golding(2011)이 제안한 '비판적 사고 공동체'와 '사고촉진 질문'을 통한 비판적 사고 함양 방안을 검토한다. 이를 위하여 3.3.1절에서는 그 배경이 되는 Lipman(2003)의 '탐구공동체'와 '스토리텔링'을 통한 비판적 사고 함양 시도를 살피고, 3.3.2절에서 본격적으로 Golding(2011)의 비판적 사고 교육 방법을 논의하도록 하겠다.

3.3.1 '탐구공동체'와 '스토리텔링'을 통한 비판적 사고 함양

Lipman(2003)은 비판적 사고를 독립적인 교과에서 가르쳐야 하느냐 아니면 개별 교과에서 가르쳐야 하느냐가 중요한 것이 아니라 맥락과 밀착하여 교육하는 것이 중요함을 역설한다(조용기 외, 2013, 8장). 그에 따르면, 비판적 사고 능력을 포함한 고차적 사고 능력은 직접 그러한 사고를 경험함으로써 계발된다. 직접 판단해 보고, 제시되는 판단들을 견주어보며, 판단의 우량성을 담보할 수 있는 기준들을 발견해 볼 필요가 있다. 그는 학생들이 탐구공동체에서 반성적 토의에 참가하면서 그러한 경험을 가질 수 있다고 제안한다.

이 제안의 이면에는 사고에 대한 심도 깊은 생각이 존재한다. 첫째, 우리가 하는 사고는 우리가 참여하는 집단 내의 의사소통이 내면화된 결과라는 것이다. 공동체에서 구성원들이 서로 질문하는 것을 경험하면서 우리는 유사한 질문을 자기 자신에게 제기하게 되고, 다른 구성원이 우리의 주장이나 진술에 대한 근거가 무엇인지를 질문하면 우리는 자신의 생각이 어떤 근거를 지니는지 반성적으로 사고하게 된다. 둘째, 사고의 결과인 지식이나 진술보다는 (새로운) 문제의 제기와 탐구의 과정이 사고 능력 형성에 중요하다. 대화와 탐구, 토론의 과정에서 논리적 전개나 논박을 경험하게 되고 그 과정을 내면화함에 따라 그와 유사한 방식으로 사고할 수 있게 된다.

탐구공동체의 유용성은 위와 같이 비판적 사고 역량의 함양에 그치지 않는다. 그뿐 아니라 배려적 사고도 함양할 수 있게 돕는다. 배려적 사고와 태도는 기본적으로 교사가 학생의 말을 존중하고 그에 관심을 보임으로써 그 모델을 제공하게 된다. 그에 더하여, 공동체의 대화에 참여하면서 학습자들은 다른 참여자의 말에 경청하고 적극적으로 반응하게 된다. 누구의 말을 무시하는 것이 아니라 더 상세화할 것을 요구하거나 근거를 대도록 요구하면서 관심을 표명하고 유지하게 된다. 이 과정에서 배려적 태도를 함양하게 되는 것이다.

비판적 사고방식에 대한 또 다른 예시는 좋은 교재를 통하여 이루어진다. 교재가 고차적 사고의 모델을 제공하여야 하는데, Lipman(2003)은 그 좋은 대안이 스토리텔링이라고 한다. 학생들의 탐구 과정과 사고 경험을 생생하게 재현하는 이야기를 통하여 학생들이 탐구 주제와 만나는 과정을 흥미진진하게 전개해서 보여주는 것이다. 학생들은 그 교재를 읽음으로써, 비판적 사고를 포함한 고차적 사고 과정을 경험하게 된다.

Lipman(2011)은 '어린이를 위한 철학' 운동에서 위의 생각들이 실현되었다고 말하고 있다. 하지만 여전히 대학(원)전공과정에서 실현될 수 있을 것이다. 그 가능성을, 플라톤의 많은 저작이, 그리고 대학원 수업에서의 학생 질의와 교수자 응답을 포함하고 있는 Lasnik과 Uriagereka(1988) 등이 예시하고 있다.

Golding(2011)은 '탐구공동체'를 '비판적 사고 공동체'로, 탐구공동체에서의 논의의 핵심을 '사고촉진 질문'으로 개념화한다.

3.3.2 '사고촉진 질문': 예, 생성, 그리고 그 가치

Golding(2011)의 비판적 사고 교육 방법은 사고촉진 질문을 기반으로 한다. 이것의 근거는 '경험적 지능'과 '성찰적 지능'의 구분을 통하여 좀 더 명확해진다(Perkins, 1995). 사람들은 기존의 경험적 지식을 통하여 문제 해결을 할 때에 경험적 지능을 사용한다. 그러나 그것이 불가능할 때 성찰적 지능을 사용해야 하는데, 이때 '왜?', '이건 뭐지?', '이게 저거와 어떻게 다르지?' 등의 사고촉진 질문을 사용한다. 그는 좀 더 구체적인 사고촉진 질문들로 다음을 제시한다(Brown & Keeley(2001) 참조).

표 6 사고촉진 질문의 예(=Golding(2011)의 〈표 1〉)

질문 일으키기	What are some questions about ...?
제안 촉구하기	What are some possible ideas about ...? What are other alternatives?
추론하기, 상세화하기	If ... were true, what would follow? How might we explain more about ...? What is a different way of saying ...? What do you mean by ...? What is an example of ...?
평가하기	Why do you think ...? What evidence is there for ...? What are some reasons to agree with ...? What are some reasons to disagree with ...?
결론 내리기	What conclusions can we draw? What do we need to do next?

이 예들을 검토해 보면, 사고촉진 질문이 별 특별한 것이 아님을 알 수 있다. 좀 더 조직적으로 '깊이' 생각한다고 할 때 사용하는 질문들인 것이다. 그리고 그러한 질문을 많이 사용함으로써 비판적 사고 과정 자체를 경험하게 하는 것이 중요하다는 것이다.

그러나 Golding이 제공하는 통찰은 여기에 그치지 않는다. 그는 대학 강좌에서 학생들을 영어학이나 그 세부 분야로 인도할 때에는 어떤 사고촉진 질문들을 할 수 있을까에 대한 '훌륭한' 방안을 제시한다. 그것은 그 분야의 전문가, 즉 교수자 자신의 사고 과정을 '거꾸로 설계'함으로써 (reverse-engineer) 얻을 수 있다는 것이다. '분해하여 모방하기'인 셈이다. 우선, 영어학 등 관련 분야에 중요한 비판적 사고, 실행, 혹은 과제 유형을

정한다. 그 다음에 그 일에서 성공하여 좋은 결과를 내려면 무슨 질문을 하는지 생각해 본다. 무엇을 할지, 어떻게 진행해 나갈지, 언제 완성되었다고 생각할지 등과 관련하여, 사고하는 과정과 그 과정에서 스스로 제기하는 질문을 생각해 본다. 마지막으로 그러한 질문을 학생 수준에 맞게 단순화하면, 교실에서 사용할 수 있는 사고촉진 질문 세트가 생긴다.

3.3.3 '비판적 사고 공동체'의 형성

사고촉진 질문들이 얻어지면, 그러한 질문을 이용하여 비판적 사고 공동체를 형성한다. 첫째, 교수자가 시범을 보인다. 사고촉진 질문을 제기하면서 학자들이 연구를 하면서 언제, 왜, 어떻게 그러한 질문을 사용하는지를 알려준다. 학생들과 탐구를 해 나가면서 학생들에게 그러한 부가적인 설명을 제공해도 될 것이다.

예를 들어, Denham과 Lobeck(2013)의 음성학 연습문제 중 하나에 나타난 사고촉진 질문들을 고찰해 보자. 저자가 2015년에 가르친 <영어학과 영어교육>이라는 개론 강좌에서 학생들은 다음과 같이 대답하였다:

- 어떤 모음이 먼저 오는 것 같은가? 결론은 간단하다. i>o>a 순서이다. [관찰, 일반화]
- 왜 이런 모음들이 다른 모음들 보다 먼저 온다고 생각하는가? 내가 생각하기에, 혀의 위치가 문제가 되는 듯싶다. 위에서 아래로 내려가는 것이 그 반대로 아래서 위로 올라가는 것보다 더 쉽기 때문이다. [이론화]
- 이 패턴이 다른 언어에서도 나타나는 것 같은가? 왜 그런가? 왜 그렇지 않은가? 다른 언어에서도 나타나는 듯싶다. 일본어에서 chiya-

hoya가 보인다[교차언어적 비교]. "한국어에서도 비슷한 예들이 보인다: '이리저리', '여기저기'; '비실배실', '비틀배틀' 등. 영어와 일본어·한국어는 서로 무관한 언어인데 비슷한 경향성을 보이는 것이다 [교차언어적 일반화]. 보편문법 가설: 보편적으로, fiddle-faddle 같은 표현들은 모음 높이의 순서를 준수하여 고모음이 쓰인 후 저모음이 쓰인다 [범어문법적 이론화]. 이 예가 보여주는 생각하기의 구조에 유의하라." (2015. 9. 안성호)

위에 표시한 바와 같이, 저자는 추가적인 예를 제시하면서 '관찰' > '일반화' > '이론화' > '교차언어적 비교' > '교차언어적 일반화' > '범어문법적 이론화'의 언어학적 사고 과정을 명시하였다. '음성학적으로 사고하기'의 구조를 드러내기 위하여 주어진 사고촉진 질문들을 사용한 예라고 하겠다.

둘째, 학생들로 하여금 이런 질문하기에 참여하도록 촉진한다. 강좌의 모든 단계에서 학생들에게 그러한 질문을 던지는 것이다. 그리고 학생들이 스스로 그러한 질문을 제기하도록 숙제 등을 통하여 요구하는 것이다. 셋째, 사고촉진 질문을 이용하여 학생들이 비판적 사고를 하는지 평가한다. 평가 과업에서 학생들이 그렇게 질문하고 대답하는지, 얼마나 자주, 얼마나 자세히 하는지, 대답을 적절하게 하는지 등을 가늠하고 세는 것이다. 궁극적으로는 학생들이 그러한 질문을 내면화하여 내용 지식을 다룰 수가 있게 되어야 한다.

교수자와 학생들이 비판적 사고 공동체에서 사고촉진 질문을 할 때 학생들은 교수자나 다른 참여자의 우수한 질문들을 모방하면서 비판적 사고를 내면화할 수 있다. '넌 왜 그렇게 생각해?'라는 질문에, '왜냐하면,

....'과 같이 대답을 한다. 그런데 유사한 상황이 되면 '왜 난 이렇게 생각하지? 왜냐하면, ...'의 사고 과정을 밟을 수 있게 되는 것이다. 이를 Dewey(1933)는 '실험적 모방(experimental copying)'이라고 불렀다. 그리고 그것이 지식을 의미 있는 방식으로 확장하는 가치 있는 일임을 깨달으면서 그 성향과 기준 등을 수용하게 된다. 그러한 과정을 통하여 학생들은 인식론에 대한 '절대주의적' 혹은 '다원주의적' 이해에서 '평가주의적' 이해로 진행하며 '논증된 판단(reasoned judgment)'을 높이 평가하게 된다. 즉, 비판적 사고자가 되어 가는 것이다.

이러한 과정을 거쳐서 학습자들에게 권한 부여가 일어나고 자기와 다르게 생각하는 바를 인정하고 존중하는 문화를 만들어 지식을 생산함에 있어서 공평한 기회와 접근가능성을 모두에게 제공하게 된다. 수업을 통하여 학생들 간에 헤게모니에 대한 저항과 반-헤게모니적 권력 관계가 형성될 수도 있고, 학생들은 스스로 창조·생성하는 '프락시스(praxis)'를 경험하게 된다. 이러한 측면은 구조주의적 영어학 수업에서 추구할 수 있는 비판적 교수법을 예시하는 것이다.

3.4 '사고 가시화'를 통한 비판적 사고의 신장

앞 절에서 본 바와 같이, Golding(2011)은 '비판적 사고 공동체' 안에서 주고받는 '사고촉진 질문'을 통하여 보이지 않는 사고 과정을 가시화한다. 학생들은 그 공동체 안에서의 상호작용을 통하여 비판적 사고 역량을 내면화하면서 비판적 사고자로 성장하게 된다.

추상적인 사고를 구체화하는 또 하나의 방법은 그 사고 과정을 '가시화(visualizing)'하는 것이다. 본 절에서는 상호 관련된 두 가지 접근을 검토하겠다. 우선 3.4.1절에서 Harrell(2011)의 논증 도해화 수업에 대한 보고를 간단히 살피고 Lau(2013)가 소개하는 논증 가시화 방안들을 검토하겠다. 그리고 3.4.2절에서는 도해하기의 일반화로 보이는 '그래픽 조직자(graphic organizers)'를 차용하는 Fogarty(2009)의 '통합교육'적 접근을 소개하겠다.

3.4.1 '논증 도해하기'를 통한 비판적 사고 함양

Harrell(2011)은 269명을 대상으로 한 1학기의 철학 입문 수업의 결과를 보고한다. 실험집단에만 비대칭적으로 '논증 도해하기(argument diagramming)'를 가르쳤는데 성취도가 낮거나 중간인 학생들이 통제집단보다 논증 분석 과제에서 유의미한 성적 향상을 보였다고 한다.

그러한 논증 도해하기는 사고를 가시화하는 방안일 텐데, Lau(2013)에서 구체적인 예들을 볼 수 있다. 그에 따르면 전제나 증거 등 이유를 화살표로 결과나 결론으로 연결하되 더 세부적인 논리적 관계를 말로 표시할 수도 있다. 좀 더 단순한 예도 있지만, 다음의 '논증 지도 그리기(argument mapping)'를 살펴보자.

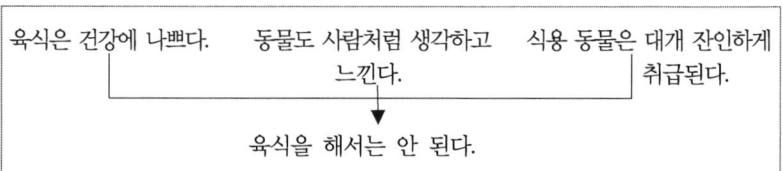

Lau는 여기서 3개의 이유가 하나의 결론적 주장을 지지하는 논증을 지도

그리기로 도해하고 있다. 그는 위의 결론적 주장에 반대하는 이유를 아래쪽에 나열하여 화살표로 연결하며, '찬성'과 '반대'를 글로 표시할 수도 있다고 한다.

Lau(2013, p. 141)는 인과적 과정을 나타내는 추가적인 가시화 방안도 소개한다. 첫째가 '인과적 네트워크(causal networks)'이다. 이 다소 간략화된 도표에서 사건이나 사태는 '결절(node)'로 나타나고 인과 관계는 역시 화살표로 연결된다.

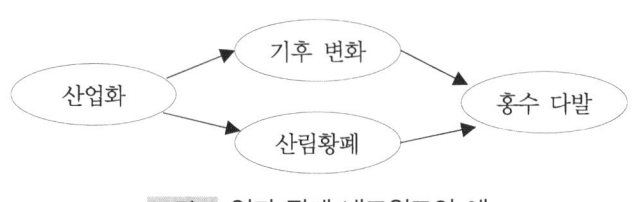

그림 2 인과 관계 네트워트의 예

이 네트워크는 네 개의 결절과 네 개의 화살표로 이루어져 있다. 홍수가 빈발하는 사태에 대한 근원적인 원인이 산업화임을 나타낸 것이다. 세계의 복잡한 인과 관계들을 더 제대로 포착하려면 물론 이보다 더 복잡한 인과 관계 네트워크가 재현되어야 할 것이다.

그가 예시하는 두 번째 방안은 소위 '생선뼈 도표'이다. 이는 단일한 문제나 효과가 여러 (범주의) 요인을 지니고 있을 때 그 인과 관계를 효과적으로 보일 수 있는 방안이다.

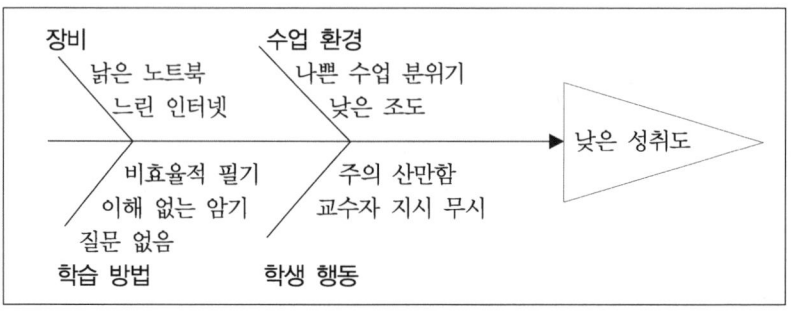

그림 3 생선뼈 도표의 예

이 도표는 한 학생이 보인 낮은 성취도의 원인들을 4개의 범주(장비, 수업 환경, 학습 방법, 학생 행동)에서 찾아 정리한 것이다.

Lau(2013)는 이 외에도 '흐름도(flowcharts)'도 소개하나 여기서는 논의하지 않겠다. 이와 유사한 예들은 사실상 '그래픽 조직자(graphic organizers)'란 이름으로 많이 소개되고 있다. 지도, 생선뼈 도표, 흐름도 외에도, Fogarty(2009)는 거미집(Web), 벤다이어그램, 순열, KWL 차트, '사고 나무(Thought Tree)' 등을 소개한다. 또 더 많은 그래픽 조직자들의 예들은 인터넷에서 쉽게 검색된다. 예를 들면, 상업성이 있지만 Houghton Mifflin Harcourt가 Education Place 사이트(www.eduplace.com)에서 매우 다양한 그래픽 조직자의 포맷을 제공한다. 이 모든 도구는 사고(하기)나 그 결과를 가시화함으로 비판적 사고의 인지적 과정이나 결과를 명확히 하여 그런 고등 사고 과정을 촉진하는 방안인 것이다.

3.4.2 '교육과정 통합'을 통한 비판적 사고 함양

Fogarty(2009)는 그래픽 조직자를 쓰는 것이 비판적 사고를 포함한 고차적 사고 능력의 함양을 돕기 위한 것임을 분명히 한다. 그리고 그런 비판적 사고의 신장은 소위 '교육과정 통합'의 일환으로 실현된다. 그는 교육과정 통합 모형 10가지를 제시하는데, 그 중에서 비판적 사고를 신장하는 가장 단순한 모형은 '둥지 모형'이다. 이 모형의 핵심은 일반적인 교과 내용에 더하여 사회성 기량, 비판적·창의적 사고 기량 등 '생애 기량'을 추가적인 수업 목표로 설정하고 수업을 기획하여 운영하고 평가하는 것이다. 그래서 예를 들면, 다음과 같이 강좌 내용에 덧붙여 협력 학습 등을 통하여 배려적 사고와 비판적 사고를 추가적으로 배양할 목표로 설정할 수 있다는 것이다.

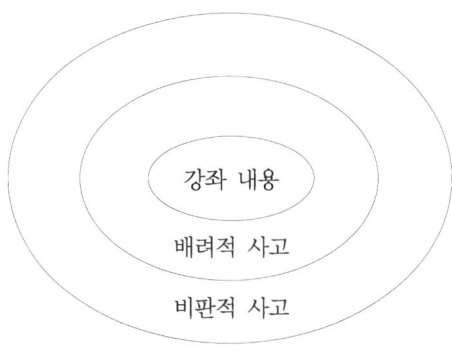

그림 18 둥지 모형의 예

이런 측면에서 살펴보면, 비판적 교수법은 기본적으로 이런 둥지 모형을 추구한다고 할 수 있겠다.

좀 더 구체적으로, Fogarty와 McTighe(1993)는 1980년대에서 1990년대에 걸쳐 미국에서 '사고 교육'이 역사적으로 발달해 온 과정을 약술하면서 그와 유사하게 이루어질 수 있는 (비판적) 사고 교수·학습 과정을

3단계로 소개하는데, 제1단계 '기량의 습득'을 거쳐, 제2단계 '의미 만들기'에서 '협력 학습' 구조와 그래픽 조직자를 사용하여 이미 1단계에서 습득한 사고 기량들을 연습하며, 제3단계에서는 '상위인지적 성찰'을 통하여 익숙해진 기량을 타 영역으로 전이하고 적용한다.

이와 같이 통합교육적 수업을 기획하기 위해서는, 우선 해당 교과 내용에 필요한 사고 기량들을 추려내야 한다. 그리고 다음 틀을 이용하여 수업 기획을 할 수 있다: 그 기량의 이름, 그와 비슷한 말, 그 기량의 정의, 그 기량의 예, 그리고 연습 지도 계획 등을 포함하게 한다. Fogarty와 McTyghe(1993, p. 164)는 다음 예를 제시한다.

- 기량 이름: 추론하기
- 비슷한 말: 가정하기, 연역하기, 함의하기
- 정의: (비)언어적 단서에 의거하여 가정 형성하기, "행간을 읽기", 전제나 증거에 의거하여 결론을 내리거나 추정하기(projecting)
- 사용할 때: 문자적인 면을 넘어서 고찰할 때, 무드를 알아차릴 때, 관점을 평가할 때, 숨겨진 혹은 함축된 의미를 찾을 때
- 예: 얼굴 표정, 몸짓, 목소리에서 기분을 짐작할 때
- 사용 방법: (i) 문자적 수준, 액면가를 알아차린다; (ii) (비)언어적 측면들에 유의한다; (iii) 증거를 찾는다; (iv) 원 해석을 확장한다; (v) 수정된 해석을 재진술한다.

위의 사용방법에 따라 연습 과제들을 형성할 수 있겠다.

이와 같이 비판적 사고와 창의적 사고를 포함한 고차적 사고, 그리고 사회적 기량을 중심으로 교육과정을 편성하는 것은 넓은 의미에서 '비판

적 교수법'에 포괄될 수 있겠다. 그리고 필요에 따라서 언어와 권력의 관계도 다룰 수 있을 것이다.

이렇게 '생애 기량'에 초점을 맞춘 접근은 자연스럽게 교과를 통하여 학습해야 할 핵심 개념이나 원리가 무엇인지 찾아내고 그에 집중하여 교육하려는 경향을 동반하였다. 그것이 교과 간의 경계를 넘나드는 교과 간 통합인 다학문적·간학문적 접근을 낳게 된 것이다. 이러한 접근은 2000년대 들어서 더욱 중요시 되어, 우리나라에서는 소위 '융복합교육'으로 통합된다(차윤경 외, 2014). 이에 관해서는 나중에 다시 논의할 것이다.

3.5 문제기반 학습을 통한 비판적 사고의 신장

정보화와 인터넷의 시대에 살아가고 있는 학생들은 엄청난 양의 정보를 처리해야 하고 그래서 비판적 사고 역량을 '반드시' 필요로 한다. Kek과 Huijser(2011)는 교과 지식과 비판적 사고를 동시에 가르칠 수 있는 방법이 무엇인지 고민하면서, 문제기반 학습을 매우 적합한 대안으로 제시한다. 그 이유는 이 학습 방법이 인터넷 세대의 특성 등을 고려하여 볼 때 그들에게 도전적인 학습 경험을 제공할 수 있는 적합성을 지니고 있기 때문이다.

Kek과 Huijser(2011)는 학습에 대한 '표층적'/'심층적' 접근의 구분을 받아들인다. 표층적 학습은 외우기와 같은, 시간과 노력이 최소한으로 필요한, 낮은 수준의 인지 전략을 사용하고, 사실을 재생산하며, 사실과 개념을 깊게 성찰하지 않고 연관시켜서 사실들이 분절적이거나 상호관련성이 없다고 생각한다. 이에 반하여 심층적 학습은 이해하려는 의도를 가지고 개념적 이해를 극대화하려는 전략을 사용하는데, 예를 들면 기존 지식을 새 지식과 연결시키고 강좌들을 일상 경험과 연결시키며, 배운 바를 일관성 있게 조직하여 서로 다른 요소들을 일관성 있는 전체로 통합하며 관계를 파악하고 가설을 형성한다.

3.5.1 문제기반 학습의 적합성

비판적 사고를 교수함에 있어 Kek과 Huijser(2011)가 파악한 교수 전략의 핵심은 '학생초점성(student-focusedness)'이다. 학생들이 주도적으로 학습할 수 있을 때 비판적 사고를 발전시킬 수 있다는 것이다. 그렇다면 문제기반 학습이 학생초점성을 지니며 비판적 사고 교수에 적합한지가 문제일 텐데, 그들은 과연 그렇다고 주장한다.

문제기반 학습에서 교사는 코치 역할을 하고, 사고의 모본을 보여 줌으로써 사고를 명시적이고 가시적이 되게 하며, 학습을 촉진하는 실세계 문제를 사용한다.[3] 또 '심층적 학습'을 지향하여 필요시 동원하여 적용하고 변형할 수 있는 통합된 지식의 습득을 목표로 하며, 아울러 비판적 사고, 팀-형성, 자기주도적 학습의 기량들을 계발하여 장래에 접하게 될 새로운 복잡한 문제를 숙련되게 잘 다룰 수 있도록 돕는다. Kek과

---

3) 이런 적합성을 유지하려면, Kek과 Huijser는 비판적 사고가 별도로 설정된 과목을 통해서가 아니라 교과의 범위 안에서 '통합적으로' 함양되어야 한다고 주장한다. 그러나 Lipman(2003, 2011)의 맥락중심성을 생각하면, 이 측면은 그다지 큰 설득력을 지니지 못하는 것으로 사료된다. 또 Fogarty(2009)의 교육과정 통합 모형 중 다학문적·간학문적 모형들을 보아도 그렇다. 교과 이내에서 이루어지느냐 아니냐의 문제보다는 맥락성을 유지하느냐 아니냐가 더 큰 관건이 아닌가 싶다.

Huijser는 Biggs(1986)의 '구성적 정렬(constructive alignment)' 원리에 따라 이러한 명시적 목표에 맞게 학습 활동과 평가를 디자인해야 한다고 한다. 소위 '백워드 설계(backward design)'와 같다(Wiggins & McTighe, 1998). 이와 같이 문제기반 학습은 '행함으로 학습하기'의 대표적 사례인데, 이는 인터넷 세대의 특징인 경험기반 학습의 경향에 잘 맞는다는 것이다.

3.5.2 문제기반 학습의 본질적 요소

본질적으로 문제기반 학습은 세 요소로 이루어진다: (가) 문제기반 학습의 과정, (나) 세밀하게 디자인된, '구조 불량(ill-structured)' 문제들, 그리고 (다) 능숙한 안내자, 즉 코치로서의 교사이다. 우선 '행함으로 배우기'의 전형인 문제기반 학습 과정은 일련의 반복적이고 성찰적인 학습 활동으로 이루어지는데 그 과정은 내용 지식과 디지털 시대에 필요한 기량을 요구한다.

문제기반 학습의 첫 단계는 '문제의 직면과 초기 대응'이다. 학생들은 학습을 촉진하는 문제에 직면한다. 그 문제는 교사가 제시할 수도 있다. 그리고 해결책을 찾기 위하여 사실과 문제들을 가려내고, 가능한 가설을 생성·탐색하며, 학습이 필요한 부분을 결정하고 필요한 정보를 찾고 평가·종합하여 적용할 행동의 계획을 수립한다. 서기는 이 과정에서 일어나는 소집단의 토론내용을 동료와 교수자가 잘 볼 수 있도록 기록한다.

제2단계는 '개인별 탐색·연구'이다. 학생들은 흩어져서 자기주도적으로 학습한다. 필요한 지식을 비판적으로 평가하고 수집되는 지식들의 적용과 적합성에 대하여 비판적으로 판단한다.

제3단계는 '지식 확장'이다. 학생들은 다시 소집단으로 모여서 자신들이 개인적으로 수집한 정보들의 원천을 공유하고 검토하며 새로 습득한 지식과 정보에 의거하여 이전의 논의를 수정한다. 그 다음에 그들은 성찰을 하면서 자기들의 학습 수행을 향상시키며 주어진 문제에 관한 일반화를 시도하게 된다.

제4단계는 '자기/동료 피드백'이다. 문제기반 학습 활동은 대개 자기 자신과 팀 동료의 작업에 대하여 피드백을 제공하면서 마친다. 교수자가 그런 피드백을 제공할 수도 있다. 이를 통하여 끊임없는 학습과 이해의 향상을 도모하는 것이다.

이와 같은 학습과정을 분석해 보면, 효과적인 문제기반 학습은 '반복성(reiterativeness)'을 지닌다. 학생들은 문제와 관련하여 이미 아는 바를 검토하고, 가설을 생성하여, 찾아서 사용할 정보의 원천들을 정하며, 자기 주도적 학습을 실시하고, 개인적으로 구성한 지식을 사용하여 이미 형성한 가설이나 해결책을 어떻게 수정할지 논의한다. 이와 같은 반복적 학습은 학생들로 하여금 어떻게 배우는지, 어떻게 이미 배운 바에서 벗어나는지, 어떻게 다시 배우는지 학습하게 된다. 이런 '학습하는 방법에 대한 학습'은 정보와 지식이 끊임없이 생산되고 배포되는 21세기에 절실히 필요한 역량 요소이다.

효과적인 문제기반 학습은 또한 '성찰성(reflectiveness)'을 지닌다. 학생들은 학습 과정 중에 그리고 각 문제에 대한 결론에 이를 때에 성찰을 하게 되는데, 이를 통하여 비판적 사고 기량을 다른 영역으로, 그리고 일상생활로 전이할 수 있게 된다.

지금까지 문제기반 학습의 첫째 요소인 그 과정을 살펴보았다. 문제기반 학습의 둘째 요소는 잘 설계된, 구조 불량 문제들이다. 이 문제들은 복잡하여 학생들로 하여금 여러 대안들에 대하여 고려하고 추론된 논증을 제시하면서 자기가 생성한 해결책을 주장하게 한다. 그 문제들은 졸업 후 학생들이 교실 밖에서 흔히 마주칠 것과 유사한 것들이다. 그래서 실세계에서와 같은 방식으로 제시되어야 한다. 그래서 학생들이 졸업 후 그러한 문제에 부딪힐 때와 비슷하게 탐구해 갈 수 있도록 해야 한다. 실세계에서의 삶이나 직장에서 가장 효과적일 일련의 행동들을 하도록 구성되어야 한다.

마지막으로 문제기반 학습의 셋째 요소는 교사가 숙련된 안내자나 코치의 역할을 하는 것이다. 이를 위해서는 '모본-관찰-숨기' 접근을 하는 것이 가장 좋다(Hmelo-Silver & Barrows, 2006). 교수자가 모본을 제시하고 학생들이 모방하는 것을 관찰하다가 잘 하게 되면 숨어서 학생들이 스스로 해 나가도록 허용한다는 점에서 매우 학생중심적인 것이다. 이런 과정을 통하여 교사는 학생들이 배우는 교과서 내용에 대하여 '심층적 학습'을 하도록 인도할 필요가 있다. 저자의 저술 목적, 중심 질문, 가장 중요한 정보, 주요 추론이나 결론, 핵심 생각, 주요 가정, 긍정적/부정적 시사점, 저자들의 관점 등을 파악하게 하는 것이다(Paul & Elder, 2014).

4. 비판적 사고 함양 방안들: 한국 사례

대학교육을 통하여 비판적 사고력을 배양하려는 시도는 1980년대부터 국내에서도 논의가 이루어져 왔다. 예를 들면, 이군현(1986)은 교수논단에서 대학교육의 본질은 비판적 사고 능력을 함양하도록 돕는 일임을 지적하였다. 권위주의적 문화를 극복하고 과감하게 주장에 대한 이유를 묻는 질문을 할 수 있는 풍토를 마련해야 한다는 것이다. 김혜숙(2013)은 2개 대학 49명의 대학 교원들을 대상으로 대학교육과정에서 학생들이 함양해야 할 창의핵심역량으로 '창의적·비판적 사고력' 등의 사고력과, '인성과 덕성' 함양, '자기 이해·관리' 역량, '의사소통' 역량 등을 중시하였다고 보고한다. 이들은 우리나라에서 비판적 사고에 대한 꾸준한 관심이 있었음을 보여준다.

비판적 사고 역량의 배양 방법과 관련하여 송창배·양용칠(2005)은 자기조절 학습전략이 비판적 성향과 상위인지 역량 향상에 유의미한 영향을 미쳤음을 보고하고, 정미경(2007)은 이 학습전략이 비판적 사고력과 유의미하게 관련되지 않다고 보고한다. 다른 한편으로 이재왕·양용칠(2010)은 75명을 대상으로 하여 주당 80분씩 4주간 실시한 온라인 토론 프로그램에서 실시간/비실시간 토론이 비판적 사고력 개발에 유의미한 차이를 보이지 않았음을 보고한다.

프로그램의 실제적인 구안과 실시 결과를 살펴보면, 강승희·김대현(2006)은 부산에서 30명의 예비교사들을 대상으로 한 비판적 사고력 프로그램이 특히 귀납·연역 추론에서 효과를 보였음을 보고한다. 이는 독립적인 프로그램으로 구안·운영한 것이었다. 그러나 2000년 들어 실시되고 보고된 많은 비판적 사고 프로그램들은 대학교양교육 과정에서, 표현하기, 논리, 철학 등의 (교양교육) 강좌와 관련되어 이루어졌다(곽경숙, 2009; 서민규, 2011; 홍경남, 2011). 혹은 통합형 교양 교육 과정이 설계되어 이루어지기도 했다(김민정, 2012).

영어교육 분야에서도 영어 기량 교수를 통하여 비판적 사고력을 계발하자는 제안이나 실질적인 시도가 상당히 있었다. 그러나 영어교육 전공과목과 관련하여 비판적 사고력을 계발하고자 한 시도는 찾아보기가 쉽지 않다. 따라서 4.1절에서는 우선 학부 영어교육과의 교육과정에 대한 개선 제안(성기완, 2009; 이창봉·박주식, 2007)을 살펴보고, 4.2절에서는 영어학 강좌를 통한 비판적 사고력 배양에 관한 제안(안성호·이문우, 2015)을 간략하게 소개하려고 한다.

4.1 영어교육과정에 대한 비판적 접근

이창봉·박주식(2007)은 우선 영어의 정치성을 지적한다. 영어는 분명히 의사소통의 수단이지만 또한 정치·경제적 중심국가인 미국과 영국이 자신들의 제국주의적 권력을 전파하고 유지하는 수단도 되며, 그에 따라 약소국가들의 문화를 침탈하고 자신들의 문화를 강요하는 데에도 사용된다는 것이다(Tomlinson, 1991). 그들에 따르면, 영어교육이 식민주의 담론과 필연적인 관계에 있었으므로(Pennycook, 1998), 영어교수법은 거시적인 사회 이론에 비추어 비판적으로 재검토될 필요가 있다(Phillipson, 1992).

그들은 Pennycook(2001)에 기대어 '비판적 영어교육'의 근간이 되는 '비판적 사고'는 지금까지 자연스럽게 수용되었던 믿음이나 생각을 회의적으로 재고함에서 시작되고, 그것은 사고 대상에게 존재하는 불평등, 불공정, 옳음과 그릇됨 등을 비판하고 개선하려는 태도를 수반한다고 전제한다. 이는 고통 받고 소외된 이들에 대한 동정에 닿아 있다는 것이다.

그래서 비판적 영어교육은 영어의 정치적 지배에 억압 받고 있는 많은 학습자들을 '해방'시켜 그들이 주체성을 가지고 영어학습에 임하게 돕는 일이라는 것이다.

그들은 영어 관련 학과의 교육과정 편성과 관련하여 '문화간 소통능력'을 비판적 영어교육의 목표로 설정한다. 그리고 학습자들은 그 지배와 억압에 대한 '역 담론(counter-discourse)'의 수단으로 영어를 적극 '전유할(appropriate)' 수 있어야 한다고 한다. 이를 위한 교육과정은 영어 내용교과와 기능교과 간의, 그리고 영어 내용교과 간의, 통합과 균형을 변증적으로 형성·유지하고, 문학을 포용하는 문화지향적 교육과정이 되어야 한다. 그리고 역 담론적 시각에서, '원어민 오류', '단일 언어 오류', '마이너스 오류(the subtractive fallacy)'[4], '조기교육 오류', '표준영어 오류' 등을 극복할 수 있게 교육하여야 한다.

그리고 그들은 구체적인 교육과정안을 마련하여 제시하는데 자신들의 제안이 가톨릭대학교의 영미문화 전공 재학생 92명과 영문학 전공 재학생 96명의 전반적인 지지를 받았다고 보고한다.

이에 더하여 성기완(2009)은 좀 더 구체적으로 전국 사범대학 영어교육과의 교육과정 33개를 전수조사하고 76명과 171명의 현직 교사들을 대상으로 설문조사하여, 현재의 교육과정이 외국어로서의 영어를 배우는 현금의 상황에 적합한지 평가한다. 그리고 '교과내용', '실용성(practicality)', '맥락성' 그리고 '비평성(criticality)'에 의거한 교육과정 모형을 제시한다.

---

[4] 마이너스 오류란 영어교육에서 다른 언어를 사용하면 영어의 표준치가 낮아진다는 잘못된 생각이다.

그에 따르면, 영어교육과들은 평균적으로 과목들을 영어교육(28.1%), 영어기능(25.9%), 영어학(18.0%), 영문학(23.9%), 영미문화(2.8%), 기타(1.3%)의 분야에서 개설하고 있다고 보고하면서, 이전의 연구들이 보고한 비율에 비하여 여전히 영어학과 영문학 분야 과목이 과다하다고 진술한다. 그는 '비평적 영어교육과정' 모형으로 영어교육(48.8%), 영어기능(16.3%), 영어학(6.9%), 영문학(6.9%), 문화교육(10.5%), 교과교육(10.5%)의 비율을 제안한다. 영어교육학과 문화 분야를 획기적으로 강화하고 영어학과 영문학 분야를 대폭 축소한 모형인데, 비판적 교수의 측면은 영어기능 연습과 관련하여 4과목(10학점, 20시간)을 '비평적 읽기와 쓰기'로 할당하며 문화교육에서 비평적 문화교육을 포함한다고 언급됨에 나타나 있다. 그러나 그 구체적 내용은 상술되어 있지 않다. 흥미로운 것은 영어학 분야에 Critical Applied Linguistics를, 영문학 분야에 Critical Readings of Literary Text를 포함시키고 있는데, 정작 영어교과교육 분야에서는 그러한 비평성이 과목들의 제목에 반영되어 있지 않다는 것이다.

그가 이러한 교육과정 개편을 주장하는 근거는 영어교육학 교과목과 관련하여 문화지도방법이 다양하지 못하고, 토론·논쟁 수업이 충분하지 못하였으며, 창의적·탐구적 활동이 부족하였고, 지식·내용의 현장 활용성이 충분하지 못하고, 인접학문과의 연계성이 낮으며, 이론에 치중되어 있고, 현장 적용 교수법이 우선되어야 한다는 등의 현장 교사들을 대상으로 한 설문 분석의 결과에 의거하고 있었다. 그러나 이런 응답들은 분야 간의 비율보다는 대체적으로 그 분야가 무엇이든지 간에 강좌의 내용과 운영 방법과 관련된 것이므로 맥락성과 비평성을 어떻게 살릴 것인지가 관건이 될 것이었다.

도움이 된 교과목에 대한 설문을 빈도순으로 나열하면 영어교수법(14), 영어학(10), 영어기능과목(8), 영어교육론(6), 음성학(6), 통사론(4), 영문학(3) 순이었고, 도움이 되지 않은 것으로 영문학(31), 영어학(8), 영어교수법(7), 통사론(6), 영어교육론(5) 순이 나타났다. 이 양상은 전반적인 경향성을 지니고 있기도 하지만, 해당 과목을 어떻게 가르쳤느냐, 학생의 필요가 무엇이었는가 등에 따르는 좀 더 세밀한 조사가 선행되지 않는 한, 과목 간 비율 조정을 주장하는 논증에 대한 튼튼한 기반이 되지 못하는 것으로 사료된다.

이러한 논지 확립 과정 상의 약점이 있음에도 불구하고, 위의 조사는 여전히 예비 영어교사 프로그램에서 모든 과목이 토론·논쟁을 강화하고, 창의적·탐구적 활용을 늘려야 하며, 지식과 내용의 현장 활용성, 인접학문과의 연계성, 이론/실제의 균형 등을 강화해야 함을 시사한다. 그리고 이는 모든 과목에서 비판적 사고 능력 함양을 강화해야 함을 의미하는 것으로 보아야 할 것이다.

지금까지 소개한 두 논문은 구체적인 수업 사례를 제공하지는 않고 있지만, 비판적 전통이 밝혀낸 바와 같이 영어가 의사소통의 수단일 뿐만 아니라 정치성을 지니고 있음에 근거하여 그 측면에 좀 더 주목하고 영어교육과정을 편성함으로써 자유와 평등을 지향하는 좀 더 민주적인 교실과 사회를 만들려고 한다는 점에서 근본적으로 비판적 교수법의 입장을 취한다고 하겠다.

4.2 영어학 강좌를 통한 비판적 사고 함양

안성호·이문우(2015)는 대학에서 언어학을 어떻게 가르칠 것인가의 문제와 관련하여 소위 '융복합교육'적 접근을 취할 것을 제안한다. 이는 전반적으로 Fogarty(2009)와 관련하여 3.4절에서 언급한 교육과정 통합의 방안을 따르는 것이다. 그들은 실제적으로 영어 관련 학과에서 개설되고 있는 영어학 강좌와 관련하여 주된 논의를 전개하는데, 그들이 말하는 융복합교육은 기본적으로 초중등 과정을 염두에 두었던 함승환 외(2013)와 차윤경 외(2014)의 제안을 대학 교육으로 확대하여 적용하자는 것이다. 간략히 정의하면, 융복합교육은 소위 비판적 사고 역량 등 고차적 사고 역량을 포함한 '21세기 핵심 역량'의 함양을 교육 목표로 하며 '합목적성', '능동성', '다양성', '협력성', '맥락성' 그리고 '통합성' 등의 교육원리를 만족시키는 교육적 노력 및 지원체계를 의미한다.

21세기 핵심 역량들은 '상호작용적 도구의 활용', '이질적 집단에서의 상호작용', 그리고 '자율적 행동'의 세 범주로 나뉘는데, 마지막 범주가 비판적 교수법이 추구하는 비판적이고 사회변혁적인 역량을 포함한다. 성기완(2009)의 '비평성'의 규준과 맞닿는 것이다. 또한 융복합교육의 6원리는 다음 표 2와 같은데, 이 중 맥락성의 원리는 성기완(2009)의 '맥락성'과 '실용성'을 포괄하는 개념으로 받아들일 수 있겠다. 즉, 당시에 참고하지는 못하였지만 어쩌면 그가 제기하는 문제들에 대하여 공감하는 제안이었다.

표 2 대학 융복합교육의 6원리

원리	내용
합목적성	학생의 전인적 성장과 사회의 지속적 발전에 필요한 21세기 역량 함양이라는 목적에 부합해야 한다.
능동성	학생들이 능동적으로 학습에 참여하고 자신의 지적, 정의적 그리고 의지적 자원과 역량을 발휘할 수 있어야 한다.
다양성	학생의 개인적 배경과 형성하는 지식 체계에서의 고유성 및 다양성을 인정하고 존중한다.
협력성	학생들이 단순한 경쟁 문화를 극복하고 협력적이고 수용적 관계 속에서 함께 성장하며 교육의 시너지효과를 극대화한다.
맥락성	학생의 개인적 흥미나 호기심, 구체적 삶의 맥락에서의 활동과 체험에 기초한 탐구 및 표현으로 실천되어야 한다.
통합성	교육 현장에 참여하는 교수, 학생, 교육 내용 사이의 통합적 관계에 기초한다.

안성호·이문우(2015)는 영어학 강좌들에서 교수자와 학생 간의 토론을 통하여 창의성과 비판적 사고력의 향상을 기하거나 학생 간의 준비된 소집단 토론을 통하여 의사소통, 협력, 상대방의 의견 존중 등 비판적 사고에 필요한 성향을 함양할 수 있는 사례들을 소개하며 논의한다. 그리고 21세기가 필요로 하는 '비판적 리터러시(critical literacy)' 함양을 위해서는 영어학개론 강좌 전반에 걸쳐 비판적 사고를 경험할 기회를 확장하고 그에 덧붙여 비판적 담화분석이나 사회언어학적인 측면을 강화할 수 있음을 제안한다.

이는 한편으로 언어학적으로, 즉 과학적으로 사고하기를 좀 더 명확히 하여 학생들이 내면화할 수 있게 한다는 면에서 Haegeman(2006)과 Larson(2010)의 교육 노선을 따르는 것이며, 다른 한편으로 사회언어학적인 관점에서 대영제국의 팽창으로 인한 영어의 지구화, 문화·언어 제국주의적 측면을 비판적으로 다룰 수 있음을 의미한다(이창봉·박주식, 2007). 영어학 개론 강좌에서도 가능하겠지만, 담화분석이나 사회언어학 관련 강좌를 통하여 좀 더 본격적으로 비판적인 교수를 구현할 수도 있을 것이다. 이는 성기완의 Critical Applied Linguistics가 담지할 내용과 상당히 겹칠 수 있을 것으로 사료된다.

5. 저자 제언

지금까지의 논의를 통하여 우리는 1절에서 비판적 사고자는 평가·분석 등 고등사고 기량, 합리적이고 분석적인 성향, 그리고 평가주의적 인식론을 지니며, 비판적 사고를 위한 보편적 규준을 차용·충족할 줄 알고, 사고의 대상에 대한 이해를 바탕으로 추론된 판단을 구성하고 평가할 역량을 지님을 보았다. 그리고 2절에서는 비판적 사고의 함양이 특히 영어 관련 강좌에서는 대상 언어에 대한 가장 '포괄적'인 이해를 가능하게 하는 비판적 언어 의식을 통하여 비판적 교수법에 자연스럽게 연계됨을 보았다. 그리고 3절에서 보인 바와 같이, 이 사고는 자기주도적 학습의 촉진, 학문적 사고의 명시화, 비판적 사고 공동체에서의 사고촉진 질문, 논증의 가시화, 그리고 문제기반 학습 등을 통하여 함양될 수 있음을 알게 되었다. 이들이 비판적 언어 의식에 매개되면 영어 교수를 매우 풍부하게 할 수 있게 된다. 영어의 사회·문화·정치적인 속성이 부각되고 학생들의 삶의 맥락과 관련하여 학생들의 정체성의 변화, 사회적 행동 능력의 변화를 아울러 추구할 수 있을 것이기 때문에, 교사나 학습자들이 영어나 영미 문화에 대하여 더 합리적이고 역동적인 이해에 이를 수 있는 것이다.

국내에서는 영어 관련 전공과정의 편성과 관련한 비판적 사고 함양 방안에 대한 논의가 활발히 이루어졌지만, 적어도 영어 관련 내용 과목 교수를 통한 비판적 사고 함양에 대하여는 큰 논의가 없었음도 볼 수 있었다. 이는 그러한 강좌를 통하여 비판적 사고 함양이 '기본적으로' 추구하여야 할 이상으로 여겨왔기 때문일 수도 있다(이군현, 1986). 그렇다고 해서 그러한 강좌에서 비판적 교수법이 학문 중심의 강좌에서 적용되어 왔다고 볼 수는 없다. Darder 외(2001)가 지적한 문화정치학의 원리, 정치경제학의 원리, 지식의 역사성의 원리, 변증법 이론의 원리, 이념과 비판의 원리, 헤게모니의 원리, 저항과 반-헤게모니의 원리, 프락시스의 원리, 그리고 대화와 의식화의 원리에 의거한 것이 아니라, 대부분 그 학문 분야의 내적 인식론과 원리에 따라서 이론의 발달을 통한 학문 대상에 대한 이해를 고양하려고 노력해 왔기 때문이다.

사실상, 이러한 학문 분야에서는 비판적 사고의 함양을 지향하는 것이 이상적이지만 비판적 교수법을 채택하여 적용 혹은 실천하기는 쉽지 않다. Behrman(2006)은 다음 질문으로 출발할 수 있다고 제안한다.

- 특정 텍스트 내용이 어떤 방식을 통하여 수용되고 명성을 얻게 되는가?
- 그 학문에서는 무엇이 '진실'로 여겨지고 누가 그것을 결정하는가? 그 이유는?
- 특정 텍스트 장르가 어떤 방식을 통하여 수용되고 명성을 얻게 되는가?

- 그 학문에서는 무엇이 '정당'한 탐구 양식으로 여겨지는가?
- 그 내용, 장르, 탐구 양식이 그 학문 공동체 참여자의 사회적 관계에 영향을 미치는가?

즉 언어, 권력 그리고 텍스트 간의 관계에 주목할 필요가 있다는 것이다. 이러한 접근은 그 학문의 제도적 성격을 명확히 함으로써 그 학문의 사회·정치적 본질을 이해하는 데 필요불가결하다고 하겠다. 그래서 그 학문의 내용을 다루는 강좌의 서론 혹은 결론 격으로 논의하는 것은 가능하고 또 중요할 수 있으나, 그 내용을 다루는 과정에서 위의 질문으로 계속 논의를 해 나가는 것은 적절하지 않아 보이는 것이다.

그럼에도 불구하고 비판적 교수법의 핵심적 목표 중 하나가 비판적 사고 역량의 함양이고 이런 사고가 신념과 행동에의 안내자로 기능함을 감안하면, 정치·경제적 이념이나 프락시스를 포함하기 어려운 학문의 경우에도 대학의 교육과정에서 그 학문의 내용을 교수·학습하면서 학습자들이 비판적 사고자로 성장하도록 도모하는 교수법을 어떤 의미에서 '비판적 교수법'이라고 부르는 것은 일견 타당한 일일 것이다. Darder 외(2001)와 Behrman(2006) 등이 추구하는 전통적인 비판적 교수법을 '진정한(proper) / 좁은(narrow) 의미'의 비판적 교수법이라고 한다면, 내용 중심의 학문을 위한 강좌에서 비판적 사고 함양을 위한 다양한 교수적 노력을 경주하는 것은 '확장된(extended) / 넓은(broad) 의미'의 비판적 교수법이라고 부를 수 있겠다. 이와 같은 명칭의 확장은 전통적인 비판적 교수법의 특색을 약화시킨다는 우려를 불러일으킬 수도 있으나, Wallace(1999)가 추구한 것처럼 비판적 교수법이 학문 분야와 학습자의 인구학적 특성에 맞추어 다양한 색채와 명암을 지닌 '다재다능'한 교수법으로 발전하는 발판을 갖게 하기도 한다.

국내의 영어교육 상황을 일별하면서, 우리는 비판적 교수법이 영어 기량 훈련 강좌에서부터 시작되어 내용 전공 강좌로 확산되고 있음을 알 수 있었는데, 이와 관련한 실천과 연구가 꾸준히 보고되고 있다(안성호, 2016).

어쩌면 비판적 사고는 중등 교육이 암기 중심으로 흘러가고 있는 한국적인 상황을 감안할 때 우리나라 (사범)대학교육에서 가장 우선시 되어야 하는 교육 목표가 되어야 할 것이고, 더 나아가 중등교육을 개선하는 데 있어서 중요한 지향점이 되어야 할 것이다. 왜냐하면, 학습자들이 21세기를 잘 살아내도록 돕고 창의성을 기반으로 하는 21세기 경제에서 한국이 선전을 하기 위해서는, 소위 21세기 핵심 역량을 함양하도록 교육하여야 하는데 비판적 리터러시가 그 역량의 중요한 구성요소이기 때문이다. 따라서 (넓은 의미의) 비판적 교수법은 자연스럽게 21세기 핵심 역량의 함양을 목표로 하는 소위 '융복합교육'에서 추구할 중요한 교수 방법을 제공하게 되는 것이다.

비판적 사고는 전술한 바와 같이 기본적으로 인지적인 과정이고 인지적 사고 기량을 요구하고 보편적 기준의 적용을 필요로 하며 비판적 태도나 성향을 필요로 한다. Paul과 Elder(2014)가 강조하듯이, 자아중심성과 사회중심성의 폐해를 알게 된다면, 비판적 사고자는 기본적으로 비판적 교수법이 추구하는 비판적 리터러시의 함양에 반드시 필요한 기본 요건을 갖추었다고 볼 수 있다. 그러나 아직 온전한 의미에서의 비판적 리터러시를 갖춘 것은 아니다. 비판적인 영어 리터러시를 위해서는 비판성뿐 아니라 전통적 의미에서의 영어 리터러시를 갖추어야 하기 때문이다. 또한 영어 텍스트를 읽고 쓰는 능력과 함께 세상/문화를 읽고 쓰는 능력을 갖출 필요가 있다.

세상을 읽고 쓸 수 있기 위해서는 한편으로는 언어의 형식·구조적인 속성과 기능적인, 특히 담론·권력·사회구성과 관련된 속성이 어떻게 상호 관련되는지에 대한 이해가 반드시 필요하다. 또 다른 한편으로는 이 사회·문화·세상·이념 등에 대한 사회학적인, 문화인류학적인 이해가 절실히 요구된다. 전자를 위해서는 언어학 하위 분야 간의, 생성·기능문법 등 상이한 접근 간의 통합적 연구가 필요할 것이고, 2절에서 언급한 바와 같이 비판적 언어 의식 함양을 교수 목표로 삼아 교육이 이루어져야 한다. 그리고 언어 요소들이 담론 등과 어떻게 연관될 수 있는지, 그래서 그 결과로 언어가 어떤 사회·문화·정치적 속성을 지니는지와 그 언어를 이용하여 지배적인 이념을 대치할 수 있는 담론을 어떻게 구성할 수 있는지 등을 탐구할 필요가 있겠다. 그를 위해서는 담론을 구성하는 장르 등에 대한 더 나은 이해도 절실히 필요할 것인데, 그 이유는 언어 리터러시가 비판성과 언어 사용 능력 둘 다를 필요로 하기 때문이다. 후자를 위해서는, 인근 학문의 도움이 필요한데, 이런 측면에서 비판적 교수법은 융복합성이 매우 높아서 그 방법이나 내용의 측면에서 통합교육, 특히 '융복합교육'의 일환이라고 할 수 있겠다.

세계화가 진행되면서 거대한 제도들이 경제적인 논리 등을 앞세워 민주주의나 공공성을 침해하고 광고, 미디어, 영어 등을 통하여 사람들의 행동, 감정, 행동을 '지배'하려는 경향과 위험성이 그 어느 때보다 더 커지고 있는 현금의 상황을 고려하면, 비판적 리터러시를 배양하고 학습자들의 행위자성(agency)을 고양하고자 하는 비판적 교수법은 그 어느 때보다 더 필요한 교수·학습에의 접근 방법이라고 생각된다.

* 본 장은 2014년 정부재원(교육과학기술부 사회과학연구지원사업비)으로 한국연구재단의 지원을 받아 수행된 연구임(NRF-2014S1A3A2044609). 색인 작업을 도와준 황선아 씨에게 감사드린다.

> **안성호**
> 안성호 교수는 한양대학교 사범대학 영어교육과 학부와 대학원의 교수로, 그리고 대학원 협동과정 다문화교육학과의 겸임교수로 재직 중이며, 1991년부터 1994년까지 청주의 서원대학교 영문과에서 조교수로 재직하였고, 2000-2001학년도에 Harvard-Yenching 연구소를, 2007-2008학년도에 University of Essex 언어학과를 방문교수로 다녀왔다. 서울대학교에서 영어학 학사/석사, University of Connecticut (Storrs)에서 언어학 석사/박사 학위를 받았으며, 현재 융복합교육 (수업)모형 개발과 대학 영어학 강좌를 통한 비판적 리터러시 함양에 관한 연구를 진행하고 있다.

■ 참고문헌

강승희, 김대현. (2006).「예비교사의 비판적 사고력 향상을 위한 프로그램 개발 및 효과검증」.『수산해양교육연구』18(2), 108-121.

곽경숙. (2009).「대학 사고와 표현 교육의 방향과 과제: 조선대학교 <사고와 표현> 수업 운영 사례를 중심으로」.『한민족어문학』55, 397-428.

김민정(2012).「이공계 연구중심대학의 통합형 교양교육과정에 대한 연구」. 『교양교육연구』6(3), 357-381.

김영정. (2005a).「고등사고능력의 7범주」.『자연과 문명의 조화』53(6), 106-111.

김영정. (2005b).「예술적 창의성과 과학적 창의성」.『자연과 문명의 조화』53(8), 126-132.

김혜숙(2013).「대학교육과정의 창의핵심역량 요소에 대한 전문가 집단의 인식」.『창의력교육연구』13(3), 145-163.

서민규. (2011).「기초교육으로서의 '논리와 사고' 교과개발 연구」.『교양교육연구』5(2), 59-86.

성기완. (2009).「비평적 영어 교수·학습 모형 개발 및 적용에 관한 연구」. *Foreign Languages Education* 16(1), 199-231.

송창배, 양용칠. (2005). 비판적 사고력 촉진을 위한 자기조절 학습전략의 효과. 『교육학논총』26(2), 1-18.

안성호. (2016). Fostering critical thinking skills through college linguistics courses. 2016 한국영어교육학회 전문분과 학술대회, 한남대학교.

안성호, 이문우. (2015).「대학에서 언어학을 어떻게 가르칠 것인가: 융복합교육적 접근」.『언어연구』31(2), 337-355.

이군현. (1986).「대학교육과 비판적 사고력 함양」.『대학교육』24, 133-135.

이재왕, 양용칠. (2010).「온라인 토론 유형이 비판적 사고기능의 개발과 인지적 참여의 수준에 미치는 영향」.『사고개발 6』(2), 121-143.

이정아. (2016). Critical language awareness and English language teaching. 2016 한국영어교육학회 전문분과 학술대회, 한남대학교.

이창봉, 박주식. (2007). 「문화제국주의와 비판적 영어교육 커리큘럼」. 『응용언어학』 23(1), 173-200.

정미경. (2007). 「자기조절학습과 창의적, 비판적 사고력 간의 관계」. 『영재와 영재교육』 6(1), 163-182.

조용기 · 김공하 · 김상룡 · 박세원 · 배상식 · 종언근 · 윤존채 · 이명숙 · 이종일 · 전혁진 · 정혜정 · 주웅영 · 최석민 · 황미향. (2013). 『비판적 사고와 교실수업』. 서울: 교육과학사.

차윤경 · 김선아 · 김시정 · 문종은 · 송륜진 · 박영석 · 박주호 · 안성호 · 이삼형 · 이선경 · 이은연 · 주미경 · 함승환 · 황세영. (2014). 『융복합교육의 이론과 실제』. 서울: 학지사.

함승환, 구하라, 김선아, 김시정, 문종은, 박영석, 박주호, 안성호, 유병규, 이삼형, 이선경, 주미경, 차윤경, 황세영 (2013). 「'융복합교육' 개념화: 융(복)합적 교육 관련 담론과 현장 교사 포커스 그룹 면담을 중심으로」. 『교육과정평가연구』 16(1), 107-136.

홍경남. (2011). 비판적 사고와 논리 교육. 『교양논총』 4, 108-139.

Behrman, E. H. (2006). Teaching about language, power, and text: A review of classroom practices that support critical literacy. *Journal of Adolescent & Adult Education 49*(6), 480-488.

Beyer, B. K. (1995). *Critical Thinking*. Indiana: Phi Delta Kappa Educational Center.

Biggs, J. (1986). *Student Approaches to Learning and Studying*. Melbourne: Australian Council for Education Research.

Borg, S. (1994). Language awareness as a methodology: Implications for teachers and teacher training. *Language Awareness 3*(2), 61-71.

Brown, M. N., & Keeley, S. (2001). *Asking the Right Questions: A Guide to*

Critical Thinking (6th ed.). New Jersey: Prentice Hall.
Celci-Mercia, M., & Larsen-Freeman, D. (1999) *The Grammar Book: An ESL/EFL Teacher's Course* (2nd ed.). Heinle & Heinle.
D'Angelo, E. (1971). *The Teaching of Critical Thinking*. Amsterdam: B. R. Gruner.
Darder, A., Baltodano, M., & Torres, R. D. (2001). Critical pedagogy: An introduction. In A. Darder, M. Baltodano & R. D. Torres (Eds.), *The Critical Pedagogy Reader* (pp. 1-23). New York: RoutledgeFalmer.
Denham, K., & Lobeck, A. (2013). *Linguistics for Everyone: An introduction* (2nd ed.). Wadsworth.
Dewey, J. (1916). *Democracy and Education*. New York: The Free Press.
Dewey, J. (1933). *How We Think*. New York: DC Heath.
Ennis, R. H. (1962). Concept of critical thinking. *Harvard Educational Review 32*(1), 82-111.
Ennis, R. H. (1985). A logical basis for measuring critical thinking skills. *Educational Leadership 43*(2), 44-48.
Fairclough, N. (1999). Global capitalism and critical awareness of language. *Language Awareness 8*(2), 71-83.
Fogarty, R. (2009). *How to Integrate the Curricula* (3rd ed.). Thousand Oaks, CA: Corwin.
Freire, P. (1971). *Pedagogy of the Oppressed*. New York: Seabury.
Golding, C. (2011). Educating for critical thinking: Thought-encouraging questions in a community of inquiry. *Higher Education Research & Development 30*(3), 357-370.
Haegeman, L. (2006). *Thinking Syntactically: A Guide to Argumentation and Analysis*. Oxford: Blackwell.

Harrell, M. (2011). Argument diagramming and critical thinking in introductory philosophy. *Higher Education Research & Development 30*(3), 371-385.

Hmelo-Silver, C. E., & Barrows, H. S. (2006). Goals and strategies of a problem-based learning facilitator. *Interdisciplinary Journal of Problem-based Learning 1*(1), 21-39.

James, C., & Garret, P. (Eds.). (1991). *Language Awareness in the Classroom*. London: Longman.

Janks, H. (1991). A critical approach to the teaching of language. *Educational Review 43*(2), 191-200.

Kek, M. T. C. A., & Huijser, H. (2011). The power of problem-based learning in developing critical thinking skills: Preparing students for tomorrow's digital futures in today's classrooms. *Higher Education Research & Development 30*(3), 329-341.

Kuhn, D. (1999). A developmental model of critical thinking. *Educational Researcher 28*(12), 16-26.

Larson, R. K. (2010). *Grammar as Science*. Massachusetts: The MIT Press.

Lasnik, H., & Uriagereka, J. (1988). *A Course in GB Syntax: Lectures on Binding and Empty Categories*. MIT Press.

Lau, J. Y. F. (2011). *An Introduction to Critical Thinking and Creativity: Think More, Think Better*. New Jersey: Wiley.

Lipman, M. (2003). *Thinking in Education*. Cambridge: Cambridge University Press. 박진환·김혜숙 옮김(2005).『고차적 사고력 교육』. 서울: 인간사랑.

Lipman, M. (2011). Philosophy for Children: Some assumptions and implications. *Ethics in Progress 2*(1). Downloaded on 5 February 2016 from http://ethicsinprogress.org/?p=437.

McPeck, J. E. (1981). *Critical Thinking and Education*. New York: St. Martin's Press. 박영환·김공하 역(1988). 『비판적 사고와 교육』. 배영사.

Morgan, B. (2004). Modals and memories: A grammar lesson on the Quebec referendum on sovereignty. In B. Norton & K. Toohey (Eds.), *Critical Pedagogies and Language Learning* (pp. 168-178). Cambridge: Cambridge University Press.

Murphy, B. (2000). Teaching critical thinking in Korean middle and high school English as a foreign language classes. *STEM Journal 1*, 155-181.

Norton, C. (1997). Language, identity, and the ownership of English. *TESOL Quarterly 31*(3), 409-429.

Paul, R. (2012). *Critical Thinking: What Every Person Needs to Survive in a Rapidly Changing World* (3rd ed.). California: Foundation for Critical Thinking.

Paul, R., & Elder, L. (2003). *How to Study and Learn a Discipline* (2nd ed.). California: The Foundation for Critical Thinking.

Paul, R., & Elder, L. (2014). *Miniature Guide to Critical Thinking: Concepts and Tools* (7th ed.). California: The Foundation for Critical Thinking.

Pennycook, A. (1998). *English and the Discourse of Colonialism*. Oxford: Oxford University Press.

Pennycook, A. (2001). *Critical Applied Linguistics: A Critical Introduction*. Mahwah, NJ: Lawrence Erlbaum Associates.

Perkins, D. (1995). *Outsmarting IQ: The Emerging Science of Learning Intelligence*. New York: The Free Press.

Phillipson, R. (1992). *Linguistic Imperialism*. Oxford: Oxford University Press.

Posner, M. I., & Petersen, S. E. (1990). The attention system of the human brain.

Annual Review of Neoroscience 13, 25-32.

Schmidt, R. W. (1990). The role of consciousness in second language learning. *Applied Linguistics 11*(2), 129-158.

Schmidt, R. W. (2001) Attention. In P. Robinson (Ed.), *Cognition and Second Language Instruction* (pp. 3-32). Cambridge: Cambridge University Press.

Siegel, H. (1988). *Educating Reason: Rationality, Critical Thinking, and Education*. New York: Routledge.

Svalberg, A. M-K. (2007). Language awareness and language learning. *Language Teaching 40*, 287-308.

Tomlinson, J. (1991). *Cultural Imperialism: A Critical Introduction*. London: Pinter.

Trilling, B., & Fadel, C. (2009). *21st Century Skills: Learning for Life in Our Times*. 한국교육개발원 역(2012).『21세기 핵심역량: 이 시대가 요구하는 핵심스킬』. 서울: 학지사.

van Gelder, T. (2005). Teaching critical thinking: Some lessons from cognitive science. *College Teaching 53*(1), 41-46.

Wallace, C. (1999). Critical language awareness: Key principles for a couse in critical reading. *Language Awareness 8*(2), 98-110.

Wiggins, G., & McTighe, J. (1998). *Understanding by Design*. Alexandria, VA: ASCD.

찾아보기

[국문 색인]

(ㄱ)

가짜 믿음 실험 ·················· 259
간문화 의사소통 ··················· 241
간텍스트성 ························ 283
강승희 ···························· 302
개념 코딩 ··························· 79
개방형 코딩 ······················· 156
개인별 회의하기 ········ 87, 88, 112
거꾸로 교실 ············ 183, 197, 201
결절 ······························· 293
경험기반 학습 ····················· 299
경험적 지능 ······················· 287
고등사고 ····················· 175, 176
고차적 사고 ······················· 264
공교육 교수법 ······················ 21
공용어로서의 영어 ··············· 161
과학적 사고 ················· 279, 281
과학적 이론화 ···················· 280
교사 저널 ··························· 85
교사 정체성 ·· 7, 209, 210, 211, 220, 237, 241, 242, 243

교육과정 모형 ····················· 304
교육과정 통합 ···················· 295
교차 사례 분석 ···················· 226
구성적 정렬 ······················· 299
구조 불량 ·························· 299
권력 ································ 267
권력 관계 ·········· 218, 224, 244, 272
권한 부여 ·························· 291
귀무 가설 ·························· 139
규준 ································ 257
그래픽 조직자 ················ 292, 294
급진적 민주주의 ················ 15, 21
기량의 습득 ······················· 296
김광수 ···························· 200
김대현 ······················· 302, 315
김영정 ···························· 256
김영채 ···························· 256
김혜숙 ···························· 302

(ㄴ)

나에게 말해주세요 방법 ·········· 155

남녀차별 문제 ········· 124
내러티브 ············· 239
내면화 ············· 281
논리성 ········· 276, 277
논증 도해하기 ········· 292
논증 지도 그리기 ········· 292
논증된 판단 ········· 291

(ㄷ)

다문화주의 ············· 28
다중기능성 ············· 284
다중적 정체성 ············· 224
다중주의 ············· 263
다중지능이론 ············· 180
단일 언어 오류 ············· 304
담론 ········· 268, 269
담화 ······ 125, 209, 210, 213, 268
담화 분석 ············· 242
담화상의 정체성 ············· 225
대조적-비판적 틀잡기 ············· 88
대화 ········· 19, 20, 119
대화식 토론법 ············· 230
대화하기 ············· 78
도구적 이성 ············· 14
둥지 모형 ············· 295
듣기전략 ············· 159
딕토글로스 ············· 268

(ㄹ)

리커트 ········· 143, 147
리터러시 ········· 29, 39

(ㅁ)

마르크스주의 ············· 15
마이너스 오류 ············· 304
맥락성 · 283, 298, 304, 305, 307, 308
명시적 지도 ············· 56
무들 시스템 ············· 146
무정부주의 ············· 15
문법 번역식 교수법 ············· 160
문제 제기식 교육 18, 19, 20, 24, 183
문제기반 학습 ········· 8, 297, 298, 299
문화적 신화 ············· 213
문화정치학 ········· 272, 310
미국 표준 영어 ············· 227
미시 접근법 ············· 159
민족지학 ········· 218, 231

(ㅂ)

박유정 ············· 118
박주식 ········· 303, 309
반-헤게모니 ········· 273, 310
배려적 사고 ········· 286, 295
배상식 ············· 254
배제 ············· 223
백워드 설계 ············· 299
백진영 ········· 98, 110
법성 ········· 282, 283, 284

변증법 ·· 272
변증법적인 사고 ······························ 24
변형된 실천 ·································· 56, 57
변형된 연습 ·· 88
병치 ·· 283
비원어민 영어교사 ······ 211, 221, 227,
　　230, 237, 238, 239
비원어민 영어화자 221, 228, 234, 236
비원어민 화자 ················· 27, 219, 230
비참여 ·· 223
비판이론 ·· 14
비판적 교사 ······································ 218
비판적 교수 관계 ················· 218, 219
비판적 교수법 ······ 13, 14, 15, 16, 21,
　　23, 182, 204, 216, 266, 311
비판적 담화 분석 ·························· 236
비판적 대화 교육 ······· 128, 130, 135
비판적 듣기 ························ 6, 117, 159
비판적 리터러시 ···· 6, 28, 29, 37, 38,
　　41, 42, 43, 51, 53, 58
비판적 말하기 ································ 158
비판적 사고 ···· 7, 19, 20, 37, 47, 89,
　　117, 118, 122, 140, 144, 145
비판적 사고 공동체 8, 275, 285, 287,
　　289, 290, 291, 309
비판적 사고 교수법 ······················ 265
비판적 사고 능력 ··· 87, 92, 122, 140,
　　142, 143, 150, 163, 264
비판적 사고 성향 ·························· 150

비판적 사고 재단 ·························· 275
비판적 사고자 ············ 278, 281, 291,
　　309, 311, 312
비판적 성찰 ···································· 216
비판적 실천 ···································· 218
비판적 쓰기 ·································· 6, 72
비판적 언어 의식 ········ 270, 271, 309
비판적 언어학 ························ 5, 25, 28
비판적 언어학자 ··········· 25, 26, 27, 28
비판적 의식 ························ 13, 17, 270
비판적 이성 ······································ 14
비판적 인식 ················ 17, 152, 153, 218
비판적 읽기 ···················· 6, 70, 71, 85
비판적 자아성찰 ·· 218, 219, 220, 244
비판적 접근 ············· 8, 103, 215, 282
비판적 질문 ···················· 58, 102, 112
비판적 태도 ······························· 253, 264
비판적 틀 ·· 88
비평성 ····························· 125, 304, 307

(ㅅ)

사고 가시화 ·· 8
사고 교육 ·· 295
사고촉진 질문 ························ 285, 287,
　　288, 290, 291
사회중심성 ············ 254, 264, 277, 312
사회중심적 사고 ·························· 278
상위-앎 ·· 259
상위언어 ·· 56

상위인지 ·················· 56, 258, 262
상위인지적 성찰 ····················· 296
상위인지적 앎 ························ 259
상위인지적 접근법 ················· 159
상징적 무기 ··························· 269
생선뼈 도표 ···················· 293, 294
생애 기량 ······················· 295, 297
서로 가르치기 ················· 102, 103
성기완 ················ 51, 58, 201, 303, 304, 307, 309
성찰성 ··························· 253, 300
성찰일지 ································· 79
성찰적 지능 ··························· 287
세계어 ····························· 161, 162
송창배 ·································· 302
스토리텔링 ········ 186, 188, 285, 287
시각화 읽기 전략 ····················· 75
식민주의 담론 ······················· 303
실행상의 정체성 ···················· 225
실험적 모방 ··························· 291
심층적 학습 ···················· 298, 301

(ㅇ)
안성호 ···························· 290, 303
양용칠 ·································· 302
어린이를 위한 철학 ················ 287
언어 의식 ···· 267, 268, 270, 271, 281
언어교사 ······················ 210, 217, 235
언어교사 정체성 ·············· 210, 211

언어적 제국주의 ······················ 26
여성운동 ························ 15, 21, 97
역 담론 ································· 304
역사성 ·································· 272
영문학 작품 읽기 ················ 94, 98
영어 능숙도 93, 124, 145, 224, 227, 228
영어 일기 쓰기 ······················ 106
영어교육 모델 53, 54, 58, 59, 60, 61
원어민 영어화자 ········ 221, 228, 229, 234, 235, 238
원어민 오류 ··························· 304
원어민 화자 ·· 27, 210, 219, 226, 229
융복합교육 ·········· 297, 307, 312, 313
의미 디자인 ···················· 55, 56, 57
의미 잠재력 ················ 282, 283, 285
의미 협상 ······················· 222, 223
의식 인상 ······························ 268
이군현 ···························· 301, 310
이문우 ······················ 303, 307, 308
이성주 ···································· 14
이유 평가 요소 ··············· 254, 264
이재왕 ·································· 302
이정아 ·································· 267
이창봉 ·································· 303
인간화 교육 ···························· 17
인과적 네트워크 ···················· 293
인지 영역 ······························ 174
인지적 과정 ··························· 174
일리있음 ················· 253, 255, 285

일반론 ·· 253
읽기 수업 ········ 7, 52, 70, 71, 79, 101
읽기 전략 ································ 75, 90, 103
읽기 전략 지도 ·································· 75
임정완 ·· 198

(ㅈ)

자기/동료 피드백 ···························· 300
자기조절 학습전략 ·························· 302
자기주도성 ·· 278
자기중심성 ·· 254, 255, 258, 264, 266
자기해방성 ·· 285
자기효용 ·························· 178, 179, 180
자아중심성 ······························ 277, 312
자아중심적 사고 ······························ 278
자율적 모델 ································ 39, 40
잠재적 교육과정 ······························ 121
재귀성 ·· 269
전문가 체제 ······································ 269
전문적 정체성 ············ 210, 211, 221
정교성 ············ 125, 127, 256, 258, 276
정반합 ·· 22
정서 영역 ······························ 174, 176
정체성 ·························· 27, 209, 210,
   212, 213, 215, 235
정치경제학 ································ 272, 310
정확성 ································ 89, 108, 109,
   256, 258, 267, 276
조기교육 오류 ································ 304

조아라 ······························ 98, 100, 110
조용기 ············ 253, 254, 255, 286, 316
주변화 ······································ 209, 211
주장된 정체성 ································ 241
지능영역 ·· 180
지식 확장 ··· 299

(ㅊ)

차윤경 ······························ 297, 307, 316
창의적 사고 ···································· 296
최석무 ·· 195

(ㅋ)

캘리포니아 비판적 사고 능력 시험 ········
   147
캘리포니아 비판적 사고 성향 목록 ········
   147

(ㅌ)

탐구공동체 ···················· 285, 286, 287
텍스트 재구성 ································ 268
특수론 ·· 253

(ㅍ)

평가주의 ·· 263
포스트 구조주의자 ················ 211, 235
포스트 모더니즘 ···················· 21, 22, 30
포스트포디즘 ····································· 44
표준영어 오류 ································ 304

표층적 학습 297
프락시스 ... 17, 18, 24, 183, 216, 273

(ㅎ)

학문적 사고 274, 309
학생중심성 298
학습자 자율성 189, 268
학습자 정체성 210, 227, 234, 239
학습자 중심 교육7, 171, 172, 178, 183
할당된 정체성 241

함승환 307
합리성 254, 255
해방 지식 16, 23
행위자성 314
헤게모니 21, 24
협력 학습 295, 296
확장원 161
황미향 255
홍영숙 237, 240

[영문 색인]

(A)

Abdollrahimzadeh, S. J. 119
Abednia, A. 65
agency 33, 211, 215, 314
Aguiar, B. 113
Alagozlu, N. 113, 165
Alemi, M. 146
Alper, L. 33
anti-oppressive education 21
appropriate 304
Arato, A. 31
argument diagramming 292, 318
argument mapping 292
assigned identity 241
attention 267

Audiolingual Method 160
Auerbach, E. R. 31

(B)

backward design 299
Bagherkazemi, M. 145, 146
Baltodano, M. 31, 32, 33, 35, 67, 272, 317
banking education 18
banking system 117
Barnawi, O. Z. 113
Barrows, H. S. 301
Bean, J. C. 145
Bean, W. 35
Behjat, F. 142

Behrman, E. H. ······················ 113
Beyer, B. K. ························· 256
Biggs, J. ····························· 299
Birjandi, P. ·························· 145
Borg, S. ······························ 268
Bray, M. ······························ 224
Britzman, D. ························· 246
Brown, H. D. ························ 118
Brown, M. N. ························ 288
Bygate, M. ······················ 120, 121

(C)

California Critical Thinking
　　　Disposition Inventory ·········· 147
California Critical Thinking Skills Test
　　····································· 147
capitalism ···························· 44
causal networks ····················· 293
Celci-Mercia, M. ···················· 281
Chuang, Y.-C. ······················· 144
CLA ·································· 13
claimed identity ····················· 241
Clark, R. ······························ 31
code-breaking ························ 54
commonality ························· 271
concentization ······················· 24
consciousness raising ··············· 268
constructive alignment ·············· 299
Cooks, L. ····························· 165

counter-discourse ···················· 304
creative intelligence ················· 16
criteria ································ 257
Critical Applied Linguistics ········· 305
critical communication pedagogy · 128
critical consciousness ················ 17
critical democratic life ·············· 16
critical literacy ······················ 28
critical pedagogy ···················· 5
critical rationality ··················· 14
critical theory ······················· 14
critical thinking ····················· 37
criticality ····························· 304
Crooks, G. ···························· 31
cultural politics ······················ 272
Curtis, A. ····························· 146

(D)

Darder, A. ······· 28, 31, 272, 310, 311
Davidson, B. ························· 146
De La Mare, D. M. ··· 128, 129, 131,
　　132, 133, 134, 135, 158
Denham, K. ·························· 289
designs of meanings ················· 55
DeVoogd, G. ························· 33
Dewey, J. ················ 22, 29, 272, 291
Dictogloss ···························· 268
directive knowledge ················· 16
discourse ··· 25, 33, 64, 209, 268, 282

Dunham, R. ·· 146
D'Angelo, E. ······················· 253, 264

(E)

EFL ··· 6
Elder, L. ··································· 136, 320
Elkhafaifi, H. ···································· 141
emancipatory knowledge ················ 16
empower ································· 16, 282
empowerment ················ 16, 188, 271
English as a Lingua Franca ········ 161
English Language Teaching(ELT) 136
Ennis, R. H. ········ 118, 252, 253, 264
ESL ····································· 11, 231
ethnography ···················· 32, 231, 247
exclusion ·· 223
Expanding Circle ························· 161
experimental copying ···················· 291
expert systems ···························· 269

(F)

Facione, N. C. ······························· 147
Facione, P. A. ······························· 147
Fadel, C. ·· 251
Fahim, M. ··························· 142, 146
Fairclough, N. ················ 25, 31, 115, 269, 270, 317
Fassett, D. L. ································ 128
Fisher, A. ·· 145

Fogarty, R. · 292, 294, 295, 296, 298, 307
Forester, J. ·· 32
Foundation for Critical Thinking
··· 275, 319
Freebody, P. ····································· 33
Freire, P. ········ 14, 15, 16, 17, 18, 19, 21, 22, 29, 41, 69, 71, 117, 127, 181, 182, 187, 190, 191, 192, 216, 220, 265, 272
Fulcher, G. ······································ 121

(G)

Garcia, T. ··· 145
Garrett, P. ·· 267
Gee, J. ······························· 64, 209, 247
gender issue ···································· 124
Gephardt. E. ······································ 31
Ghadiri, M. ····································· 136
Giroux, H. A. ···································· 32
Golding, C. ·············· 257, 274, 275, 285, 287, 288, 291
Goldstein, T. ··························· 32, 247
Grammar Translation Method ······· 160
graphic organizers ························· 292
Guess, R. ·· 32

(H)

Haegeman, L. ······················ 280, 308

Hansen, C. ················· 143
Habermas, J. ················· 32
Harrell, M. ················· 292
Hawkins, M. ················· 32
Heath, B. ················· 40, 64
Henry Giroux ············· 14, 21, 22
hidden curriculum ············· 121
Hmelo-Silver, C. E. ············· 301
Hodge, R. ················· 32
Honey, P. ················· 143
Hornberger, N. ················· 34
Huang, I-C. ················· 247
Huang, S. ················· 64
Hughes, W. ················· 167
Huh, S. ················· 64, 114, 115
Huijser, H. ················· 297, 298
humanization ················· 17

(I)

identification ················· 76
identity ················· 11, 235
identity-in-practice ············· 225
inclusion ················· 223
input enhancement ············· 268
instrumental rationality ············· 14
intake ················· 268
intertextuality ················· 283
investment ················· 27, 283
Izadi, M. ················· 119, 141, 142

Izadinia, M. ················· 65

(J)

James, C. ················· 267
Janks, H. ················· 29, 53, 282
Johnson, K. A. ················· 249
Johnston, B. ················· 249
Jung, Y. ················· 151, 154, 159, 163
juxtaposition ················· 283

(K)

Kachru, B. B. ················· 161
Kamali, Z. ················· 142
Keeley, S. ················· 288
Kek, M. T. C. A. ············· 297, 298
Ketabi, S. ················· 136
Kim, H. K. ················· 220, 221, 233, 239, 243, 244, 247, 248
Kim, Y. M. ················· 114
Kress, G. ················· 32
Kubota, R. ················· 32
Kuhn, D. ················· 257, 258, 259, 263

(L)

Ladson-Billings, G. ················· 33
Larsen-Freeman, D. ············· 92, 281
Lage, M. ················· 184
Lankshear, C. ················· 65
Larson, R. K. ················· 280, 308

Lasnik, H. ··· 287
Lau, J. Y. F. ····························· 292, 294
Lavery, J. ··· 121
Lehner, A. ································ 31, 246
Leistyna, P. ·· 33
Lesley, T. ··· 143
Li, M. ·· 224
Li, L.-Y. ·· 144
Lin, A. ···························· 122, 123, 127, 158, 162, 163
Lipman, M. ········ 118, 255, 258, 265, 266, 275, 285, 286, 287, 298
Liu, D. ·· 114
Lobeck, A. ······································ 289
Luk, J. ··························· 122, 123, 127, 158, 162, 163
Luke, M. ·· 33

McTighe, J. ······················ 295, 299
meaning potential ························ 282
media literacy ······························· 30
meta-knowing ······························· 259
metacognitive approach ·············· 159
metalanguages ······························· 56
micro approach ···························· 159
microanalysis ································ 152
Miller, J. M. ················ 209, 215, 248
modality ·· 282
Mok, J. ··· 123
Moodle system ····························· 146
Moon, J. ······································· 117
Morgan, B. ····· 30, 210, 282, 283, 284
multiliteracies ·························· 44, 67
multisemiotic ································ 269
Murphy, B. ··················· 251, 256, 257

(M)

Macedo, D. ······································· 64
Malmir, A. ······································· 140
marginalization ······························· 209
McGuire, J. M. ······························· 119
Mckay, S. L. ····································· 33
McKeachie, W. J. ··························· 145
McLaren, P. ···················· 13, 14, 15, 16, 21, 22, 23, 41
McLaughlin, M. ························ 33, 66
McPeck, J. E. ······ 253, 255, 264, 279

(N)

Naieni, J. ······································· 143
Ndebele, N. S. ······························· 33
Norton, C. ············· 13, 27, 104, 217, 218, 220, 233, 234, 244, 283
Norton-Pierce, B. ···························· 34
null hypothesis ······························· 139

(O)

open coding ································· 156
overt instruction ······························ 56

(P)

paradigmatic relations ············ 282
Park, G. ······························ 249
Park, J. Y. ····························· 75
participation ·························· 223
Paul, R. ···· 136, 138, 254, 255, 262, 264, 265, 266, 271, 274, 275, 278, 279, 281, 301, 312
Pavlenko, A. ···················· 34, 249
Pederson, R. ·························· 161
Pennycook, A. ········· 25, 26, 27, 303
Perkins, D. ···························· 287
Perreault, J. ·························· 130
Petersen, S. E. ······················· 268
Phillipson, R. ················ 26, 27, 303
Pintrich, P. R. ························ 145
Platt, G. ······························· 184
political economy ··················· 272
post-modernism ······················· 21
Posner, M. I. ························· 268
practicality ··························· 304
praxis ···························· 17, 216
problem-posing education ············ 18
public pedagogy ······················· 21

(R)

radical democracy ··············· 15, 21
reading the words ···················· 41
reasonableness ······················· 253

reasoned judgment ··················· 256
reflectiveness ······················· 253
reflexivity ··························· 269
reiterativeness ······················ 300
Renandya, W. A. ················ 120, 141
resistance ····························· 14
reverse-engineer ····················· 288
Richards, J. C. ············ 120, 141, 169
Rivera, K. M. ························ 185
Robinson, E. ··························· 30
Robinson, S. ··························· 30

(S)

Sanavi, R. V. ······ 120, 137, 138, 140
Schmidt, R. W. ······················· 268
Seidlhofer, B. ························ 161
self transformation ··················· 16
Seong, M. H. ························· 113
Sert, N. ······························· 73
Shohamy, E. ··························· 34
Shoorcheh, S. ··················· 121, 140
Shor, I. ·························· 35, 67
Siegel, H. ················ 254, 255, 264
Simpson, J. S. ························ 128
situated identity ····················· 242
situated practice ······················ 56
Smith, D. A. F. ······················ 145
social action ·························· 63
social change ·························· 33

Shohamy, E. ·············· 30
Stapleton, P. ············· 73
Starfield, S. ············ 30, 35
Stevens, L. ············· 35
student-focusedness ········ 298
Suh, Y.-M. ········ 101, 104, 114,
　　115, 151, 154, 160, 169
Sunderland, J. ············· 35
Sung, K. ·········· 155, 157, 160,
　　162, 163, 207, 208
Svalberg, A. M-K. ······· 267, 268
symbolic weapon ··········· 269
Syntactica ··············· 280
syntagmatic relations ········ 282

(T)

Taherian, R. ············· 145
Tarighat, S. · 120, 136, 137, 138, 140
Tell Me Method ··········· 155
Terrell, J. ············ 120, 166
Treglia, M. ············· 184
Trent, J. ··············· 224
TESOL ·· 11, 127, 209, 221, 227, 228
text reconstruction ·········· 268
text-critiquing ············· 54
text-participating ············ 54
text-using ··············· 54
the Four Resources Model ······ 54

The New London Group 44, 45, 54,
　　55, 57
Tomlinson, J. ············ 303
Torres, R, D. ············ 272
Toronto Star ············· 283
transformed practice ·········· 56
Trilling, B. ············· 251
Tseng, S.-S. ············· 144
Tsui, A. ··············· 249

(U)

Uchida, Y. ············ 31, 246
Uriagereka, J. ············ 287

(V)

van Gelder, T. ········· 118, 265

(W)

Wallace, C. ······· 69, 271, 273, 311
Weedon, C. ············· 212
Weiler, K. ·············· 35
Wenger, E. ············· 233
Wiggins, G. ············· 299
Wong, S. ··············· 33
World Englishes ········ 32, 162,
　　167, 228, 248

(Y)

Yang, Y.-T. C. ······· 144, 145, 146,

151, 159

(Z)
Zabihi, R. ·· 136

Zare, M. ······ 119, 141, 142, 144, 159
Zembylas, M. ······································ 213
Zukowski-Faust, J. ···························· 143

비판적 교수법과 영어교육

1판 1쇄 발행   2016년 8월 20일
1판 2쇄 발행   2017년 7월 31일
1판 3쇄 발행   2021년 9월 3일
1판 4쇄 발행   2022년 5월 2일

지 은 이 | 정숙경 · 허선민 · 서영미 · 이지영 · 신현필 · 김혜경 · 안성호
펴 낸 이 | 김진수
펴 낸 곳 | 한국문화사
등   록 | 제1994-9호
주   소 | 서울시 성동구 아차산로49, 404호(성수동1가, 서울숲코오롱디지털타워3차)
전   화 | 02-464-7708
팩   스 | 02-499-0846
이 메 일 | hkm7708@daum.net
홈페이지 | http://hph.co.kr

ISBN 978-89-6817-393-6 93370

· 이 책의 내용은 저작권법에 따라 보호받고 있습니다.
· 잘못된 책은 구매처에서 바꾸어 드립니다.
· 책값은 뒤표지에 있습니다.

오류를 발견하셨다면 이메일이나 홈페이지를 통해 제보해주세요.
소중한 의견을 모아 더 좋은 책을 만들겠습니다.